中国自由贸易试验区研究丛书

中国自由贸易试验区发展
蓝皮书

（2015——2016）

李善民　主　编

毛艳华　符正平　林　江　副主编

·广州·

版权所有　翻印必究

图书在版编目（CIP）数据

中国自由贸易试验区发展蓝皮书（2015—2016）/李善民主编．—广州：中山大学出版社，2016.7
ISBN 978-7-306-05662-7

Ⅰ.①中⋯　Ⅱ.①李⋯　Ⅲ.①自由贸易区—白皮书—中国　Ⅳ.①F752

中国版本图书馆 CIP 数据核字（2016）第 074361 号

中国自由贸易试验区发展蓝皮书（2015—2016）
Zhongguo Ziyou Maoyi Shiyanqu Fazhan Lanpishu (2015—2016)

主　　编：李善民
副 主 编：毛艳华　符正平　林　江

出 版 人：徐　劲
策划编辑：周建华
责任编辑：曾育林　廉　锋
封面设计：曾　斌
责任校对：陈　芳　高　洵
责任技编：何雅涛
出版发行：中山大学出版社
电　　话：编辑部 020-84110283，84111996，84111997，84113349
　　　　　发行部 020-84111998，84111981，84111160
地　　址：广州市新港西路 135 号
邮　　编：510275　　传　　真：020-84036565
网　　址：http://www.zsup.com.cn　E-mail：zdcbs@mail.sysu.edu.cn
印 刷 者：广州家联印刷有限公司
规　　格：787mm×1092mm　1/16　17.75 印张　280 千字
版次印次：2016 年 7 月第 1 版　2016 年 7 月第 1 次印刷
定　　价：78.00 元

如发现本书因印装质量影响阅读，请与出版社发行部联系调换

《中国自由贸易试验区发展蓝皮书（2015—2016）》编委会名单

主　　编：李善民

副主编：毛艳华　符正平　林　江

编　　委：（按姓氏笔画排）

毛艳华　王麒麟　艾德洲　刘恩专　李善民
陆剑宝　林　江　钟世川　荣健欣　徐世长
符正平　黄茂兴

前　言

　　世界经济长周期概念已经逐渐深入到各国高层政要的国家治理思路中，长周期的提出主要基于长波理论和全球经济实践。根据长波理论，我们正处在第五长波向第六长波过渡的低谷期，支撑第六长波周期繁荣的动力主要是以智能化为特征的IT技术革命，以及基于新能源、新材料等科技革命。而全球经济实践则主要基于后危机时代全球经济紧缩的现状，及其在此过程中所面临的巨大机遇期。总体看来，全球经济格局演变将呈现出世界经济多极化并伴随世界经济长周期而缓慢发展的趋势，在此发展过程中隐含有较大的不确定性成分。

　　无论是支撑长波理论动力的各种技术革命，还是全球经济实践的挑战与机遇，都要求国家治理思路能够向更开放的视野挺进。中国如何发展以及如何更好地融入全球经济格局，都需要在原先的改革思路上加入更多"大国发展"元素，用"大国发展"来引领"大国开放"。面对全球经济治理结构的快速调整，中国需要在投资、贸易、金融等各个领域推动突破性改革，加快培育国际合作和竞争新优势。中国经济增长已步入新常态，不仅需要在要素结构优化上发力，使资源配置更为合理，更好地释放市场经济活力，而且也要在创新驱动上发力，这样才能以体制机制的优势更好地融入世界多极化竞争格局，同时才能继续以大国身份保持强劲增长动力。

对外开放是我国的一项基本国策，改革是我国社会发展的直接动力。以开放促改革、促发展、促创新是我国改革不断取得成功的重要经验。2013年9月29日中国（上海）自由贸易试验区挂牌成立，率先开展投资、贸易、金融和综合监管等领域的制度创新，形成了一批在全国可复制可推广的经验。2015年4月21日，中国（广东）自由贸易试验区、中国（天津）自由贸易试验区、中国（福建）自由贸易试验区同日挂牌成立。建立自由贸易试验区（以下简称"自贸试验区"），是党中央、国务院做出的重大决策，是深入贯彻党的十八大精神，在新形势下推进改革开放的重大举措，为全面深化改革和扩大开放探索新途径，积累新经验，具有重要意义。

中国自贸试验区是新时期深化改革和扩大开放的"试验田"。扩展区域后的上海自贸试验区要当好改革开放的排头兵、创新发展的先行者，继续以制度创新为核心，贯彻长江经济带发展等国家战略，在构建开放型经济新体制、探索区域经济合作新模式、建设法治化营商环境等方面，率先挖掘改革潜力，破解改革难题。要积极探索外商投资准入前国民待遇加负面清单管理模式，深化行政管理体制改革，提升事中事后监管能力和水平。广东自贸试验区依托港澳、服务内地、面向世界，将自贸试验区建设成为粤港澳深度合作示范区、21世纪海上丝绸之路重要枢纽和全国新一轮改革开放先行地。天津自贸试验区的战略定位是，以制度创新为核心任务，以可复制可推广为基本要求，努力成为京津冀协同发展高水平对外开放平台、全国改革开放先行区和制度创新"试验田"、面向世界的高水平自由贸易园区。福建自贸试验区的战略定位则是，围绕立足两岸、服务全国、面向世界的战略要求，充分发挥改革先行优势，营造国际化、市场化、法治化营商环境，把自贸试验区建设成为改革创新"试验田"；充分发挥对台优势，率先推进与台湾地区投资贸易自由化进程，把自贸试验区建设成为深化两岸经济合作的示范区；充分发挥对外开放前沿优势，建设 21 世纪海上丝绸之路核心区，打造面向 21 世纪海上丝绸之路沿线国家和地区开放合作新高地。

四个自贸试验区都以制度创新为核心任务，共同探索构建国际化、市场化和法治化营商环境；同时发挥地域特色和区位优势，服务国家对外开放战略，推动区域经济协同发展。为了更好地反映中国自贸试验区建设的战略背景，解读制度创新的主要任务，分析推进制度创新的成效，中山大学自贸区综合研究院编写了《中国自由贸易试验区发展蓝皮书（2015—2016）》。本书内容分为总论、专题篇和区域篇三个部分。其中，总论详细分析了中国自贸试验区设立的缘由、战略定位、主要任务、改革创新成效、面临问题和"十三五"时期制度创新的方向；专题篇选取负面清单制度、国际贸易投资新规则、单一窗口、金融创新、政府职能转变以及企业信用监管六个视角探讨了中国自贸试验区的改革任务和方向；区域篇重点分析了上海、广东、天津和福建四个自贸试验区各自在 2015—2016 年的建设进展、改革成效与亮点、存在问题与建设方向。

自上海自贸试验区挂牌以来，社会各界对自贸试验区的改革与建设给予了极大的关注。相关高校的自贸区研究机构联合成立了中国高校自贸区研究联盟和中国自由贸易试验区协同创新中心，并联合主办自贸区高端论坛，探讨自贸试验区的改革创新问题。

感谢复旦大学上海自贸区综合研究院、上海财经大学自由贸易区研究院、天津财经大学天津市自由贸易区研究院、厦门大学中国（福建）自贸区研究院、福建师范大学福建自贸区综合研究院以及中国（上海）自由贸易试验区管理委员会政策研究局、广东自贸区工作办公室及三个片区管理委员会等单位一直以来的大力支持。

李善民

2016 年 4 月 18 日

目　　录

总　　论

第一章　中国自由贸易试验区：制度创新高地
　　一、自贸试验区设立的缘由／4
　　二、自贸试验区的战略定位／10
　　三、自贸试验区制度创新的主要任务／16
　　四、自贸试验区改革创新的成效／26
　　五、自贸试验区深化改革创新面临的问题与障碍／33
　　六、"十三五"自贸试验区制度创新的方向／37

专　题　篇

第二章　外商投资负面清单与自由贸易试验区投资管理体制改革
　　一、负面清单的基本内涵及投资管理模式改革的意义／45
　　　　（一）外商投资负面清单的基本概念和内涵／45
　　　　（二）外商投资负面清单相对中国现有外商投资管理体制的改进／46
　　　　（三）自贸试验区外商投资负面清单改革的重大意义／47
　　二、自贸试验区三版负面清单的进展与相关配套改革／48
　　　　（一）三版负面清单的进展情况／48
　　　　（二）负面清单的特点与思路／50
　　　　（三）自贸试验区外商投资负面清单配套机制的建设／51
　　三、负面清单的国际比较及自贸试验区负面清单的缺陷／54

（一）若干典型国家负面清单的形式与内容 / 54
　　（二）中国自贸试验区外商投资负面清单存在的缺陷 / 57
四、自贸试验区负面清单的优化思路 / 59

第三章　高标准贸易投资规则与自由贸易试验区应对策略
一、重返亚太与TPP协议：后金融危机困境与TPP突围 / 63
　　（一）从TPP协议的内容体系来看 / 64
　　（二）从TPP协议的谈判进程来看 / 65
二、核心规则：投资与贸易的高水平自由化 / 66
三、标准共识：TPP规则的超前性和冲击性 / 69
四、中国标准：中澳、中韩、中新自贸区协议的比较分析 / 70
五、积极应对：中国自贸试验区的策略 / 75
　　（一）继续完善负面清单投资管理模式 / 75
　　（二）扩大服务业特别是金融服务业的开放 / 76
　　（三）试行竞争中立政策标准 / 77
　　（四）完善知识产权保护 / 77
　　（五）提升环境保护和劳工权益方面的标准 / 78

第四章　国际贸易"单一窗口"与自由贸易试验区贸易便利化改革
一、"单一窗口"的内涵 / 81
二、"单一窗口"具备的要素与运行模式 / 83
　　（一）"单一窗口"具备的要素 / 83
　　（二）"单一窗口"的运行模式 / 83
三、贸易便利化水平与国际贸易"单一窗口" / 86
四、自贸试验区背景下"单一窗口"建设现状 / 88
　　（一）自贸试验区"单一窗口"的主要做法和功能 / 88
　　（二）自贸试验区"单一窗口"的成效 / 91
　　（三）自贸试验区国际贸易"单一窗口"建设面临的困难 / 91
五、自贸试验区背景下如何推进"单一窗口" / 93

第五章　中国自由贸易试验区金融创新：动力、进展与未来方向
一、自贸试验区金融创新的动力机制 / 97
　　（一）"两个市场、两种资源"与自贸试验区金融机制创新 / 98
　　（二）"TPP 标准、营商环境"与自贸试验区金融创新 / 98
　　（三）人民币国际定价机制市场化与自贸试验区金融创新 / 99
二、自贸试验区金融创新的功能与成效 / 100
　　（一）深度探索资本项目可兑换进程 / 100
　　（二）加强人民币跨境金融产品设计与制度供给 / 101
　　（三）强化金融服务实体经济的体制机制创新 / 103
　　（四）转变新形势下的金融监管方式与理念 / 104
三、自贸试验区金融创新的未来方向 / 105
　　（一）构建自贸试验区更为开放的金融市场体系 / 105
　　（二）构建自贸试验区更为优质的金融服务体系 / 107
　　（三）构建自贸试验区更高质量的金融监管体系 / 109

第六章　中国自由贸易试验区政府职能转变与行政体制改革
一、国外自贸园区政府职能转变的先进经验 / 112
　　（一）行政与运营分离 / 113
　　（二）事中事后高效监管 / 113
　　（三）自贸园区有法可依 / 114
二、自贸试验区赋予政府职能的新议题 / 114
　　（一）政府职能转变与开放型经济建设 / 115
　　（二）政府职能转变与 TPP 国际标准 / 115
　　（三）政府职能转变与便利化、国际化、法治化营商环境塑造 / 115
三、自贸试验区政府职能转变的效果评价 / 116
　　（一）创新成效与突破 / 116
　　（二）职能转变的制约因素 / 118
四、自贸试验区政府职能转变的突破点 / 122
　　（一）复制推广——商事制度便利化 / 122
　　（二）管理创新——贸易监管制度法治化 / 123

（三）统一执法——事中事后监管法治化 / 123
　五、自贸试验区政府职能转变的"渐进调适" / 123
　　（一）行政体制激活 / 124
　　（二）政府人员工作转变 / 126
　　（三）干部队伍知识体系更新 / 127

第七章　企业信用监管与自由贸易试验区市场监管制度创新
　一、企业信用监管与自贸试验区市场监管制度创新 / 129
　二、上海自贸试验区企业信用监管的先行先试经验 / 131
　　（一）上海自贸试验区企业信用监管的主要做法 / 131
　　（二）上海自贸试验区企业信用监管的意义和成效 / 133
　三、广东自贸试验区企业信用监管改革的特色经验 / 134
　　（一）广东自贸试验区的建设目标 / 134
　　（二）广东自贸试验区信用监管改革的目标与基础 / 134
　　（三）广东自贸试验区企业信用监管的特色经验 / 135
　四、推行企业信用监管改革的几个关键问题 / 137
　　（一）建立重点突出、内外通畅的征信体系 / 137
　　（二）建立立足实际、科学有效的评信体系 / 141
　　（三）建立形式多样、运用广泛的信用体系 / 143

区　域　篇

第八章　中国（上海）自由贸易试验区建设成效与改革路向
　一、上海自贸试验区一年来的建设进展 / 151
　　（一）转变政府职能，外商投资迅猛增加 / 151
　　（二）创新贸易监管制度，拓展"单一窗口"功能 / 152
　　（三）深化金融领域开放，自由贸易账户激增 / 153
　　（四）"四个中心"核心功能有新的提升 / 154
　　（五）科技创新中心建设有力推进 / 154
　　（六）发挥上海自贸试验区制度红利，助推长江经济带共同发展 / 154

二、改革成效与亮点 / 155
  （一）政府职能制度创新 / 155
  （二）投资管理制度创新 / 160
  （三）金融制度创新 / 162
  （四）贸易监管制度创新 / 164

三、存在问题与原因分析 / 167
  （一）法律豁免区是否是上海自贸试验区的改革方向值得探讨 / 167
  （二）税收政策创新不足 / 168
  （三）短期内实现高标准的投资准入管理比较难 / 169
  （四）上海自贸试验区金融改革仍存在不确定性 / 169

四、上海自贸试验区下一步的改革创新方向 / 170
  （一）探索浦东新区作为一级地方政府全方位转变职能 / 170
  （二）积极探索审批、监管、执法的适当分离 / 171
  （三）对贸易便利化的结果评价逐渐转向以市场主体为主 / 172
  （四）金融改革兼顾风险防范 / 172
  （五）全面推动科技创新中心建设 / 173
  （六）加快发展更高层次的开放型经济 / 174

第九章　中国（广东）自由贸易试验区建设成效与改革路向

一、南沙新区片区建设成效与改革路向 / 178
  （一）一年来南沙新区片区建设进展 / 179
  （二）南沙新区片区改革成效与重点工作 / 181
  （三）南沙新区片区现阶段存在的问题与原因分析 / 187
  （四）南沙新区片区下一阶段的改革方向 / 188

二、深圳前海蛇口片区建设成效与改革路向 / 190
  （一）一年来深圳前海蛇口片区建设进展 / 192
  （二）深圳前海蛇口片区改革成效与重点工作 / 194
  （三）深圳前海蛇口片区现阶段存在的问题与原因分析 / 197
  （四）深圳前海蛇口片区下一阶段的改革方向 / 198

三、珠海横琴新区片区建设成效与改革路向 / 199
  （一）一年来珠海横琴新区片区建设进展 / 201
  （二）珠海横琴新区片区改革成效与重点工作 / 202
  （三）珠海横琴新区片区现阶段存在的问题与原因分析 / 207
  （四）珠海横琴新区片区下一阶段的改革方向 / 208

第十章 中国（天津）自由贸易试验区建设成效与改革路向

一、天津自贸试验区发展基础和建设进展 / 215
  （一）天津自贸试验区发展基础 / 215
  （二）天津自贸试验区一年以来的建设进展 / 218

二、天津自贸试验区制度创新成效 / 220
  （一）政府服务和监管创新 / 221
  （二）投资与贸易便利化创新 / 223
  （三）金融领域开放与创新 / 226
  （四）促进创新要素聚集与流动 / 229

三、天津自贸试验区的发展亮点 / 230
  （一）重视事中事后监管——以信用风险分类为依托的市场监管制度 / 230
  （二）服务京津冀协同发展 / 231
  （三）融资租赁 / 234

四、天津自贸试验区发展面临的问题与挑战 / 234
  （一）处理好自贸试验区制度试验与创新发展的关系问题 / 234
  （二）继续以服务国家重大战略为使命，把服务"一带一路"与京津冀协同发展战略的举措落到实处 / 235
  （三）加快与国际贸易投资新规则接轨的速度，使之成为国家自由贸易区（FTA）战略的先行区 / 236
  （四）发挥开放区域联动效应，以自贸试验区为核心区逐步实行"境内关外"海关监管模式 / 237
  （五）发挥融资租赁业优势，深化配套制度改革，推动贸易方式转型 / 238

（六）深化自贸试验区行政体制改革，使之逐渐享有较独立的行政权力 / 238

（七）创新管理手段，实现贸易投资便利化机制与风险管理体系的充分兼容 / 239

第十一章　中国（福建）自由贸易试验区建设成效与改革路向

一、福建自贸试验区挂牌以来的建设进展情况 / 241

（一）逐步深化商事制度改革，创新政府管理方式 / 241

（二）逐步推进贸易便利化，贸易成本大幅度降低 / 242

（三）扩大金融领域开放创新，打造两岸金融合作新平台 / 244

（四）新型贸易业态发展提速，推动商贸业加快转型升级 / 246

（五）自贸试验区虹吸效应显著，吸收外资集聚效应明显 / 248

二、福建自贸试验区挂牌以来的改革成效与亮点 / 248

（一）改革创新成果显著，多项成果为全国首创 / 248

（二）创新成果主要集中于贸易监管类，金融创新成果相对较少 / 249

（三）加快对台合作先行先试，不断创新闽台深度合作措施 / 249

（四）创新成果逐步得到复制推广，带动示范效应显著增强 / 250

三、福建自贸试验区发展面临的困难与挑战 / 250

（一）产业基础较为薄弱 / 251

（二）同质化现象严重 / 252

（三）吸引台资、外资力度不足 / 252

（四）专业型人才较为匮乏 / 253

四、加快福建自贸试验区创新发展的着力方向 / 253

（一）投资贸易便利化的创新方向 / 253

（二）对台服务贸易自由化的创新方向 / 255

（三）金融服务开放的创新方向 / 257

（四）平潭国际旅游岛建设的创新方向 / 261

总 论

ZONGLUN

·总论· FTZ

第一章 中国自由贸易试验区：制度创新高地

毛艳华*

党的十八大以来，我国对外开放和深化改革已经形成了一套完整的新思路。2013年9月29日中国（上海）自由贸易试验区挂牌设立无疑是盘活改革开放这盘大棋局的重要棋眼，2015年4月21日广东、天津、福建三个自由贸易试验区也同时挂牌设立①。建设自贸试验区，是我国面对全球经济治理体系深度调整和国内经济发展进入新常态下积极探索扩大服务与投资市场开放、主动应对国际贸易投资规则变革和加快深化经济体制改革的重大举措。因此，自贸试验区以建设成为全国新一轮改革开放先行地、服务于"一带一路"建设和辐射带动区域经济协同发展为战略定位，在投资管理制度、贸易监管制度、金融制度、事中事后监管制度四个方面开展了一系列改革创新，营造了优良的营商环境，进一步解放了生产力，形成了一批可复制可推广的经验。自贸试验区推进改革创新已取得了阶段性成效，但在实践中也暴露出一些问题，包括自贸试验区的法律地位不明晰、推动制度创新还未触及经济体制改革的核心问题、自贸试验区市场开放领域仍低于预期、对接高标准国际贸易投资规则的测试不够和自贸试验区创新政策落地迟缓等。"十三五"时期是我国经济全面进入新常态的第一个五年规划，自贸试验区的改革创新应瞄准制度结构的深层次矛盾，深化完善基本

---

* 毛艳华，男，中山大学自贸区综合研究院副院长，港澳珠江三角洲研究中心教授，博士生导师，主要研究方向为国际贸易、空间经济和港澳珠三角经济。感谢荣健欣博士、朱煜助理研究员提供的数据材料。

① "中国（上海）自由贸易试验区"是官方发布的正式名称。除特别注明外，下文简称为"上海自贸试验区"或"自贸试验区"。广东、天津、福建三个自由贸易试验区的名称作相同处理。

制度体系，聚焦事中事后监管制度、投资管理制度、贸易监管制度、金融开放创新制度等，对标国际高标准投资贸易规则和通行惯例，率先形成法治化、国际化、便利化的营商环境，加快形成公平、统一、高效的市场环境，继续为深化改革和扩大开放探索新途径、积累新经验。

一、自贸试验区设立的缘由

贸易投资自由化是当今世界经济全球化的最重要特征。改革开放以来，中国加入全球产业分工体系，通过发挥比较优势，对外贸易获得快速增长，综合国力得到极大的提升，成为全球化的受益者。2008年国际金融危机爆发后，全球经济及其治理机制进入深度调整期，中国经济发展进入新常态。面对国内外的新形势和新挑战，需要统筹开放型经济顶层设计，加快构建开放型经济新体制，进一步破除体制机制障碍，实施新一轮高水平对外开放，以开放促改革、促发展、促创新，培育参与和引领国际经济合作竞争的新优势。因此，设立自贸试验区，就是要充分发挥自贸试验区作为制度创新"试验田"的作用，探索建立与服务业扩大开放相适应的新体制和新机制，跟踪测试与国际贸易新规则相衔接的新体制和机制，试验构建有关政府与市场关系改革的精神，为全面深化改革和扩大开放探索新途径、积累新经验。

1. 探索建立与服务业扩大开放相适应的新体制和新机制

近十余年来，服务全球化成为全球化的主导力量和重要内容，影响广泛深刻，与全球经济发展中的许多重大议题密切相关。根据世界贸易组织（WTO）国际贸易统计数据库，2005—2014年，全球国际服务贸易规模由4.77万亿美元增至9.8万亿美元，10年内翻了一番。服务业跨国投资在全球投资总额中的比例也由2000年的52.95%上升到2012年的70.40%。美国是世界上最大的服务贸易国，服务业占其GDP的3/4和就业的4/5，欧盟的服务业也分别占其GDP和就业的3/4。我国服务业发展水平和服务贸易竞争力远远落后于发达国家，2014年服务业增加值占GDP比重为48.2%，2015年的比重达到50.5%，刚好占到GDP的一半。在"十二五"时期，我国服务进出口规模由2010年的3624亿美元上升到2015年的7130亿美元，年平均增长率达到14.5%，为同期世界服务进出口平均增速的两倍。但是，我国服务业结构性失衡明显，有效供给能力不足，部分知识和技术高度密集的服务供给严重依赖进口。2010—2014年，我国服务贸易逆差额由219亿美元猛增至1599亿美元，服务贸易逆差持续扩大。我国服务产业创新能力和核心竞争力不强，"十二五"时期我国服务业的劳动生产率年均递增仅4.2%，低于第二产业6.5%的年均增幅，更远低于"十一五"时期的8%年均增长率。① 因此，加快服务业和服务贸易发展对我国经济新常态下的产业结构调整、经济增长方式转变和"多元平衡"的开放型经济体系构建具有重要的意义。

我国服务业对外开放不足，未形成行业的充分竞争，这是制约服务业发展的主要原因。根据经济合作与发展组织（Organization for Economic Co-operation and Development，OECD）公布的服务贸易限制指数（Services Trade Restrictiveness Index，STRI），我国服务贸易18个主要领域的得分均高于全部样本国家和OECD成员国的平均值。具体来看，建筑、工程服务的限制相对较少，而在速递、广播、电信、金融、保险等部门还存在较高的贸易壁垒。经济规律和国际经验表明，要实现更加"多元平衡"的高质量发展，就必须消除"边境内壁垒"，加快服务与投资市场的对内对外开放，才能参与新一轮更高层次的国际分工和竞争。但是，从国际投资贸易便利化的实践来看，消除"边境内壁垒"比消除"边境上壁垒"的改革难度要大得多。因此，必须以深化改革和扩大开放为动力，着力消除制约服务业发展的深层次体制机制障碍，探索发达国家高端服务业进入国内市场和国内资本产能走向海外的监管模式，为外向型经济的转型升级提供新动力，这正是建立自贸试验区的真正意义所在。

扩大服务和投资市场开放也是中美双边投资协定（BIT）谈判的主要内容。中美BIT谈判于2008年6月启动，希望达成更高水平的开放协议，但谈判进展十分缓慢，前九轮的谈判主要是在条文等方面的前期谈判。双方谈判的纠结难点始终在于负面清单管理模式和准入前国民待遇。准入前国

---

① 刘涛：《我国服务业发展回顾及"十三五"发展思路和目标》，http://www.drc.gov.cn/n/20151202/1-224-2889490.htm。

民待遇是美式BIT的核心规则之一，美式BIT中往往规定使用外商投资负面清单形式与准入前国民待遇相匹配①。在2013年7月11日召开的第五轮中美战略与经济对话中，中方宣布以"准入前国民待遇和负面清单"为基础开展中美BIT实质性谈判，这为中美投资协定谈判扫除了一项关键而核心的障碍。在《第五轮中美战略与经济对话框架下经济对话联合成果情况说明》中，"中方重申在第四轮中美战略与经济对话中关于实施更加积极、主动、开放战略的承诺。中方正积极研究进一步扩大服务业开放的措施，包括建立中国（上海）自由贸易试验区，该试验区将试行新的外资管理模式，并营造各类国内外企业平等准入的市场环境。此外，中方正积极考虑在电子商务、商业保理等领域扩大开放"。2014年6月，中国和美国首次交换了负面清单出价，并正式开启负面清单谈判，标志着BIT谈判进入新阶段。

中共十八届三中全会《中共中央关于全面深化改革若干重大问题的决定》提出构建开放型经济新体制，其核心思想之一是要建立与服务业扩大开放相适应的新体制和新机制。长期以来，我国外商投资管理制度采用以《中华人民共和国中外合资经营企业法》《中华人民共和国中外合作经营企业法》和《中华人民共和国外资企业法》三部法律为基础，《外商投资产业指导目录》为依据的外商投资准入制度。《外商投资产业指导目录》远未实现负面清单化，并且所有外商投资，无论其投资领域是属于《外商投资产业指导目录》的鼓励、限制还是禁止类别，都需要经过行政审批才能进入。这与准入前国民待遇和外商投资负面清单的要求大相径庭。目前，中国已签署的130余个双边投资保护协议均未承诺给予对方准入前国民待遇。2013年7月3日，国务院通过了《中国（上海）自由贸易试验区总体方案》，在外商投资领域采取负面清单管理模式，体现了中国在中美BIT谈判中设置负面清单的基本意向。设立自贸试验区有利于我国在小范围内试验准入前国民待遇和负面清单的外商投资管理模式，为先行先试服务业敏感领域的开

---

① 所谓外商投资负面清单，是指除了在清单内列明的行业、领域和业务，其他所有领域一律对外资开放，外资在这些领域自动享有准入前国民待遇。相比正面清单，负面清单有"自动自由化"、固化承诺，以及保留措施更公开透明的特点，同时也更抑制了东道国通过制定额外措施限制外商投资的权力。因此，负面清单管理方式是近年来发达国家对外商签自由贸易协议时采用的主要方式。

放创造了条件，从而为中美 BIT 谈判提供了经验和借鉴。① 因此，建设上海自贸试验区向世界发送了重大信号，即中国将加快投资管理体制改革，扩大服务和投资市场对外资开放。

2. 跟踪测试与国际贸易新规则相衔接的新体制和新机制

从关税与贸易总协定（GATT）至 WTO，倡导贸易规则一体化有利于提高效率，提升贸易便利化水平，扩大全球货物贸易量。中国加入 WTO 十五年来，市场深度开放，经贸规则与国际对接，大大降低了国际贸易成本，获得了对外贸易的快速增长。中国对外贸易由 2000 年的不足 5000 亿美元快速增长到 2014 年的 43030.4 亿美元，出口占全球份额达到 12.7%，全球第一货物贸易大国地位进一步巩固。但是，在 WTO 框架下货物贸易便利化谈判取得进展的同时，"多哈发展议程"有关新一轮服务贸易领域的谈判进展却十分缓慢，服务贸易未能实现高水平自由化，发展中国家与发达国家在许多新议题上未能达成共识。在 WTO 多哈回合进展不顺利的情况下，双边贸易安排和小区域多边合作安排快速发展。截至 2014 年 6 月 15 日，向世界贸易组织报告的区域贸易协议共有 585 个。由美国参与并主导的跨太平洋伙伴关系协定（TPP）、跨大西洋贸易与投资伙伴协议（TTIP）和服务贸易协定（TISA）共同构成了新一代国际贸易投资新规则的标杆。其中，TPP 无疑是新一代贸易投资协议中影响力最大的自由贸易安排。据统计，TPP 现有 12 个成员国的 GDP 约占全球的 36%，出口和就业分别占全球的 23% 和 26%。

现存以 WTO 为核心的多边贸易体系是以比较优势理论为依据，以国民待遇和最惠国待遇为依托，突出发达国家与发展中国家区别对待和给予发展中国家优势待遇的原则，而新一代贸易投资规则是以西方市场理论和竞争经济学为依据，强调公平竞争与权益保护，取消了发展中国家的优惠待遇，要求发展中国家加强市场化改革，在经贸规则和经济运行机制方面与发达国家市场深度接轨，从而换取市场的对等开放。从具体规则来看，TPP 的开放程度远超 WTO 及其他自由贸易协定。首先，TPP 成员国之间在较大

---

① 黄鹏、梅盛军：《上海自贸试验区建设不可忽视 BIT 谈判》，载《国际金融报》2014 年 3 月 10 日。

范围内相互给予的是零关税待遇，而 WTO 则更多采用的是最惠国待遇关税。其次，TPP 涉及 WTO 所包含的所有领域，并深化了所有这些领域的规则。例如，WTO 中规定版权基准保护期是"一件作品创造出来或者出版之后至少 50 年"，而 TPP 中规定版权基准保护期是"创作者的寿命 + 其去世后 70 年"。最后，TPP 中包含了 WTO 中没有涉及的"边境内"内容。例如，竞争政策、投资、劳工保护、环境保护等领域，有关国有企业、电子商务和中小企业等议题，甚至尚未被现有的贸易和投资协议所涉及。TPP 对贸易规则重塑也不仅局限于 12 个成员国，对于未来世界贸易格局也会产生深远影响，至少有助于美国在未来推进亚太自贸区建设过程中占据更主动位置，甚至影响未来 WTO 多边贸易规则的制定以及部分国家内部规则的调整。

作为全球第一货物贸易大国，中国是全球贸易规则的利益攸关者，在全球拥有越来越广泛的国际经贸利益。TPP 等新一代贸易投资规则的高标准对于中国这样一个人均收入较低、国有企业比例较高、市场化机制不完善的大国来说是现阶段难以企及的。事实上，根据 Peter A. Petri, Michael G. Plummer, Fan Zhai(2011) 在 21 个方面开展的评估研究发现，美国签署的投资协议的开放程度远大于东盟签署的投资协议的开放度，考虑到中国当前签署的双边或多边投资协定没有达到东盟自由贸易协定的开放度，TPP 的实现只会进一步增大中国与国际贸易投资高标准规则的差距。美国近年来大力推进 TPP 和 TTIP 谈判，其目的就是以自身的贸易投资自由化标准为模板，主导全球投资和贸易规则的重构。但是，全球投资贸易规则重构已是大势所趋，这代表着新国际分工和新自由贸易发展的内在要求。因此，新规则、新议题对于中国加快实施新一轮高水平对外开放提出了挑战。自贸试验区作为参与全球投资贸易规则重构的试验平台，就是要跟踪测试与国际贸易新规则相衔接的新体制和新机制，以应对当前全球区域经济合作中正在酝酿的国际新规则。这有利于我国在国际贸易谈判中增强设置议题并提出建设性倡议的能力，有利于在参与全球投资贸易规则重构中提出中国方案，加快培育参与和引领国际经济贸易合作竞争新优势，这也是建立自贸试验区的真正意义所在。

3. 试验构建有关政府与市场关系改革的精神

对外开放是我国的一项基本国策，改革是我国社会发展的直接动力。以开放促改革、促发展是我国改革不断取得成功的重要经验。回顾我国外向型经济的发展历程，通过20世纪80年代初期在沿海地区率先改革开放，抓住发达国家或地区产业结构调整的机遇，依靠比较优势和成本优势，诸如大量廉价土地资源、充足的进城务工劳动力、无须计入成本的环境污染等，从而吸引了大量制造业领域的海外资本，加入全球产业分工体系发展加工贸易，对外贸易获得了快速增长。[①] 但是，这种外向型产业由于缺乏核心技术，也缺乏研究设计和市场销售环节，处于全球价值链的最低端，经济附加值非常低，并制约了服务业的发展。相应地，在国际贸易分工中，这种产业分工格局造成了我国长期对欧美发达国家的大量货物贸易顺差以及服务贸易的大量逆差。国际金融危机爆发后，全球贸易和价值链都面临着再平衡的巨大压力。随着人口红利递减，对发展质量和效益的更高要求，我国必须加快产业结构调整和转变发展方式，从主要依赖传统低成本优势转变到依靠人才、技术、品牌、质量和服务为主的市场竞争优势。

在经济新常态下，转变发展方式和推动产业结构调整，本质上是个经典的资源配置问题，也就是资源配置在什么行业、什么企业的问题。中共十八届三中全会提出，要让市场机制在资源配置中起到决定性作用。如果市场不能对失衡的产业结构自发调整，何谈市场机制的决策性作用呢。因此，这就需要创新行政管理体制，加快政府职能转变，处理好政府与市场的关系。在现代经济学理论中，政府的职能就是为市场主体提供一个公平、公正的营商环境，保障市场主体的公平竞争地位。社会主义市场经济就是要发挥市场的决定性作用，更好地发挥政府作用，不是简单地削弱政府职能、强化市场功能，而是两者职能的重新界定，即市场要在资源配置方面发挥决定性的作用，政府要在基本公共服务、市场监管和社会性监管方面更好地发挥作用。因此，在实施新一轮高水平对外开放中，就是要通过深化经济体制改革，发挥出社会主义市场经济体制的优势，形成更具竞争力的体制参与国际竞争，以对外开放的主动赢得经济发展和国际竞争的主动，

---

① 毛艳华：《努力打造新型国际投资贸易规则的试验区》，载《南方日报》，2015年4月27日。

以建设开放型经济强国。

按照中共十八大、十八届三中全会和四中全会精神，设立上海、广东、天津和福建四个自贸试验区，使得全面深化改革的重要命题，即政府与市场的关系的合理设置，能够在自贸试验区得到进一步探索、优化和深化，使得中共十八届三中全会关于市场在资源配置中起决定作用和更好地发挥政府作用的改革精神得到进一步试验、建构、验证和贯彻（王浦劬，2015）。只有在自贸试验区探索市场配置资源的新机制，才能促进国际国内要素有序自由流动、资源全球高效配置、国际国内市场深度融合，建立起公平开放、竞争有序的现代市场体系。在自贸试验区还要探索经济运行管理的新模式，按照国际化、法治化的要求，营造良好法治环境，依法管理开放，建立与国际高标准投资和贸易规则相适应的管理方式，为我国参与国际宏观经济政策协调机制提供经验，推动国家治理体系和治理能力走向现代化进程。

二、自贸试验区的战略定位

基于以上对我国自贸试验区设立初衷的分析，自贸试验区在战略定位上突出了"为国家试制度、为开放搭平台、为地方谋发展"三方面的功能作用。"为国家试制度"，就是自贸试验区要突出制度创新，要以制度创新为核心任务，深化政府与市场关系的改革，构建开放型经济新体制，率先形成国际化市场化法治化营商环境，成为全国新一轮改革开放先行区和制度创新"试验田"；"为开放搭平台"，就是自贸试验区要突出对外开放，发挥开放型经济新体制的优势，形成面向全球的大开放格局，集聚国际国内高端要素，打造一批对内对外开放相促进、"引进来"和"走出去"相结合的新平台，服务国家"一带一路"建设、"走出去"战略和自由贸易区战略；"为地方谋发展"，就是要突出打造区域功能，发挥自贸试验区的区位优势，打造区域核心功能区，集聚发展现代服务业和高端制造业，带动区域产业转型升级，推动区域经济协同发展。

从上海、广东、天津和福建四个自贸试验区的总体方案来看，虽然在战略定位的具体表述上存在差异，强调地域特色与区位优势，但自贸试验区的战略定位都包括上述三个方面的内容,体现了服务于新常态下深化改革、扩大开放和转型升级的发展需要。《进一步深化中国(上海)自由贸易试验区改革开放方案》提出:"扩展区域后的自贸试验区要当好改革开放排头兵、创新发展先行者,继续以制度创新为核心,贯彻长江经济带发展等国家战略,在构建开放型经济新体制、探索区域经济合作新模式、建设法治化营商环境等方面,率先挖掘改革潜力,破解改革难题。"《中国(广东)自由贸易试验区总体方案》提出:"依托港澳、服务内地、面向世界,将自贸试验区建设成为粤港澳深度合作示范区、21世纪海上丝绸之路重要枢纽和全国新一轮改革开放先行地。"《中国(天津)自由贸易试验区总体方案》提出:"以制度创新为核心任务,以可复制可推广为基本要求,努力成为京津冀协同发展高水平对外开放平台、全国改革开放先行区和制度创新试验田、面向世界的高水平自由贸易园区。"《中国(福建)自由贸易试验区总体方案》提出:"围绕立足两岸、服务全国、面向世界的战略要求,充分发挥改革先行优势,营造国际化、市场化、法治化营商环境,把自贸试验区建设成为改革创新试验田;充分发挥对台优势,率先推进与台湾地区投资贸易自由化进程,把自贸试验区建设成为深化两岸经济合作的示范区;充分发挥对外开放前沿优势,建设21世纪海上丝绸之路核心区,打造面向21世纪海上丝绸之路沿线国家和地区开放合作新高地。"

1. 全国新一轮改革开放先行地

基于上文对中国自贸试验区设立初衷的分析,表明自贸试验区不是优惠政策的洼地,而是制度创新的高地。自贸试验区建设应告别过去依靠财税政策优惠、招商引资、引进技术、推动出口的传统开发区建设模式。自贸试验区建设应突出制度创新,通过开展制度创新,大力营造竞争有序的市场环境、透明高效的政务环境、公平正义的法治环境,对接国际投资贸易通行规则,形成国际化、市场化、法治化营商环境,为全国新一轮改革开放提供可复制可推广的经验。

首先,在优化法治环境方面,建设成为中国特色社会主义法治示范区。自贸试验区应在开放型经济法治建设上先行先试,逐步推出与国际接轨、符合现代服务业发展规律和国家改革创新要求的法规规章,率先构建符合国际惯例的运行规则和制度体系。按照统一、公开、公平原则,试点开展对内对外开放的执法与司法建设,实现各类市场主体公平竞争。强化自贸试验区制度性和程序性法规规章建设,完善公众参与法规规章起草机制,探索委托第三方起草法规规章草案。对涉及自贸试验区投资贸易等商事案件,建立专业化审理机制,发展国际仲裁、商事调解机制。完善知识产权管理和执法体制,完善知识产权纠纷调解和维权援助机制,探索建立自贸试验区重点产业知识产权快速维权机制。进一步完善中国港澳台和国外法律查明机制,为商事审判活动提供境外法律查明服务。

其次,在政府职能转变方面,建设成为行政管理体制改革的先行区。自贸试验区应先行开展政府与市场关系的改革,按照权责一致原则,建立行政权责清单制度,明确政府职能边界。深化行政审批制度改革,最大限度地取消行政审批事项。推进行政审批标准化、信息化建设,探索全程电子化登记和电子营业执照管理,建立一口受理、同步审批的一站式高效服务模式,建设市场准入统一平台和国际贸易"单一窗口",实现多部门信息共享和协同管理。深化投资管理体制改革,对实行备案制的企业投资项目,探索备案文件自动获准制。建立集中统一的综合行政执法体系,相对集中执法权,建设网上执法办案系统,建设联勤联动指挥平台。提高知识产权行政执法与海关保护的协调性和便捷性。探索设立法定机构,将专业性、技术性或社会参与性较强的公共管理和服务职能交由法定机构承担。

最后,在市场准入和事中事后监管改革方面,逐步建立起开放型经济运行管理新模式。实施自贸试验区外商投资负面清单制度,减少和取消对外商投资准入限制,重点扩大服务业和制造业对外开放,提高开放度和透明度。对外商投资实行准入前国民待遇加负面清单管理模式,对外商投资准入特别管理措施(负面清单)之外领域的外商投资项目实行备案制;根据全国人民代表大会常务委员会授权,将外商投资企业设立、变更及合同章程审批改为备案管理。健全社会诚信体系,建立企业诚信制度,开展信用调查和等级评价,完善企业信用约束机制,实施守信激励和失信惩戒制度。完善企业信用信息公示系统,实施企业年报公示、经营异常名录和严重违法企业名单制度。以商务诚信为核心,在追溯、监管、执法、处罚、先行赔付等方面强化全流程监管。配合国家有关部门实施外商投资国家安全审查和经营者集中反垄断审查,实施外商投资全周期监管。探索把服务相关行业的管理职能交由社会组织承担，建立健全行业协会法人治理结构。根据高标准国际投资和贸易规则要求，强化企业责任，完善工资支付保障和集体协商制度，建立工作环境损害监督等制度，严格执行环境保护法规和标准，探索开展出口产品低碳认证。

2. 服务国家对外开放战略

自贸试验区在贸易便利化、投资自由化和金融自由化等领域推动制度创新，对接国际高标准投资贸易规则体系，建设国际贸易中心、物流中心、航运中心和金融中心，并且依托自贸试验区内海关特殊监管区域的创新政策，形成强大的功能拓展优势，成为面向世界的高水平合作平台，服务于"一带一路"建设、"走出去"战略和自由贸易区战略等新时期我国对外开放三大战略。具体来说，上海自贸试验区致力于强化航运中心地位，先行先试金融改革，促进人民币国际化和国内资本"走出去"，支持企业及个人开展多种形式的境外投资合作，支持"走出去"战略。广东自贸试验区依托港澳、面向全球，在现代服务业和金融业等领域实行更高水平的对外开放措施，打造一批对内对外开放相促进、"引进来"和"走出去"相结合的新平台，集聚国际国内高端要素，实现与港澳深度合作，建设21世纪海上丝绸之路的重要枢纽，以及内地企业和个人"走出去"的窗口和综合服务平台。天津自贸试验区依托亚欧大陆桥连接功能，完善多式联运体系，增强对沿线国家及地区转口贸易服务功能，发挥中蒙俄经济走廊重要节点作用和海上合作战略支点作用，推动"一带一路"建设。福建自贸试验区要与21世纪海上丝绸之路沿线国家和地区开展海关、检验检疫、认证认可、标准计量等方面的合作与交流，探索实施与21世纪海上丝绸之路沿线国家和地区开展贸易供应链安全与便利合作。

首先，我国现有的四个自贸试验区都拥有港口航运功能和配套的海关特殊监管区域，拥有发展国际航运业的创新政策，不断完善具有国际竞争力的航运发展制度和运作模式，这有利于发展与"一带一路"沿线国家的经贸关系，如目前的洋山港、天津港、南沙港等自贸试验区港口都开设了与"一带一路"沿线港口对接的国际航线。自贸试验区推进大通关体系建设和贸易便利化改革，有利于扩大与"一带一路"沿线国家的货物贸易。贸易便利化最直观的意义在于降低企业从事国际贸易的直接交易成本和间接交易成本，将促进我国与沿线国家的贸易流量（毛艳华、杨思维，2015）。根据 OECD（2013）预计，WTO 框架下的《贸易便利化协议》有望每年为全球创造 1 万亿美元的收益，帮助发展中国家每年出口增加 10%，发达国家则为 5%。自贸试验区贸易便利化改革能够提供安全有效的贸易制度环境，基于减少交易成本的贸易便利化将提高出口多样化水平和生产率（Melitz M. J.，2003），这些都有利于促进我国与"一带一路"沿线国家的贸易发展。

其次，自贸试验区有关投资便利化和投资自由化的政策创新服务于"走出去"战略。从四个自贸试验区总体方案来看，自贸试验区服务"一带一路"建设和"走出去"战略的主要着力点，包括对外投资服务平台建设、人民币国际化和金融创新、贸易便利化航运标准化和多式联运、自贸试验区成果跨国分享和输出等方方面面。自贸试验区企业对外投资管理改革简化了境外直接投资（ODI）的审批程序，这有助于我国企业"走出去"与"一带一路"沿线国家开展基础设施领域的合作，推动基础设施投资。在自贸试验区的金融创新方面，自贸试验区实行资本项下的可兑换有利于引导我国企业对外直接投资从资源领域转向市场并购和技术投资，从而促进"走出去"开展国际产能合作，带动我国服务贸易发展。自由贸易（FT）账户可以有效打通自贸试验区与离岸市场之间的通道，帮助企业开展境外项目建设，为实现国际产能合作创造了条件。FT 账户内资金可以进行跨境投融资，企业可以根据经营需要，开展双向人民币资金池业务，这将在一定程度上提高企业的资金利用效率。

最后，自贸试验区开展投资贸易新规则的压力测试服务于我国自由贸易区战略。根据商务部发布的信息，至 2015 年年底我国已签署 14 个自由贸易协议，其中已正式实施的有 12 个，涉及 22 个国家和地区，自贸伙伴遍及亚洲、拉美、大洋洲、欧洲等地区。此外，我国正在推进多个自由贸易区谈判，包括区域全面经济伙伴关系协定（RCEP）、中国－海湾合作委员会自贸、中国－挪威自贸区、中日韩自贸区、中国－斯里兰卡自贸区和中国－马尔代夫自贸区等。还在推进中国－新加坡自贸区升级谈判、中国－巴基斯坦自贸区第二阶段谈判和海峡两岸经济合作框架协议（ECFA）后续谈判。自贸试验区作为我国主动适应经济发展新趋势和国际经贸规则新变化、以开放促改革促发展的"试验田",在《国务院关于加快实施自由贸易区战略的若干意见》中,对自贸试验区开展压力测试提出了新的要求,明确提出要把对外自由贸易区谈判中具有共性的难点、焦点问题,在上海、广东、天津和福建四个自贸试验区内先行先试,通过在局部地区进行压力测试,积累防控和化解风险的经验,探索最佳开放模式,为对外谈判提供实践依据。例如,实行准入前国民待遇加负面清单的管理模式、外商投资国家安全审查制度、扩大服务业对外开放等领域的先行先试。尤其在知识产权保护、环境保护、电子商务、竞争政策、政府采购等新议题方面先行在自贸试验区开展压力测试,对于我国在对外商签自由贸易协议时能够提供设置议题的话语权。

3. 辐射带动区域协同发展

自贸试验区的制度创新效应有利于提高资源配置能力,形成国际航运、物流、贸易、金融等核心功能区,从而辐射带动区域协同发展。首先,自贸试验区具有集聚高端资源要素的优势,自身定位于发展现代服务业和先进制造业,形成各类生产服务业和高端制造业集群,成为现代产业发展新高地。从国际典型自贸园区的发展经验来看,依靠园区内实行高度自由的贸易、投资和金融政策,极有利于吸引高端产业集群发展,形成现代服务业和先进制造业协同发展效应。例如,德国汉堡自贸园区号称"德国通向世界的门户",通过航运业发展辐射带动了高端制造业的集群发展,汉堡成为仅次于美国西雅图的全球第二大飞机制造地区,"空中客车"的许多关键部件和总装就出自汉堡。又如,爱尔兰的香农自贸园区主要发展航空租赁业,在高端电子制造方面,其自动柜员机(ATM)制造也闻名世界。同样,上海自贸试验区的各个功能片区已形成了航运服务业集群、金融业集群、生物医药产业集群,天津自贸试验区的中心商务区块是先进制造业的集聚区,广东自贸试验区深圳前海蛇口片区是高科技产业和金融业集聚区。

其次,自贸试验区拥有的创新政策和搭建的各类服务业平台,有利于推动周边区域产业转型升级。长三角、珠三角和环渤海地区都是我国改革开放以来的外向型产业集聚区,但是基本处于全球价值链的低端。以加工贸易产业为例,加工贸易链条各主体之间单向或多向的交易涉及大量的结算,一直以来基本是在新加坡、中国香港和爱尔兰等地以外币离岸方式结算完成,为这些国家和地区带来了可观的收益。例如,新加坡每1万亿美元的离岸结算可以产生1000多亿元的税收。尽管我国加工贸易创造了巨大的产值,但由于缺失结算环节,无法分享产值背后的巨大经济利益。自贸试验区开展的金融创新与改革探索,包括建立了FT账户、探索资本项目下可兑换、开办外币离岸业务等,以及一定程度的税收政策安排,为在自贸试验区建立全球加工贸易结算中心创造了条件。另外,自贸试验区建立的技术研发平台、工业设计平台、结算中心、内销后续服务基地等若干平台,将为加工贸易转型升级提供支撑。

最后,自贸试验区发挥制度创新优势,吸引国内外高端要素集聚,不断培育经济功能形成辐射带动作用。上海发挥自贸试验区制度创新与本区域各类功能中心建设的联动效应,推动自贸试验区建设与"四个中心"建设、国家自主创新示范区建设实现联动,发挥政策叠加优势,以此推动知识产权、人才流动、金融服务、国际合作等领域体制机制改革,推动形成创新要素自由流动的开放合作新局面。上海自贸试验区还通过建设长三角区域国际贸易"单一窗口"来推动长江经济带协同发展。广东自贸试验区各片区利用在关于建立更紧密经贸关系的安排(Closer Economic Partnership Arrangement,CEPA)框架下"先行先试"的优势,扩大对港澳服务业开放,深入推进粤港澳服务贸易自由化,探索粤港澳合作新机制,推动粤港澳大湾区建设、大珠江三角洲城市群建设和粤港澳优质生活圈建设,还发挥自贸试验区接连港澳、辐射内地市场的作用,推动泛珠三角协同发展。天津自贸试验区旨在通过发挥天津口岸作用,推动区域通关一体化、协同监管、分类监管与创新监管等措施,来促进京津冀协同发展。福建自贸试验区对接两岸经济融合,扩大对台湾地区服务贸易开放领域,创新两岸服务业合作模式,以此来辐射带动海峡两岸经济协同发展。

三、自贸试验区制度创新的主要任务

自贸试验区建设的核心任务是制度创新。自贸试验区在制度创新领域进行的探索试验,可以形成强大的制度创新"外溢效应"。从发达国家设立的各类自由贸易园区来看,投资自由、贸易自由、金融自由以及符合国际惯例的营商规则是自由贸易园区的本质特征和发展趋势。因此，自上海自贸试验区挂牌成立两年多以来，包括新设立的广东、天津、福建三个自贸试验区，其开展制度创新的主要任务就是构建中国自贸试验区的基本制度框架，包括四个方面的内容：建立以负面清单管理为核心的投资管理制度，建立以贸易便利化为重点的贸易监管制度，建立以资本项目可兑换和金融服务业开放为目标的金融创新制度，建立以政府职能转变为核心的事中事后监管制度，形成与国际投资贸易通行规则相衔接的制度创新体系。

1. 开展投资管理制度创新

投资管理体制改革是构建开放型经济新体制的重要组成部分。通过破除投资管理领域的体制机制障碍，有利于实现对内对外开放相互促进，"引进来"与"走出去"更好地结合，建立公平开放、竞争有序的现代市场体系。在自贸试验区推行准入前国民待遇加负面清单的外商投资管理模式，是我国外商投资管理理念的全盘创新，也是中国自贸试验区成立近三年来开展的最大制度创新。这项制度不仅直接关系到中美BIT谈判和我国正在实施的自由贸易区战略，还与国内全面实行市场准入负面清单制度的改革直接相关。自贸试验区实行外商投资负面清单制度，减少和取消对外商投资准入限制，重点扩大服务业和制造业对外开放，提高开放度和透明度。对外商投资实行准入前国民待遇加负面清单管理模式，对外商投资准入特别管理措施（负面清单）之外领域的外商投资项目实行备案制（国务院规定对国内投资项目保留核准的除外）；根据全国人民代表大会常务委员会授权，将外商投资企业设立、变更及合同章程审批改为备案管理。

自2013年上海自贸试验区挂牌成立以来，我国先后制定了三版自贸试验区负面清单，负面清单的特别准入措施从最初的190条减少到139条，再减少到122条，90%以上的外资企业通过备案设立，改变逐案审批加产业指导目录的传统方式，试行"法无禁止即可为""法无授权不可为"的投资管理理念。负面清单列出了禁止或限制的投资领域，清单之外的领域对外商开放，取消审批制度实行备案制度，清单之内的项目实行核准制，这大大提高了外商投资的市场透明度和可预期性。负面清单的制定和实施只是建立外商投资负面清单管理模式的第一步。自贸试验区还在投资管理的全过程，特别是对于负面清单之外投资项目的商事登记制度，以及负面清单之内投资项目的行政审批制度进行改革。自贸试验区还探索了工商登记与商事登记制度的改革，逐步优化登记流程，形成了一套与负面清单管理模式相衔接的配套制度体系。在商事登记制度上，对企业申请注册登记和行政审批进行制度改革。实施"先照后证"，放宽企业名称登记管理限制和住所（经营场所）登记条件。推行企业准入"一口受理"制度，一窗办理许可决定和证照，实现跨部门数据共享和部分事务网上办理。

2012年，广东在全国率先推行商事登记制度改革，因此广东自贸试验区各片区投资管理具有很好的制度创新基础。例如，广州南沙片区已实现了"十一证三章"联办，市场准入联办证件数量和速度全国领先；珠海横琴片区的"政府智能化监管服务模式"入选了全国自贸试验区"最佳实践案例"。上海自贸试验区作为最早设立的自贸试验区，在商事登记和行政审批改革方面做了大量探索，具体内容包括取消注册资本的最低限额，取消对出资期限的规定，取消虚拟注册，取消前置审批、企业年检等（胡锋、成胜，2014）。

首先，自贸试验区根据认缴登记制取消了对投资者的注册资本要求。按照《中华人民共和国公司法》规定，对投资者的注册资本要求，有限责任公司为一人有限责任公司时最低注册资本为10万元人民币，其余情况下最低注册资本为3万元人民币。当前，中国自贸试验区内工商部门对企业的注册资本已经由实缴登记制改为认缴登记制，取消了注册资本的最低限额，允许外国投资者可以以任意金额设立企业，大大方便了资金不足的创业型公司的设立。

其次，自贸试验区不再对企业注册资本实行验资。当前的《中华人民共和国外资企业法》规定，外国投资者应当在公司营业执照签发之日起90天内至少缴纳注册资本的15%，其余在3年内缴清。作为市场准入负面清单制度的配套，自贸试验区取消对区内成立企业实收资本的登记、出资期限的限制，并不再收取验资报告，允许"零首付"创办公司，对于资金不充足的投资者可以不必非在前3个月内到位首期注册资本，进一步降低了首创企业的资金成本，提高了资金运作效率，而且避免了在实际验资中出现的由中介公司进行"垫资"等作假行为。

再者，自贸试验区取消了公司法人资格成立前的前置审批。自贸试验区内实行"先照后证"登记制,在公司营业执照取得前不需要一切前置审批,公司营业执照取得后即可开展一般性经营活动,在取得相关许可证和批准文件后再进行相应内容的许可活动。而当前的外资管理体制中,在外商投资批准证和工商营业执照取得前都存在前置审批,尤以商务部门批准后、工商登记前居多,这对企业进行日常的业务开展和合同的签订带来了极大的不便。实行"先照后证",则企业可先获得营业执照,从事企业管理咨询、投资咨询等其他业务,需要从事别的业务时再去相关部门获得行政许可。再比如,现有的审批体制要求必须在工商部门登记之前获得环保部门的环评许可,实行"先照后证"后,企业获得营业执照、取得法人资格后,就可直接从事贸易相关经营内容,需要从事生产相关业务时再去办理环评许可,取消前置审批大大促进了企业自主经营的主动性和投资的便利化。

最后,自贸试验区对于行政审批做了不少简化程序,降低准入门槛的创新。例如,上海自贸试验区开展"行政审"与"技术审"相分离的审批方式,实行"施工图设计文件归口审查"制度,将原由政府开展的规划、消防、卫生、交通、气象等技术性审查,从行政审批中分离出来,全部转由审图公司等专业地方机构审查,政府部门做好检查、抽查等监管工作。剥离或简化技术审查后,政府投入更大精力到总体规划、协调服务和后续的监督管理中去。

扩大服务业对内对外开放是自贸试验区投资管理体制改革的重要内容。上海自贸试验区侧重在金融服务、航运服务、商贸服务、专业服务、文化服务以及社会服务领域扩大开放,暂停或取消投资者资质要求、股比限制、经营范围限制等准入限制措施(银行业机构、信息通信服务除外),营造有利于各类投资者平等准入的市场环境。广东自贸试验区重点在金融服务、航运服务、商贸服务、专业服务、科技服务以及先进制造业等领域扩大对外资尤其港澳投资者开放,在CEPA框架下推进粤港澳服务贸易自由化,促进服务要素便捷流动,推进贸易发展方式转变,增强国际航运服务功能。天津自贸试验区重点选择航运服务、商贸服务、专业服务、文化服务、社会服务等现代服务业和装备制造、新一代信息技术等先进制造业领域扩大对外开放,鼓励跨国公司设立地区性总部、研发中心、销售中心、物流中心和结算中心，鼓励先进制造业延伸价值链，与现代服务业融合发展。福建自贸试验区先行选择航运服务、商贸服务、专业服务、文化服务、社会服务及先进制造业等领域扩大对外开放，积极有效地吸引外资。

自贸试验区开展了境外投资管理体制改革。对境外投资开办企业实行以备案制为主的管理方式。对境外投资一般项目实行备案制，提高了境外投资便利化程度。创新投资服务促进机制，加强境外投资事后管理和服务，形成多部门共享的信息监测平台，做好对外直接投资统计和年检工作。支持自贸试验区内各类投资主体开展多种形式的境外投资。鼓励在自贸试验区设立专业从事境外股权投资的项目公司，支持有条件的投资者设立境外投资股权投资母基金。同时，进一步健全境外投资服务促进平台，实现融资、保险、法律、咨询、会计、信息等配套服务功能。

2. 推进贸易监管制度创新

以贸易便利化为重点的贸易监管制度创新是实现自贸试验区扩大对外开放、形成可复制可推广经验的重点制度创新领域，也是自贸试验区相关片区加快建设国际航运中心、国际贸易中心和发挥区域辐射带动作用的要求。我国自贸试验区与国际上流行的自由贸易园区不同，不以保税或税收优惠为卖点，而是努力通过对现行海关监管体制的边际改进形成可复制可推广的经验并扩大对外开放。推进贸易监管制度创新的目标在于，在保证货物安全的条件下，最大限度地简化通关程序，实行快捷通关制度。基于"一线放开""二线安全高效管住"的通关监管服务模式，各自贸试验区开展了一系列改革创新，主要包括：建设国际贸易"单一窗口"；建立贸易、运输、加工、仓储等业务的跨部门综合管理服务平台；实行"先进区、后报关"；批次进出、集中申报；简化统一进出境备案清单，智能化卡口验放；等等。

自贸试验区的贸易便利化改革有两个重点领域。一个是分线监管模式，另一个是"单一窗口"建设。自贸试验区的海关特殊监管区域按照"一线逐步彻底放开、二线安全高效管住、区内货物自由流动"的要求，实施了以"境内关外"为代表的监管模式创新。目前，自贸试验区对保税货物、非保税货物、口岸货物进行分类监管，提高通关速度，控制监管风险。在海关监管方面，"一线放开、二线管住"的制度创新有助于提高贸易便利化水平，充分体现出在全球范围内进行资源优化配置的诉求，有助于将自贸试验区打造成为国际贸易中心和国际航运中心。海关总署选取在上海自贸试验区洋山保税港区开展国际贸易"单一窗口"建设试点，2014年6月3日国际贸易"单一窗口"首个试点项目上线试运行。"单一窗口"包含货物进出口、运输工具、进出口许可、支付结算、企业资质、信息查询六个方面内容。国际贸易"单一窗口"启动后，可以依托电子口岸平台，实现贸易和运输企业通过单一平台一点接入、一次性递交满足监管部门要求的格式化单证和电子信息，监管部门共享监管资源、实施联合监管，并将处理状态和结果通过单一平台反馈给申报人，达到政府和企业的双赢。随着"单一窗口"通关改革的深入推进，货物通关效率、海关监管效能、企业效益以及贸易便利化程度均将进一步得到大幅提升。

从"单一窗口"制度的远景来看，自贸试验区需要推进大通关体系和国际贸易"单一窗口"建设，也就是说，涉及国际贸易监管的海关、边检、质检、国税、港务等所有部门都接入到"单一窗口"的电子数据平台，并对企业的监管数据信息进行共享；启动口岸管理"三互"机制建设，信息互换、监管互认、执法互助，避免了对通关人流、物流的多头管理和反复查检的问题，大大提高了通关效率，降低了通关成本。这些海关监管环节的创新从技术层面提高了通关效率，减少了交易成本和交易时间。同时，自贸试验区在海外商品进入国内市场方面做了尝试，征税更加规范，环节减少，跨境电商通关障碍减少，到达国内消费者的时间也变得更少。这实际上提高了国内普通消费者的福利。以贸易便利化为重点的贸易监管制度是中国自贸试验区制度创新最具成效的领域，大幅降低了进出口平均通关时间。

此外，各自贸试验区根据自身的地理区位环境，开展了更多的贸易便利化和航运物流便捷化创新。例如，上海自贸试验区拓展洋山海运和机场空运国际中转集拼业务，探索长三角区域国际贸易"单一窗口"建设，推动长江经济带通关一体化。广东自贸试验区创新粤港澳口岸通关模式，推进建设统一高效、与港澳联动的口岸监管机制，加快推进粤港、粤澳之间信息互换、监管互认、执法互助。加快实施澳门车辆在横琴与澳门之间便利进出政策，制定粤港、粤澳游艇出入境便利化措施。天津自贸试验区在京冀地区设立了10个无水港，实施了京津冀海关区域通关一体化改革，实行京津冀跨区域检验检疫"通报、通检、通放"和"进口直通、出口直放"一体化模式。福建自贸试验区加强与台湾地区海关机构在货物通关、贸易统计、原产地证书核查、经认证的经营者（AEO）互认等方面合作，逐步实现信息互换、监管互认、执法互助，推进台湾认证认可和检验检测结果采信。

3. 深化金融领域开放创新

金融制度创新与风险防控是自贸试验区金融领域开放改革的重点。近三年来，中国自贸试验区在金融创新与监管方面，在坚持宏观审慎、风险可控的前提下，开展了FT账户业务、人民币资本项目可兑换、人民币跨境使用、外汇管理改革等重要领域和关键环节的先行试验。自贸试验区金融领域创新的基本目标是服务实体经济，便利跨境投资和贸易，推动人民币资本项目可兑换，完善金融监管体系，为全国深化金融改革和扩大金融开放服务。2013年12月2日中央人民银行出台《关于金融支持中国（上海）自由贸易试验区建设的意见》中指出，在金融支持试验区实体经济发展、便利跨境投资和贸易的具体内容有四个方面：一是探索投融资汇兑便利化，推动资本项目可兑换进程，进一步扩大试验区对外开放，支持企业走出去；二是扩大人民币跨境使用，使区内企业和个人更加灵活使用本币进行跨境交易，降低汇兑成本，减少汇率风险；三是稳步推进利率市场化，加快改革进程，支持实体经济发展；四是深化外汇管理改革，进一步减少行政审批，逐步建立与之相适应的外汇管理体制。

实现人民币资本项目可兑换是我国金融改革和开放的最终目标。因此，从搭建金融制度创新的框架体系来讲，自贸试验区金融创新的核心是FT账户。2008年全球金融危机爆发后，国际货币基金组织等机构对资本项目可兑换的认识已开始出现重大变化，重新评估基于"华盛顿共识"的资本流动作用，认为对资本流动进行一定程度和临时性的管理是必要与合理的（Ostry Jonathan D.，2012）。只有当金融发展达到一定水平，资本项目开放的收益才大于潜在风险。上海自贸试验区的FT账户的创新，就是在资本项下人民币可兑换方面开了小口，以取得可复制可推广的经验。① 在上海自贸

---

① 巴曙松、郑子龙：《人民币资本项目开放的现状评估及趋势展望》，载《第一财经日报》（上海），2016年4月4日。

试验区，无论是外资还是内资，都可开设一个FT账户。而FT账户横跨境内外，在这个账户下除了不能在境外借人民币投资股市外，人民币全面可兑换。FT账户实现了境内外投资、居民对外负债方面的本外币条件等同，等于开放了尚存的绝大多数资本项目可兑换限制。上海自贸试验区同时建立了资本项目可兑换的操作模式，实施"分类别、有监管"的可兑换，为彻底实现人民币在资本项目下可兑换以及人民币国际化迈下了坚实的一步。

2015年10月29日，中国人民银行印发了《进一步推进中国（上海）自由贸易试验区金融开放创新试点 加快上海国际金融中心建设方案》，提出了下阶段推进自贸试验区金融开放创新试点的主要任务和措施，包括率先实现人民币资本项目可兑换、进一步扩大人民币跨境使用、不断扩大金融服务业对内对外开放、加快建设面向国际的金融市场、不断加强金融监管与防范风险五个方面共计40条内容。其中，在率先实现人民币资本项目可兑换方面，要求按照统筹规划、服务实体、风险可控、分步推进原则，在自贸试验区内进行人民币资本项目可兑换的先行先试，逐步提高资本项下各项目可兑换程度。具体包括抓紧启动FT账户本外币一体化各项业务，进一步拓展FT账户功能；支持经济主体和金融机构通过FT账户开展涉外贸易投资活动和金融创新业务；研究启动合格境内个人投资者境外投资试点，允许或扩大符合条件的机构和个人在境内外证券期货市场投资；建立健全区内宏观审慎管理框架下的境外融资和资本流动管理体系，探索在自贸试验区内开展限额内可兑换试点等。

为了支持广东、天津和福建三个自贸试验区加快构建与自贸试验区跨境贸易和投资便利化相适应的金融服务体系，2015年12月11日中国人民银行分别下发了关于金融支持三个自贸试验区建设的指导意见。三份指导意见强调广东、天津和福建三个自贸试验区在推进金融创新方面发挥出地域特色和区位优势，积极提升金融服务实体经济的质量和水平，全面推进金融体制机制创新，优化金融资源配置。对于广东自贸试验区，要求坚持粤港澳一体化发展，以粤港澳金融合作为重点，扩大金融服务业对港澳等地区开放，积极营造良好的金融服务环境，以开放创新带动粤港澳地区发展。对于天津自贸试验区，要求坚持金融服务实体经济发展、服务产业转型升级，立足天津区位特征和经济特色，围绕金融支持租赁业发展特点，拓展金融服务功能，带动全国租赁业稳健发展。对于福建自贸试验区，要求以深化两岸金融合作为主线，突出特点，促进贸易投资便利化，推动经济转型升级，为两岸经贸合作和21世纪海上丝绸之路核心区建设提供金融支持。

4. 强化综合监管制度

自贸试验区实行市场准入负面清单管理方式后，政府的行政管理方式由以行政审批为主转变为事中事后监管。推进监管标准规范制度建设，加快形成行政监管、行业自律、社会监督、公众参与的综合监管体系。从中国自贸试验区在转变政府职能方面所做出的一系列制度创新来看，变"事前审批为主"为"事中事后监管为主"是迄今为止最有推广复制价值的举措之一。自贸试验区在事中事后监管方面建立的六大基础性综合监管制度，推进了社会、经济领域治理体系和治理能力的现代化进程。在事中事后监管方面，中国自贸试验区探索构建了以政府职能转变为核心的事中事后监管六项基本制度，包括国家安全审查制度、反垄断审查制度、社会信用体系、企业年度报告公示和经营异常名录制度、信息共享和综合执法制度、社会力量参与市场监督制度。

（1）国家安全审查制度。涉及外资的国家安全审查工作机制重点是加强与负面清单管理模式和外商投资备案管理改革相衔接，在外资准入阶段协助国家有关部门进行安全审查的工作机制，目的是防范扩大外资准入和开放后可能产生的风险，起到对外商投资风险的"防火墙"作用。上海自贸试验区成立后便制定了有关外商投资国家安全审查试行办法，明确了外资安全审查的范围、内容、工作机制和程序，为完善全国性的外商投资安全审查制度积累新经验，探索新途径（陈奇星，2015）。2015年4月8日，国务院办公厅发布了《自由贸易试验区外商投资国家安全审查试行办法》，并已在四个自贸试验区实施。

（2）反垄断审查制度。反垄断审查工作重点是探索在经营者集中、垄断协议和滥用市场支配地位等方面参与反垄断审查的制度安排，目的在于通过对各类违背市场经济规则的垄断行为实施监管，以维护市场秩序，营造一个有利于公平竞争的环境。在国家发改委、商务部、工商总局的支持下，各个自贸试验区所在的省市商务部门都已制定了自贸试验区经营者集中反垄断审查工作办法,形成了自贸试验区反垄断审查联席会议制度方案。

(3) 完善社会信用体系。重点是依托已建成的公共信用信息服务平台,积极推动自贸试验区子平台建设,完善与信用信息、信用产品广泛使用有关的一系列制度,强化企业自律和社会监督,形成"一处失信、处处受限"的社会信用环境。目前,各自贸试验区子平台已完成数据平台等功能开发工作,同时探索开展事前诚信承诺、事中评估分类、事后联动奖惩的信用管理模式。

(4) 企业年度报告公示和经营异常名录制。重点是与注册资本认缴制等工商登记制度改革相配套,运用市场化、社会化的方式对企业进行监管,落实企业主体责任,强化企业自律和社会监督。企业年检制改为年度报告公示制度后,企业通过市场主体信用信息公示系统向工商部门报送年度报告,并向社会公示,任何单位和个人均可查询。特定企业还须提交会计师事务所出具的年度审计报告。对未按规定期限公示年度报告的企业,工商行政管理机关在市场主体信用信息公示系统上将其载入经营异常名录,提醒其履行年度报告公示义务。自2014年10月1日起施行的《企业信息公示暂行条例》有助于自贸试验区加快完善企业年度报告公示制度。

(5) 信息共享和综合执法制度。重点是建设自贸试验区信息共享和服务平台,避免各部门相同信息库的重复建设,实现自贸试验区海关、检验检疫、海事、金融、工商、质监、税务、环境保护、安全生产监管等部门监管信息的互通、交换和共享,加强部门间的协同监管与合力,为优化监管流程、提供高效便捷服务、加强事中事后监管提供信息支撑。建立自贸试验区内企业的基础数据库,形成对企业的跟踪和监管机制,从源头上规避风险,强化对合作网络的整合。信息库应适时向社会公众公开,实现全社会信息共享和共同监督。在综合执法方面,重点是建立各部门联动执法、协调合作机制。通过建立自贸试验区联勤联动指挥体系和网络数字执法监察平台,整合执法资源,精简行政执法机构和队伍,健全行政执法与公安联动机制,提高执法效率,减少权责交叉、多头执法问题。

(6) 社会力量参与市场监督制度。重点是通过扶持引导、购买服务、制定标准等制度安排,发挥行业协会和专业服务机构在行业准入、认证鉴定、评审评估、标准制定、竞争秩序维护等方面的作用。2014年11月11

日，上海自贸试验区发布了《中国（上海）自由贸易试验区促进社会力量参与市场监督的指导意见（征求意见稿）》，提出鼓励各类社会力量参与，建立多元监督机制；发挥行业组织作用，行使自律监督职能；发挥专业服务机构作用，扩大市场监督参与领域等主要任务。

四、自贸试验区改革创新的成效

自贸试验区是新一轮改革开放的"试验田"。根据国务院的要求，各个自贸试验区都要及时总结评估试点实施效果，形成可复制可推广的改革经验，发挥示范带动、服务全国的积极作用。那么，如何评估自贸试验区的改革创新成效？曾参与上海自贸试验区建设一周年制度创新绩效评估的第三方机构，如上海财经大学、上海对外经贸大学及普华永道会计事务所结合了世界银行关于营商环境的指标体系评估框架来设计评估模型或维度，选取了包括政府职能转变、投资管理方式转变、传统贸易监管方式改革、深化金融体制改革、完善法制保障以及创新监管服务模式等评估项目。从公布的评估报告来看，上海自贸试验区2013年挂牌运行以来，自贸试验区的投资管理改革实现重大突破，负面清单管理制度全面实施；国际贸易"单一窗口"管理正式启动，"一线放开、二线安全高效管住、区内自由"的贸易监管制度得到初步落实；FT账户正式运作，金融改革稳步推进；事中事后监管的制度框架基本形成，政府职能转变持续推进。

自贸试验区搞制度创新与优惠政策条件下的传统开发区招商引资不一样，因此，不能完全用经济流量数据来评估其绩效。更多地应该看自贸试验区总体方案中的目标与任务完成情况如何，上级政府和部门支持自贸试验区的政策落实情况如何，作为市场主体的微观企业的感受如何，是否获得了更优的营商环境，自贸试验区通过"先行先试"对国家改革开放的贡献有多大。进一步来看，准确评价自贸试验区的改革创新成效应该包括三方面的标准：第一，对自贸试验区主要建设任务推进情况和制度创新绩效的评估；第二，对自贸试验区营商环境的评估；第三，对自贸试验区制度红利的评估。

1. 自贸试验区建设任务的推进情况和制度创新绩效

自 2013 年 9 月挂牌后，上海自贸试验区完成了《中国（上海）自由贸易试验区总体方案》和《进一步深化中国（上海）自由贸易试验区改革开放方案》所明确的 500 多项改革措施中的 80%，取得了阶段性成果。2015 年 10 月，《进一步推进中国（上海）自由贸易试验区金融开放创新试点加快上海国际金融中心建设方案》发布，设置了五个方面的任务与措施，分别是率先实现人民币资本项目可兑换、进一步扩大人民币跨境使用、不断扩大金融服务业对内对外开放、加快建设面向国际的金融市场、加强金融监管与防范金融风险。FT 账户体系的运用是上海自贸试验区金融基础设施的重大创新。设立 FT 账户体系，为推进人民币资本项目可兑换提供了管理与风控载体，企业可以通过 FT 账户进行跨境投融资活动。

自挂牌以来，自贸试验区建设成为广东省改革的"头号工程"，广东省编制了《中国（广东）自由贸易试验区建设实施方案》，三个片区也编制了各自的实施方案，围绕推进投资管理体制改革、促进贸易便利化、推进金融开放创新、加快简政放权转变政府职能、优化法治和人才环境等方面，积极推动改革创新，搭建起初步的制度创新框架。例如，《中国（广东）自由贸易试验区广州南沙新区片区建设实施方案》中提出了包括 9 大类 95 项重点工作任务，至挂牌一周年有 41 项任务已完成，26 项工作取得阶段性成果，28 项长期工作稳步推进。国务院部际联席会议 15 条支持南沙政策中，跨境人民币贷款、开展境内外维修试点等六项政策已落地实施。挂牌一周年来，广东自贸试验区制度创新成效显著，广州南沙新区片区的跨境电商监管新模式（包括跨境电商商品溯源平台）、珠海横琴新区片区的政府智能化监管服务模式（商事主体电子证照卡、制定市场违法经营行为提示清单）入选了自贸试验区"最佳实践案例"。

自 2015 年 4 月 21 日挂牌以来，中共天津市委市政府举全市之力推动自贸试验区改革发展，制度创新工作取得了阶段性成果。挂牌之初，天津自贸试验区推出了第一批制度创新任务清单，共 122 项任务，涉及政府职能转变、投资贸易便利化、金融开放创新、要素集聚与流动四方面；2015 年 10 月又推出第二批 53 项任务清单，两批清单合计 175 项任务措施。截至 2015 年年底，这 175 项制度创新举措有 123 项落地实施，占总量的 70%。天津自贸试验区管委会经过对前期创新经验的初步总结，梳理了 51 项可在全国和京津冀地区复制推广的创新经验，提炼出 12 个最佳创新实践案例。其中，以信用风险分类管理为依托的市场监管制度、京津冀区域检验检疫一体化新模式两项创新举措入选自贸试验区 8 个"最佳实践案例"。

福建自贸试验区在 2015 年 4 月 21 日挂牌后梳理出 186 项重点试验任务，至 2016 年 3 月已实施完成 139 项任务。2015 年，福建自贸试验区制度创新成效显著，126 项创新举措有 49 项为全国首创；率先推出的"一表申报、一口受理、一照一码"措施，成为 2015 年 10 月在全国推行"一照一码"的改革蓝本。福建自贸试验区的国际贸易"单一窗口"、投资管理体制改革"四个一"两个案例，经国务院自由贸易试验区工作部际联席会议第二次全体会议审定，入选自贸试验区 8 个"最佳实践案例"。

2. 自贸试验区推进了更优的营商环境建设

根据世界银行的定义，营商环境是指伴随企业活动整个过程的各种周围境况和条件的总和，其中包括企业从开办、营运到结束等各环节。在全球化时代，它逐渐成为衡量一个国家或地区经济软实力的一个重要因素。国务院总理李克强在博鳌亚洲论坛 2016 年年会发表主旨演讲时指出，要把中国进一步打造成营商环境更优的外商投资最佳目的地。从便利企业创业经营的角度看，自贸试验区在各个领域的改革创新与营商环境的构建是息息相关的。自贸试验区开展制度创新就是要致力于建设公平、透明、可预期的市场环境，促进营商环境国际化、法治化、便利化。自贸试验区设立以来，各种制度创新确实推进了更优的营商环境建设，自贸试验区企业有了更多获得感和满意度。

在投资管理领域，以前投资项目实行审批制度，开办企业要 3 个月甚至更长时间，如今自贸试验区对企业投资试行负面清单管理，提高了市场透明度和可预期性。负面清单之外的投资项目实行备案制后，加上积极推进商事主体登记制度改革，全面推行电子政务，通过"多证合一""先照后证、证照分离"等改革，企业开办时间大大缩短，新办企业电子证照卡甚至 3 天之内就能拿到，大大降低了企业开办成本。在贸易便利化领域，通过大通关制度改革、国际转运自助通关新模式、"智慧自贸试验区通关"体系等创新方式，港区进出口货物的物流运转时间在过去需要 3 天，现在仅需要

1天时间；货物转驳时间由原来的1～2天缩短为3～5小时；货物验放周期由2～3天压缩为15分钟；企业的相关物流成本降低了10%～15%甚至30%。在企业办理纳税业务方面，推行"互联网＋"税收服务、"同城通办"、国地税联合办公等改革措施后，自贸试验区税收便利化水平明显提高。在法制化环境建设方面也强化了对投资者的保护，自贸试验区为投资者提供了公平竞争的市场环境。正是这些制度创新的综合作用，自贸试验区已被率先打造成为"营商环境高地"。

更优的营商环境推动了自贸试验区的生产力发展。从四个自贸试验区的运行情况来看，确实降低了经营成本，提高了生产效率，获得了贸易便利，拓展了市场空间。而对于企业来说，关键就是行业层面微观营商环境的改善，造就更佳的企业和人才体验环境，打造了企业、人才集聚的开放载体，有利于创新创业，激发了大众创业、万众创新的热情。通过制度创新，营造了好的企业发展环境，发展和提高了生产力，因此制度创新的绩效自然就体现在经济层面的各种经济指标和流量上。

从数据来看，2013年9月上海自贸试验区设立至2016年3月的两年多时间内，共新设各类企业约3万家，相当于前20年新设企业数的一半，平均注册资本约为5000万元，其中，新设外资企业数占全部新设企业数的比重从最初的6%提高到最近的20%，实际发生纳税记录的新设企业占比达到70%以上。[1] 据上海自贸试验区扩区以来的统计数据显示，2015年上海的跨境人民币业务结算量达到2.7万亿元，位居全国首位，人民币在国际收支中的占比达到30%；在机构集聚方面，截至2015年年底，在沪持牌金融机构总数达到1478家；金融市场更加活跃，全年金融市场交易额达到1463万亿元，相当于五年前的3.5倍。

广东自贸试验区自挂牌以来，高端产业集聚发展，经济保持快速增长势头。据统计，2015年广东自贸试验区地区生产总值超过2000亿元，增长40%；累计新设立企业5.6万多家，注册资本10亿元以上的企业超过220家，吸引合同外资1566亿元。其中，广州南沙新区片区7589家，同比增加320%，新增注册资本总额约964.8亿元，同比增长255%；新批外资企业

---

[1] 张湧：《自贸试验区的供给侧改革课题》，载《上海证券报》，2016年3月4日。

280家，同比增长258%；实现地区生产总值1133.1亿元，同比增长13.3%，增速高居广州市首位。深圳前海蛇口片区全年新增企业43827家，增幅达133.8%，港资企业超过2000家，整个片区累计注册企业7.4万家，注册资本金超过3.3万亿元，合同利用外资217.78亿美元，同比增长211%，注册企业实现增加值达1019亿元，增幅高达45%。以金融、现代物流、科技信息服务及其他专业服务业为特色的现代服务业快速在前海集聚。珠海横琴新区片区全年新增注册企业8660家，澳资企业近500家，累计注册市场主体15728家，企业注册资本总额超过6500亿元；实际利用外资4.3亿美元，同比增长65.7%；全年地区生产总值92.5亿元，同比增长36.9%。

天津自贸试验区成为区域转型升级引擎与经济增长动力。2015年，区内新登记市场主体14105户，同比增长118.55%，注册资本3890.57亿元，同比增长221.8%。其中，内资企业12375户，同比增长158.62%，注册资本2491.42亿元；外资企业657户，同比增长192%，注册资本1398.05亿元；个体工商户1073户，申报资金1.1亿元，同比增长57.14%。融资租赁成为天津自贸试验区产业发展的一大亮点，尤其是东疆保税港区（天津港片区的主体）始终致力于建设国家租赁业创新示范区和新金融业态培育基地，业绩显著，享有"东疆租赁模式"的特色美誉。自挂牌以来，东疆新增租赁公司599家，新增注册资本达886亿元，累计注册租赁公司1449家，累计注册资本达1317.6亿元。航空航运租赁产业居于全国领先地位，在东疆完成的飞机租赁业务约占全国比重的九成，海工装备租赁业务的比重则达到100%。2015年共完成147架飞机、6艘国际航运船舶的租赁业务，租赁资产共计70.4亿美元；截至2016年1月，东疆共完成600架飞机、11台发动机、80艘国际航运船舶、8座海上石油钻井平台的租赁业务，租赁资产累计总额达358亿美元。

福建自贸试验区自挂牌以来，用机制创新与扩大开放赢得发展空间。截至2016年1月底，福建自贸试验区新增企业16201户，增长4.78倍；注册资本金3189.16亿元，增长8.53倍。其中，通过备案设立的外资企业共883家，占福建省新设外资企业数的97%。在探索创新两岸合作模式方面先行先试，加速台资企业入驻福建自贸试验区，截至2016年1月底，区内新增台资企业553家，占新增外资总量的60.7%。其中，厦门片区以抓龙头项目、打造园区载体、营造创新环境为着力点，建设法治化国际化便利化营商环境，极大地激发市场主体的活力。截至2016年1月底，厦门片区新增企业9234家，注册资本1315亿元。福建自贸试验区初步建成集两岸人民币跨境贷款、清算、现钞运调与反假币为一体的两岸货币合作支点，2015年对台跨境人民币贷款占全国试点业务总量的85%，其中，福州片区业务量同比增长1.4倍。

3. 自贸试验区形成了一批可复制可推广的经验

作为全国改革开放的"试验田"，自贸试验区承担的使命之一就是要形成可复制可推广的经验。制度属于公共产品，具有非竞争性和非排他性，一项成功的制度创新安排可以被广泛地复制推广。因此，自贸试验区开展改革创新是否提供了制度红利，要看自贸试验区的创新政策在全国的复制推广情况。

在上海自贸试验区成立一周年之际，有关部门对看得准、效果好的21项试点事项，陆续在全国或部分地区复制推广。其中，投资管理体制改革6项，分别是注册资本认缴制、实行新版营业执照、境外投资项目备案管理制度、外商投资项目备案管理制度、企业年报公示和经营异常名录制度、境外投资开办企业备案管理制度；贸易监管创新9项，即一线进境货物"先进区、后报关"、区内货物流转自行运输、加工贸易工单式核销、融资租赁海关监管制度、简化统一进出境备案清单、"批次进出、集中申报"、仓储企业联网监管、保税展示交易、智能化卡口验放；金融创新方面有6项，分别为取消境外融资租赁债权审批、跨国公司外汇资金运营管理、取消对外担保行政审批、人民币跨境使用部分政策（央行"30条"的重要内容）、部分银行分行级以下机构和高管准入事项由事前审批改为事后报告、允许符合条件的金融租赁公司在境内外设立子公司。

2014年10月27日，中央全面深化改革领导小组第六次会议审议了《关于中国（上海）自由贸易试验区工作进展和可复制改革试点经验的推广意见》。会议强调对试验取得的可复制可推广的经验，要尽快、尽可能在全国推广。2015年1月29日，国务院印发《关于推广中国（上海）自由贸易试验区可复制改革试点经验的通知》，向全国复制推广第二批28项制度创新经验。其中，在投资管理领域，包括外商投资广告企业项目备案制、涉税事项网上审批备案、税务登记号码网上自动赋码、网上自主办税、纳税信用管理的网上信用评级、组织机构代码实时赋码、企业标准备案管理制度创新、取消生产许可证委托加工备案、企业设立实行"单一窗口"等；在贸易便利化领域，包括全球维修产业检验检疫监管、中转货物产地来源证管理、检验检疫通关无纸化、第三方检验结果采信、出入境生物材料制品风险管理等；在金融领域，包括个人其他经常项下人民币结算业务、外商投资企业外汇资本金意愿结汇、银行办理大宗商品衍生品柜台交易涉及的结售汇业务、直接投资项下外汇登记及变更登记下放银行办理等；在服务业开放领域，包括允许融资租赁公司兼营与主营业务有关的商业保理业务、允许设立外商投资资信调查公司、允许设立股份制外资投资性公司、融资租赁公司设立子公司不设最低注册资本限制、允许内外资企业从事游戏游艺设备生产和销售等；在事中事后监管措施方面，包括社会信用体系、信息共享和综合执法制度、企业年度报告公示和经营异常名录制度、社会力量参与市场监督制度，以及各部门的专业监管制度等。此外，在全国其他海关特殊监管区域复制推广6项改革事项，包括期货保税交割海关监管制度、境内外维修海关监管制度、融资租赁海关监管制度等海关监管制度创新，以及进口货物预检验、分线监督管理制度、动植物及其产品检疫审批负面清单管理等检验检疫制度创新。

2015年11月，国务院自贸试验区部级联席会议第二次全体会议，商务部提交了21项在全国复制推广的改革经验。另外，各自贸试验区总结的8个"最佳创新实践案例"也成为可复制可推广经验。其中，在贸易便利化领域的最佳创新实践案例和总结提供单位：国际贸易"单一窗口"（上海自贸试验区）、国际贸易"单一窗口"（福建自贸试验区）、京津冀区域检验检疫一体化新模式（天津自贸试验区）、跨境电子商务监管新模式（南沙自贸试验区）；在投资体制改革领域的最佳创新实践案例和总结提供单位：投资管理体制改革（福建自贸试验区）；在事中事后监管领域的最佳创新实践案例和总结提供单位：以信用风险分类为依托的市场监管制度（天津自贸试验区）、政府智能化监管服务模式（横琴自贸试验区）、推进信用信息应用加强社会诚信管理（上海自贸试验区）。总体上看，自贸试验区为国家试验制度的成效显著。

另外，各个自贸试验区也为所在省市率先复制推广创新经验。例如，2015年12月21日，中共广东省人民政府印发《关于复制推广中国（广东）自由贸易试验区首批改革创新经验的通知》，在全省范围内复制推广广东自贸试验区首批27项改革创新经验。其中，投资便利化领域9项：建立"一口受理，同步审批"的一站式服务模式、在实施企业登记注册"三证合一"的基础上实行"多证合一"、制定行政违法行为提示清单、电子营业执照和全程电子化登记管理、"互联网＋"税收服务、国地税联合办税、税务网上区域通办、税银合作"税融通"、网上申领普通发票速递免费配送；贸易便利化领域13项：国际转运自助通关新模式、加工贸易手册管理全程信息化改革、海关原产地管理改革、征免税证明无纸化改革、企业注册登记业务"关区通办"、跨境电商商品溯源平台、进口食品快速放行模式、进口酒类分类管理、检验检疫原产地签证清单管理、入境维修"1＋2＋3"监管模式、进境动物检疫许可流程再造、检验检疫无缝对接内地"无水港"、建立检验检疫"电子证书"模式；金融创新领域1项：跨境支付工具创新。另外，在全省相关范围内复制推广4项改革事项：陆路跨境快速通关和国际中转食品监管在全省海关特殊监管区复制推广；自贸试验区港区一体化运作和小规模纳税人简并征期在广州、深圳、珠海市复制推广。

五、自贸试验区深化改革创新面临的问题与障碍

自贸试验区推进改革创新已取得了阶段性成效，但在实践中也暴露出一些问题和障碍，包括自贸试验区的法律地位不明晰，推动制度创新还未触及经济体制改革的核心问题，自贸试验区市场开放领域仍低于预期，对接高标准国际贸易投资规则的测试不够，自贸试验区创新政策落地迟缓等。

1. 自贸试验区规范性文件法律地位不明晰

早在2013年上海自贸试验区批准设立之前，我国就已经存在保税区、出口加工区、保税物流园区、跨境工业区、保税港区、综合保税区六种类型约120个海关特殊监管区域。海关特殊监管区域经过多年的探索与发展，已经基本形成了一整套相对成熟的法制保障体系。上海自贸试验区和广东、

天津、福建三个自贸试验区先后设立以来，全国人民代表大会常务委员会已经授权国务院在自贸试验区暂停实施相关投资管理法律，相关省市地方人大常委会也在自贸试验区暂停实施相关行政法规，在自贸试验区先行先试投资准入新规则，较好地满足了自贸试验区改革创新的需要，为自贸试验区的创新试验打下了良好的基础。但是，国家层面需要在自贸试验区暂时调整适用的法律、行政法规的种类与范围具有一定的可变性和不可预见性，不排除在自贸试验区各项先行先试事项推进过程中相关法律、行政法规将做出进一步调整的可能性。因此，未来的实践中不可能全部依赖于全国人大常委会不停地授权国务院暂时调整有关法律法规。

目前，对于《自由贸易试验区外商投资准入特别管理措施（负面清单）》的法律地位仍然存在不同的解读。由于缺乏立法授权和全国人大常委会批注，外商投资负面清单由国务院办公厅印发，在分类中只能被视为规章性其他规范性文件，负面清单中的创新性规范地位尚不明晰，在法院判决中的效力存在疑惑（申海平，2014）。自贸试验区自行出台的规范性文件缺乏明晰的法律地位，有违自贸试验区践行法治化、市场化营商环境的初衷，也在实践中妨碍了投资者形成稳定而明确的预期。与自贸试验区规范性文件缺乏法律地位相对应的是自贸试验区自身的政府级别和主管部门不明确的尴尬，地方立法机构制定和实施相关自贸试验区条例往往滞后，个别省市的自贸试验区条例在挂牌一周年后仍未公布。自贸试验区作为党中央和国务院特别批准的试验区域，其创新举措的决策权属于上至中央部委，下至地方政府的各级主体。因此，缺乏明确的行政决策主体容易导致自贸试验区的运行政出多门，缺乏协调，甚至权责不明和政策碎片化。自贸试验区的制度创新方向最后往往演变为地方政府与国家部委博弈的政治议题，增加了政策决策的不透明性，不利于投资者形成稳定的预期。

2. 推动制度创新还未触及经济体制改革的核心问题

"自由贸易试验区"的"试验"二字，就是指明了要把中共十八届三中全会关于市场在资源配置中起决定性作用和更好发挥政府作用的改革精神在各个自贸试验区中先行试验、建构和贯彻。经济体制改革是全面深化改革的重点，核心问题是处理好政府和市场的关系，因此，各个自贸试验区都把制度创新作为核心任务。从这一意义上讲，自贸试验区设置和运行成败的关键在于政府职能转变。自贸试验区设立以来，国务院各部委和各级政府加快简政放权，在投资改革方面制定了自贸试验区的负面清单，商事改革方面探索了"一口受理"模式，在贸易便利化方面实施了大通关和"单一窗口"建设，在金融改革方面建立了FT账户，还在各个环节推行电子政务。这些改革措施在约束政府权力、规范政府行权方式、为社会松绑减负方面，做出了积极的努力，的确在很大程度上便利了市场主体的商事活动，也使得经济活动获得了更大的自由与活力。

但是，在自贸试验区推进的政府职能转变中，大量放权行为是将上级政府的权力下放到下级政府，仍然没有回归给市场，而大量的削权行为则面临着社会组织缺位和发育不完善的风险。大多数的简政放权行为只是对一直以来遭受扭曲的政府与市场关系进行校正，与现代治理体系的相关标准还存在很大的差距，"一口受理"和各种便利化措施也仅仅是流程再造行为，谈不上是真正意义上的制度创新。在各大自贸试验区中，制度创新的主体仍然是政府，在强大的行政逻辑面前，很多创新更多流于做事的方法、做事的程序等表面问题上，没有办法深入到制度结构性的创新中，制度创新存在碎片化现象。转变政府职能涉及利益调整，权力回归社会，权利接受社会监督，并且需要探索事中事后监管的新模式。因此，自贸试验区推动政府职能转变应响应企业的需求关切，创新行政管理方式，增强政府公信力和执行力，建设法治政府和服务型政府，发挥市场在资源配置中的决定性作用。

3. 自贸试验区市场开放领域仍低于预期

自贸试验区创新投资管理体制，建立了准入前国民待遇加负面清单的外商投资管理模式，大大提高了外商投资企业的市场预期。自2013年10月1日，《中国（上海）自由贸易试验区外商投资准入特别管理措施（负面清单）》正式发布以来，负面清单不断得到完善，特别管理措施数量从190条缩减到139条再到122条。通过制定外商投资负面清单实践，积累了依靠缩短负面清单长度和减少特别管理措施来扩大对外开放的经验。但是，自贸试验区服务业开放水平仍低于外界预期，在较为核心的敏感领域，如金融服务业、电信业、专业服务业、文化娱乐业等开放程度仍较低，并且还需要增强透明度。虽然四个自贸试验区已根据各自区域发展特点，在金融、娱乐、医疗、航运、电信、工程等领域试点开放，但覆盖范围和内容与国际经贸新规则要求仍有差距，包括创新、文化保护、文化合作、教育与培训、技术与科研等众多领域需要扩大开放实践。此外，在金融制度创新方面，自贸试验区虽然开展了FT账户这类兼顾安全和开放的创新措施，但FT账户难以在所有自贸试验区推广试验。自贸试验区开放领域的范围和深度不足，导致各自贸试验区的工作重心往往跳不出"跑马圈地上基础设施、政策优惠搞招商引资"的传统模式，有违自贸试验区成立的初衷。

4. 自贸试验区对接高标准国际贸易投资规则试验不够

设立自贸试验区的初衷之一就是利用自贸试验区先行先试高标准国际经贸规则，应对TPP等新一代贸易投资协定的挑战。自贸试验区虽然在投资管理方式上试行了负面清单这种新一代国际贸易投资核心规则，但对于TPP、TTIP、TISA协定所特别强调的某些"边界之内"新议题，如知识产权、竞争中立、国有企业、中小企业、环境保护、劳工保护、消费者保护、资本流动等议题创新不够，并且还没有建立起一套基本制度框架，为推进新议题的改革试验提供方向。这固然与有些新议题牵涉的国家根本制度，如国有企业保护和劳工结社问题，难以试行新标准；以及自贸试验区范围有限，有些议题如环境保护问题不凸显有关。面对全球贸易投资规则的深度调整，无论是出于应对TPP压力的考虑，还是助力国内产业链升级，或者以开放倒逼改革的考虑，自贸试验区都不能在新一轮国际经贸新议题的制度创新中缺席。

5. 自贸试验区创新政策落地迟缓

自贸试验区的总体方案仅仅是提供了制度创新的基本框架和政策创新的方向与任务，要形成自贸试验区的政策试验方案还需要经过复杂的流程，在这一过程中往往会因地方政府的政策诉求与中央部委的授权意愿不一致，或者中央各部委之间的政策意见不协调，从而导致自贸试验区的政策创新缺乏实施细则、创新政策碎片化、创新政策落地迟缓甚至政策不能落地等问题。例如，涉及外资的国家安全审查机制在《中国（上海）自由贸易试验区外商投资安全审查管理办法》制定之后一直未能落实细则，以至于自贸试验区的国家安全审查机制一直未能落地。此外，反垄断审查也由于同样的原因迟迟未能落实。国家安全审查和反垄断审查是自贸试验区准入前国民待遇加负面清单投资管理模式的重要一环，政策细节未能落实将直接影响投资者的投资预期，不利于自贸试验区形成有利于公平竞争的市场环境。自贸试验区政策落地迟缓，减弱了贸易投资政策创新效应，改革政策和节奏缺乏协调，操作细则不到位，政策与企业运作实际不符，影响了区内机构业务拓展与创新，改革红利难以释放。

六、"十三五"自贸试验区制度创新的方向

"十三五"是我国经济全面进入新常态的第一个五年规划期，自贸试验区的改革创新应瞄准制度结构的深层次矛盾，深化完善基本制度体系，聚焦事中事后监管制度、投资管理制度、贸易监管制度、金融开放创新制度等，对标国际高标准的投资贸易规则和通行惯例，率先形成法治化、国际化、便利化的营商环境，加快形成公平、统一、高效的市场环境，继续为全面深化改革和扩大开放探索新途径、积累新经验。

1. 开展自贸试验区立法领域的改革创新

鉴于自贸试验区是我国全面深化改革和扩大开放战略的重要组成部分，因此需要从国家层面制定一部全面规范自贸试验区法律地位的法律，为自贸试验区的改革创新打下良好的法治化基础。上海、天津自贸试验区管委会和广东、福建自贸试验区各片区管委会应加快实践经验总结，向国务院相关部门和全国人大提交建议，尽快起草制定《中华人民共和国自由贸易试验区法》，加上《中华人民共和国外国投资法》的立法工作，以及各自贸试验区所在地方人大已发布或正在制定的自贸试验区条例，可以大体构建自贸试验区发展的法律体系，为自贸试验区发展提供法律保障。自贸试验区营造法治化营商环境，应加强立法过程规范化，除少数非涉密法律法规和政策之外，自贸试验区大部分法律法规和规范性文件应主动公开，提高透明度；立法、修法以及政策制定过程，应给予利益相关者和公众参与的机会。自贸试验区营商国际化营商环境，应加快建立国际性法律服务体系，完善国际法律查明机制，探索为自贸试验区法院商事审判活动提供境外法律查明服务。自贸试验区的外商投资负面清单应参照《外商投资产业指导目录》编制完善，在制定和修订负面清单时有必要明晰上位法和下位法关

系,避免负面清单成为《外商投资产业指导目录》的简单复制,或出现负面清单的法律效力相对较低的情形。在制定负面清单时应具体化例外条款中不确定的法律概念,做好法律、法规等的梳理工作,提高新版负面清单的透明度。

2. 继续推进政府职能转变

自贸试验区的设置和运行成败的关键在于政府职能转变。因此,应继续推进政府职能转变,深化政府与市场关系改革,完善基本制度体系,为推进国家治理体系和治理能力现代化探索经验。中央部委和各级政府要加大简政放权的力度,为自贸试验区开展制度创新提供条件,避免创新政策的碎片化。自贸试验区在基本实现监管方式由投资前审核向事中事后监管的重点转移后,应加快构建事中事后监管体系。第一,要完善权力清单和责任清单,重视政府行政执法的合规性与合法性,向全社会提供规范、公平、有序、开放的制度环境,全面释放经济社会活力。第二,要完善事中事后监管基础设施,包括互联网、大数据和云计算等,通过信息化建设,采用现代技术提高政府的管理效率,调整和完善政府对企业监管方式。第三,探索跨部门、跨行业、跨市场的综合监管,支持行业协会和专业服务机构参与市场监管,加快形成行政监管、行业自律、社会监督、公众参与的综合监管体系。第四,加快建立和完善外商投资国家安全审查机制和反垄断审查机制,明确审查的内容和管理方式。第五,加快社会信用体系建设。以社会统一信用代码为唯一识别号归集到各个市场主体名下,方便政府职能部门使用和社会公众查询。建立健全跨部门联动响应和失信惩戒机制,加强对失信行为的联动惩戒,形成"一处违法,处处受限"的联合惩戒机制。

3. 扩大自贸试验区服务业对外开放

中共十八届三中全会决定明确要求"推进金融、教育、文化、医疗等服务业领域有序开放,放开育幼养老、建筑设计、会计审计、商贸物流、电子商务等服务业领域外资准入限制"。中共中央、国务院《关于构建开放型经济新体制的若干意见》明确指出,要"深化上海自由贸易试验区改革开放,扩大服务业和先进制造业对外开放"。2015年11月签署的CEPA服务贸易协议,标志着内地与港澳基本实现服务贸易自由化。自贸试验区要进一步在准入前国民待遇加负面清单的投资管理框架下扩大开放外商服务业投资和服务贸易。对于某些金融服务业、电信业、文化娱乐业等敏感行业，自贸试验区可以通过规范外商投资负面清单的类别，分列不可以新增特别管理措施的第一类负面清单和可以新增措施的第二类负面清单，并把敏感行业列入第二类负面清单的做法来实现敏感服务业开放的可控可收。当然，自贸试验区应原则性考虑在信息技术、网络环境和创新创业的背景下新产业形成和产业相互渗透的问题，在修订负面清单时为保护新产业的成长提供一定的空间和灵活性。

4. 推动贸易投资自由化的制度创新

中国自贸试验区有必要在现有的贸易便利化和投资管理改革成果的基础上，继续推动贸易投资自由化，形成可复制可推广的经验。在货物贸易方面，自贸试验区的贸易便利化程度有待提高，对"一线"货物仍然实行备案管理，对园区货物实行单证与货物监管同步，对园区企业的信任度仍较低。应对国际贸易新形势下商品无国界生产和全球分销运作需要的趋势，自贸试验区要借鉴发达国家分类监管经验，进一步完善自贸试验区货物分类监管模式，在确保货物监管严密性的同时，不断降低企业物流运作成本。简化对自贸试验区区内货物的监管，强化对区内企业的监管，将是自贸试验区海关监管重点的发展趋势，因此，应树立正确的监管理念，创新与企业的合作伙伴关系，以"客户导向"战略推进海关管理改革。自贸试验区还要提升监管水平，完善"单一窗口"的公共平台建设，增强海事、海关、检验检疫、工商、税务等"单一窗口"参与部门之间的协调和数据共享，实现信息共享与标准互认。

在服务贸易管理体制改革方面，自贸试验区要进一步加强行业管理政策的协调性，促进国内规则与国际通行规则衔接。例如，对港澳投资开放要破解"大门开小门不开"难题，根源就在于各个部门的监管规则不一致。在投资管理体制改革方面，由于2015年版的自贸试验区外商投资负面清单在形式上仍未与国际规则接轨，缺乏两类负面清单的区分，特别管理措施缺乏明晰化。自贸试验区应进一步修订外商投资负面清单，在负面清单类别区分、产业分类、特别管理措施描述等方面对接国际标准。鉴于自贸试验区负面清单与中美BIT负面清单存在紧密的联动性，因此自贸试验区负面清单应在修订中体现对于 BIT 谈判的针对性。

5. 深化金融领域开放创新与监管

金融创新的目的在于提升金融市场对外开放水平,与国际金融市场进行接轨,促进人民币国际化。同时服务实体经济,便利企业投融资,减少企业结汇成本。自贸试验区金融自由化程度与国际典型自贸园区差距较大,区内企业和个人在投融资汇兑便利、人民币跨境使用、外汇便利使用等方面约束较大,金融创新政策操作性不强,金融监管滞后影响了创新经验的复制推广。"十三五"规划纲要提出"有序实现人民币资本项目可兑换",不仅重申了继续推进资本项目开放的总体方向,还强调了开放的过程需适应中国面临的内外宏观经济新形势。因此,自贸试验区应进一步完善金融市场体系建设、金融生态体系建设以及风险防范体系建设,推进金融体制机制创新,优化金融资源配置,推动要素市场的集聚和发展。上海自贸试验区应进一步拓展 FT 账户功能,加快在其他自贸试验区复制推广 FT 账户。广东自贸试验区应总结"沪港通"经验,加快"深港通"进程,完善金融服务业负面清单,加快与香港国际金融中心的对接,形成粤港澳金融市场一体化。在金融监管上,自贸试验区要依托大数据,加强跨境异常资金流动和短期投机性资本流动监管,加强跨部门、跨行业、跨市场的信息共享,完善系统性风险预警、防范和化解机制。

6. 加强对国际贸易投资新议题的压力测试

自贸试验区要强化对国际服务贸易和国际投资新规则的跟踪分析和前瞻研究,对敏感领域和相关议题在自贸试验区开展"先行先试",积极争取更多压力测试放在自贸试验区完成,以更好地发挥自贸试验区在全国改革开放大局中的"试验田"作用,为国家开展的 BIT 和 TISA 谈判提供决策依据。国际贸易投资新规则核心之一是构建公平竞争的市场环境。自贸试验区应出台国企保护负面清单,在负面清单外对民营企业、外商投资企业、国有企业使用同一套标准,做到程度公平、监管中立、信贷中立、补贴规范。在竞争的市场环境中资源配置更有效率,形成创新创业的好环境。国际贸易投资新规则核心之二是市场主体各项权利的保护,包括知识产权保护、劳工权益保护、环境保护、消费者权益保护、利益相关者权益保护以及公众权益保护等。自贸试验区要形成良好的法治环境,在这些领域探索能够为国家整体应对 TPP 等高标准国际投资贸易规则做出贡献的制度创新。例如,过去主要基于超出负荷的廉价劳动力换取贸易竞争力,自贸试验区是高端服务业和高端人力资源聚集区,无须降低环境保护标准或使用超出负荷廉价劳动力换取贸易竞争力。因此,中国自贸试验区有条件提升环境保护和劳工保护标准,靠拢 TPP 的标准,为中国探索符合中国国情和发展水平的环保和劳工保护条款寻找路径等。此外,以 TPP 为代表的高标准投资贸易规则强调对投资者的保护,相关争端解决条款提出了更加公平的程序性要求。因此,自贸试验区应在这些领域开展压力测试,落实外商投资国民待遇,高标准建设具有国际影响力的商事争议仲裁机构,不断提高争端解决机制的透明度和公平性。

参考文献:

[1] 中国(上海)自由贸易试验区总体方案[EB/OL]. http://www.gov.cn/zhengce/content/2013 – 09/27/content_ 4036. htm.

[2] 进一步深化中国(上海)自由贸易试验区改革开放方案[EB/OL]. http://www.gov.cn/zhengce/content/2015 – 04/20/content_ 9631. htm.

[3] 中国(广东)自由贸易试验区总体方案[EB/OL]. http://www.gov.cn/zhengce/content/2015 – 04/20/content_ 9623. htm.

[4] 中国(天津)自由贸易试验区总体方案[EB/OL]. http://www.gov.cn/zhengce/content/2015 – 04/20/content_ 9625. htm.

[5] 中国(福建)自由贸易试验区总体方案[EB/OL]. http://www.gov.cn/zhengce/content/2015 – 04/20/content_ 9633. htm.

[6] 中共中央国务院关于构建开放型经济新体制的若干意见[EB/OL]. http://cpc.people.com.cn/n/2015/0918/c64387 – 27603701. html.

[7] 裴长洪. 全面提高开放型经济水平的理论探讨[J]. 中国工业经济,2013(4).

[8] 毛艳华,李敬子. 中国服务业出口的本地市场效应研究[J]. 经济研究,2015(8). 98 – 113.

[9] 毛艳华,杨思维. 21 世纪海上丝绸之路贸易便利化合作与能力建设[J]. 国际经贸探索,2015(4).

[10] 胡锋,成胜. 中国(上海)自贸试验区建立对外资管理体制带来变革的几个问题[J]. 对外经贸实务,2014(3):22-25.

[11] 陈奇星. 强化事中事后监管:上海自贸试验区的探索与思考[J]. 中国行政管理,2015(6):25-28.

[12] 韩冰. 准入前国民待遇与负面清单模式:中美BIT对中国外资管理体制的影响[J]. 国际经济评论,2014(6).

[13] 林桂军. 从上海看自贸(试验)区服务业开放的定位和顺序[J]. 深圳大学学报:人文社会科学版,2015(6).

[14] 罗长远,智艳. 中国外贸转型升级与"自贸试验区"建设探析——兼论上海自由贸易试验区的功能与角色[J]. 复旦学报:社会科学版,2014(1).

[15] 申海平. 上海自贸试验区负面清单的法律地位及其调整[J]. 东方法学,2014(5).

[16] 沈开艳,黄钟,等. 中国(上海)自由贸易试验区建设:理论分析与实践探索[M]. 上海:上海社会科学院出版社,2014.

[17] 肖林. 建设开放度最高的自由贸易试验区[J]. 科学发展,2015(10).

[18] PETER A. PETRI, MICHAEL G. PLUMMER, FAN ZHAI. The Trans-Pacific Partnership and Asia-Pacific integration: A Quantitative Assessment [EB/OL]. [2011-10-24]. http://www.eastwestcenter.org/publications/trans-pacific-partnership-and-asia-pacific-integration-quantitative-assessment.

[19] MELITZ M. J.. The Impact of Trade on Intra-Industry Reallocations and Aggregate Industry Productivity [J]. Econometrica, 2003, Vol. 71 (6): 1695-1725.

[20] OSTRY JONATHAN D.. Managing Capital Flows: What Tools to Use [J]. Asian Development Review, 2012, Vol. 29 (1): 82-88.

专题篇

ZHUANTIPIAN

第二章 外商投资负面清单与自由贸易试验区投资管理体制改革

荣健欣　毛艳华[*]

中共中央、国务院《关于构建开放型经济新体制的若干意见》中提出，"完善外商投资市场准入制度，探索对外商投资实行准入前国民待遇加负面清单的管理模式"，表明中央将中国自贸试验区试行的外商投资负面清单管理模式完善推广的决心。中国自贸试验区试行的三版外商投资负面清单，以及与负面清单相配套的投资管理体制改革，是自贸试验区营商环境建设的重要一环。本章中我们将讨论外商投资负面清单的概念，研究中国自贸试验区三年来三版负面清单的实践，对比国际上其他的负面清单，讨论自贸试验区外商投资负面清单的改进思路。

一、负面清单的基本内涵及投资管理模式改革的意义

（一）外商投资负面清单的基本概念和内涵

所谓负面清单管理，是指政府列出禁止和限制进入的行业、领域、业务等清单，清单之外的领域都可以自由进入，即所谓"法无禁止即可为"。负面清单之外的领域，一般实行备案制，无须额外进行准入审核。

中国自贸试验区的外商投资负面清单适用于境外投资者在华投资经营

---

[*] 荣健欣，男，中山大学港澳珠江三角洲研究中心博士后，从事国际贸易与全球价值链研究；毛艳华，男，中山大学自贸区综合研究院副院长，港澳珠江三角洲研究中心教授，博士生导师，主要研究方向为国际贸易、空间经济和港澳珠三角经济。

行为，是针对外商投资的附加管理措施。在外商投资负面清单之外的领域、行业或业务，外商投资者拥有与东道国投资者同等的待遇。与外商投资负面清单相匹配的国民待遇一般指准入前国民待遇，即在企业设立、取得和扩大等阶段，外国投资者及其投资享受不低于本国投资者及其投资的待遇。

负面清单还意味着"固化承诺"。从现有的国际投资协定实践来看，负面清单一般包括对现行不符措施及其延续、更新或修订的保留以及对未来可能出台的不符措施的保留。负面清单还牵涉透明度的问题，就是东道国要将与贸易或投资有关的法律法规、政策、司法判决及时、全面地公布，使企业和个人能方便地了解相关信息。中国自贸试验区实施外商投资负面清单，向外国投资者传递了非歧视、市场化、投资自由化等信号，有助于加强政策的透明度，增强投资者的信心和对投资效果的可预期性。

（二）外商投资负面清单相对中国现有外商投资管理体制的改进

中国目前的外商投资管理体制以《中华人民共和国中外合资经营企业法》《中华人民共和国中外合作经营企业法》和《中华人民共和国外资企业法》三部法律为基础，以其他国务院条例和部门规章为补充。同时，中国制定并不断修订《外商投资产业指导目录》，将外商投资项目分为鼓励、限制和禁止类别以引导外资。在实践中，中国对于外资准入，一直实行逐案审批制。考虑到各行各业的具体情况不同，为控制引资质量，中国采取了分行业由主管部门制定部门规章管理的方式，存在外资准入审批环节多、行政成本和营商成本高，容易滋生寻租等问题。外国投资者必须获得某些行政许可后方能在中国境内投资，而目前适用于外商投资的一系列行政许可均未给予外资准入前国民待遇，主要包括：①国家发改委负责对外商投资项目进行核准，商务部负责外商投资企业设立和合同章程的审批，而金融业等特殊行业的外资准入则由中国人民银行等行业主管部门独立负责审批；②在某些特定行业，外国投资者必须事先获得行业主管部门的前置许可后方可向商务部门申请企业的设立许可；③外商投资影响国家安全的，应当接受国家发改委、商务部等部门共同负责的国家安全审查；④外商投资项目涉及规划、土地、环保的，应当获得规划、土地、环保等政府部门的许可，合作中方是国有企业的，还须经国有资产管理部门审批；⑤外商投资涉及经营者集中的，须接受商务部负责的经营者集中审查。上述行政许可中的前三项专门针对外资的准入审批，都未给予外资准入前国民待遇。

中国自贸试验区外商投资负面清单的试行是向外部发布一个信号：中国的改革开放将向更深层次发展，由原来的准入后国民待遇转变为准入前国民待遇加负面清单的模式。政府相关部门的行政职能也由原来的"重审批、轻监管"转变为"轻审批、重监管"。自贸试验区对负面清单之外的领域，按照内外资一致的原则，对外商投资项目实行备案制，通过事中事后监管以及少数情形下的反垄断审查和国家安全审查监控外资对于国家经济安全的冲击，消除以往外资审批制度下政出多门、程序复杂、时间冗长的缺点，改善自贸试验区的营商环境。

（三）自贸试验区外商投资负面清单改革的重大意义

中国自贸试验区实施外商投资负面清单管理有助于增强政策透明度和可预期性，改善营商环境；有助于自贸试验区更好地吸引外资，促进经济发展。整体来说，自贸试验区外商投资负面清单的实施具有以下重大意义。

第一，发挥市场在资源配置中的决定性作用。负面清单要求政府放松对于负面清单以外行业、领域和业务的审批，把市场主导权更多地交给市场主体。减少政府干预企业微观经营的情形，避免暗箱操作和权力寻租。这样做有利于激发企业和市场的活力，推进大众创业、万众创新；有利于形成开放、竞争、有序的现代市场环境，从而为市场在资源配置中发挥决定性、基础性作用提供更大的空间；有利于建立现代市场体系。

第二，促进改革和政府职能转变。实行市场准入负面清单有助于更好地发挥政府作用，改革行政体制。负面清单管理模式要求政府的投资管理重点从审批核准转向事中事后监管，要求政府实践"法无禁止即可为"的法治精神，通过投资管理负面清单、政府权力清单、责任清单的制定，明确政府发挥作用的职责边界，做到不越界、不卸责。全面实施负面清单管理模式，有利于进一步探索深化行政审批制度改革，大幅减少政府审批项目；有利于促进政府运用法制手段监管市场，促进市场监管制度化、规范化、程序化，从根本上促进政府职能的转变。

第三，促进开放型经济新体制的构建。制定实施外商投资负面清单有利于进一步对外开放,加快建立与国际通行规则接轨的现代市场体系,促进国际要素有序自由流动、资源全球高效配置、国际国内市场深度融合,促进中国全方位对外开放,建设更高水平、更低准入门槛的市场经济体制,推动我国与世界各国共同发展,构建互利共赢、多元平衡、安全高效的开放型经济新体制。

第四,应对TPP等国际高标准贸易投资协定的冲击。随着TPP的达成,新一代国际高标准贸易投资协定的框架和标准大体成型,对中国国际贸易和投资的冲击也隐隐显现。负面清单管理有助于试行国际高标准贸易投资协定所注重的"边境后措施"的高标准投资管理规则,使中国能更好地应对以TPP为代表的国际高标准贸易投资协定的冲击。

二、自贸试验区三版负面清单的进展与相关配套改革

2013年10月,上海自贸试验区颁布了《中国(上海)自由贸易试验区外商投资准入特别管理措施(负面清单)(2013)》。该版负面清单实施后效果显著,外商投资在自贸试验区内稳步增长,2014年6月的月新设外资企业数相比2013年10月增加了7倍。新设外资企业中92%的经营范围属于负面清单范围外,依备案方式设立,流程大为简化。

(一)三版负面清单的进展情况

2014年7月,上海自贸试验区进一步公布了2014年版外商投资负面清单。新版负面清单对管理措施条款进行了大幅调整,从旧版的190条措施减少到139条。2015年4月8日,第三版负面清单颁布,适用范围也扩展到了广东、天津、福建和扩区后的上海四地自贸试验区。相较于前两版,这一版本改动最大。它由最初的190条措施减少至122条。研究三版负面清单的变迁,可以看出,中国自贸试验区外商投资负面清单的修订主要依据以下三个原则。

一是进一步提高开放度。2014年的第二版负面清单修订时,根据国务院批准的《中国(上海)自由贸易试验区进一步扩大开放的措施》,有关部门对金融、教育、文化、医疗等有序开放领域,对育幼养老、建筑设计、

会计审计、商贸物流、电子商务等开放领域，以及一般制造领域的管理措施，采取了能取消则取消，能放宽则放宽的态度。同时，《外商投资产业指导目录（2011年修订）》鼓励类中无中方控股要求，以及在实践中已突破或CEPA协议中已经放开的管理措施，也不再列入负面清单。2014版负面清单31条进一步扩大开放的措施涉及服务业领域14条、制造业领域14条、采矿业领域2条、建筑业领域1条。在服务业扩大开放方面，在2013年23条服务业扩大开放措施的基础上，又新增14条开放措施，突出了航运贸易等自贸试验区主导产业；在制造业和采矿业扩大开放方面，突出了研发；在建筑业扩大开放方面，体现了基础设施建设对外资的开放。

2015年第三版负面清单的特别管理措施由最初的190条减少至122条，但是，并非各行业数量均等下降。限制减少最多的，如制造业由2013年的63条减为17条，对食品饮料的限制消失了，剩下的主要是对交通工具的限制；完全解除限制的行业有建筑业、交通运输、仓储和邮政以及房地产业。

二是进一步增加透明度。对无具体限制条件的管理措施，尽可能明确限制条件或者取消该项限制措施。2013年版负面清单中无具体限制条件的55条管理措施在2014年版中大幅缩减为25条，并明确了部分无具体限制条件管理措施的条件。例如，明确了投资直销的条件，即投资者必须具有3年以上在中国境外从事直销活动的经验，并且公司实缴注册资本不低于8000万元人民币；明确了投资基础电信业务的条件，即外资比例不得超过49%；等等。2015年版负面清单中有些行业的要求被大大扩充。限制条件被细化和扩充的有两个行业——金融和文化娱乐业。金融业的负面清单从2013年的5条扩展为10大类26小条，新增了两项"禁止"：外资不得成为证券交易所和期货交易所会员，不得开立A股账户，禁止外资成为证券交易所会员、开通A股账户，禁止外资从事再保险分入或分出业务。文化娱乐行业的负面清单，从2013年的12条扩充一倍至24条。新增内容包括对境外新闻机构的管控，如在境内设立办事机构、派驻记者须经批准等3条；电影行业新增电影院建设由中方控股，以及放映单位年放映国产电影片的时间不得低于年放映电影片时间总和的2/3；关于非物质文化遗产的限制新增5条。根据上海财经大学自由贸易区研究院副院长孙元欣的解释，"条款更多不代表监管更严了。2014版的条款太笼统，一条就像一个抽屉，抽屉里还有好多条。2015年把这些条款说得更明确,透明度更高"。

三是进一步与国际通行规则相衔接。2014年自贸试验区负面清单继续采用《国民经济行业分类》作为分类标准,并将农业、采矿业、金融服务、电信服务、航空服务、基础设施等涉及资源、民生和国家安全的领域以及中药、茶叶、黄酒、手工艺品等中国传统产业领域的管理措施予以保留,将涉及不同代码的同一行业相关管理措施进行适当归并,从而减少了23条管理措施,其中主要涉及制造业、采矿和勘探、基础设施建设、商贸服务、通用航空服务、法律服务、文化服务等领域。同时,按照准入前国民待遇的原则,对于内外资均有限制或禁止要求的管理措施不再列入负面清单,主要涉及高耗能、高污染的制造业领域等,如限制投资联苯胺、颜料、涂料生产,限制投资电解铝、铜、铅、锌等有色金属冶炼等。此外,依据同样的理由去除了"禁止投资色情业""禁止投资博彩业"的条款。

总而言之,三版自贸试验区外商投资负面清单在削减特别管理措施、扩大开放、细化限制措施、提升透明度以及贴近国际标准方面都做出了大量改进。

(二)负面清单的特点与思路

从中国自贸试验区2013年以来颁布的三版外商投资负面清单可以看出,中国自贸试验区的外商投资负面清单具有立足国情、严守底线、循序渐进、接轨国际的制定特点和思路。

自2013年以来的三版自贸试验区负面清单都采用《国民经济行业分类与代码》,而非区域贸易投资协定中常用的《主要产品分类》(CPC)。在制定负面清单时,以《外商投资产业指导目录(2011)》为基准,摘出其中的限制、禁止部分,纳入散见于其他部门规章的部分,形成清单。这种立足于现有行业分类和管理措施的负面清单制定方式充分实现了对现有国情和管理体制的对接,避免对现有体制造成过大冲击。

从三版负面清单逐步开放的行业、领域和业务来看,放开最多的是一般制造业领域和一般服务业领域,金融业和文化业等涉及国家经济安全和意识形态的敏感行业做到了不减少而是明晰特别管理措施,不仓促开放,守住了对外开放的底线,构成了下一步开放的基础。

如前所述，自贸试验区三版负面清单在开放程度、透明度等方面逐年都有很大改善。通过循序渐进的修改，在保持自贸试验区政策延续性和可预期性的同时大大提升了外商投资负面清单的质量，并完善了配套机制。这充分实践了中国自贸试验区先行先试的功能，为负面清单在全国的推广提供了宝贵的经验。

最后，自贸试验区外商投资负面清单在做好与现有国情和管理体制对接的同时，积极与国际标准接轨。自贸试验区负面清单的特别管理措施的描述做到了明晰化和细致化，服务业的开放有了长足的进步，与内资享受同样待遇的领域不再纳入外商投资负面清单等，都与新一代国际高标准贸易投资协定的做法一致。

（三）自贸试验区外商投资负面清单配套机制的建设

中国自贸试验区外商投资负面清单颁布以来，自贸试验区为建设与负面清单相匹配的外商投资管理体制做出了很大的努力，特别是在商事登记制度和事中事后监管制度的建设方面取得了长足的进步。

在商事登记改革的具体内容方面，中国自贸试验区做到了取消注册资本的最低限额、取消对出资期限的规定、取消虚拟注册、取消前置审批、企业年检等。分述如下。

首先，自贸试验区根据认缴登记制取消对投资者的注册资本要求。按照《中华人民共和国公司法》规定，对投资者的注册资本要求，有限责任公司为一人有限责任公司时最低注册资本为10万元人民币，其余情况下最低注册资本为3万元人民币。当前，中国自贸试验区内工商部门对企业的注册资本已经由实缴登记制改为认缴登记制，取消了注册资本的最低限额，允许外国投资者以任意金额设立企业，大大方便了资金不足的创业型公司的设立。

其次，自贸试验区不再对企业注册资本实行验资。当前的《中华人民共和国外资企业法》规定，外国投资者应当在公司营业执照签发之日起90天内至少缴纳注册资本的15%，剩余部分在3年内缴清。作为市场准入负面清单制度的配套，自贸试验区取消对区内成立企业实收资本的登记、出资期限的限制，并不再收取验资报告，允许"零首付"创办公司，资金不充足的投资者可以不必非在前3个月内到位首期注册资本,进一步降低了首创企业的资金成本,提高了资金运作效率,而且避免了在实际验资中出现的由中介公司进行"垫资"等作假行为。

再者,自贸试验区取消公司法人资格成立前的前置审批。自贸试验区内实行"先照后证"登记制,在公司营业执照取得前不需要一切前置审批,在公司营业执照取得后即可开展一般性经营活动,在取得相关许可证和批准文件后再进行相应内容的许可活动。而当前的外资管理体制要求,在外商投资批准证和工商营业执照取得前都存在前置审批,以商务部门批准后、工商登记前居多,这给企业日常业务的开展和合同的签订带来了极大的不便。实行"先照后证",则企业可先获得营业执照,从事企业管理咨询、投资咨询等其他业务,需要从事别的业务时再去相关部门获得行政许可。再比如,现有的审批体制要求必须在工商部门登记之前获得环保部门的环评许可,实行"先照后证"后,企业获得营业执照、取得法人资格后,就可直接从事贸易相关经营内容,只需从事生产相关业务时再去办理环评许可。取消前置审批大大促进了企业自主经营的主动性和投资的便利化。

最后,取消自贸试验区的企业年检制度。在当前的外资管理体制中,每年都要由商务、工商、税务等相关部门进行联合办公对区内企业进行联合年检,耗费大量的时间和人力物力。商事登记制度改革取消了联合年检而代之以企业年报公示制度,把政府对企业的监管变成常态化、规范化的监管。

在事中事后监管方面,中国自贸试验区探索构建了以政府职能转变为核心的事中事后监管六项基本制度,包括安全审查制度、反垄断审查制度、社会信用体系、企业年度报告公示和经营异常名录制度、信息共享和综合执法制度、社会力量参与体系。

涉及外资的国家安全审查工作机制重点是加强与负面清单管理模式和外商投资备案管理改革相衔接,在外资准入阶段协助国家有关部门进行安全审查的工作机制,目的是防范扩大外资准入和开放后可能产生的风险,起到对外商投资风险的"防火墙"作用。目前,在国家发改委、商务部的指导下,已制定《中国(上海)自由贸易试验区外商投资安全审查管理办法》,明确外资安全审查的范围、内容、工作机制和程序,为完善全国性的外商投资安全审查制度积累新经验，探索新途径。

反垄断审查工作重点是探索在经营者集中、垄断协议和滥用市场支配地位等方面实施反垄断审查的制度安排。目的在于通过对各类违背市场经济规则的垄断行为实施监管，以维护市场秩序，营造一个有利于公平竞争的环境。目前，在国家发改委、商务部、工商总局的支持下，已制定并发布了自贸试验区三个领域反垄断的工作办法，形成了自贸试验区反垄断审查联席会议制度方案。

完善社会信用体系重点是依托已建成的公共信用信息服务平台，积极推动自贸试验区子平台建设，完善与信用信息、信用产品广泛使用有关的一系列制度，强化企业自律和社会监督，形成"一处失信、处处受限"的社会信用环境。目前，各自贸试验区子平台已完成数据平台等功能开发工作，同时探索开展事前诚信承诺、事中评估分类、事后联动奖惩的信用管理模式。

企业年度报告公示和经营异常名录制重点是与注册资本认缴制等工商登记制度改革相配套，运用市场化、社会化的方式对企业进行监管，落实企业主体责任，强化企业自律和社会监督。企业年检制改为年度报告公示制度后，企业通过市场主体信用信息公示系统向工商部门报送年度报告，并向社会公示，任何单位和个人均可查询。特定企业还须提交会计师事务所出具的年度审计报告。对未按规定期限公示年度报告的企业，工商行政管理机关在市场主体信用信息公示系统上将其载入经营异常名录，提醒其履行年度报告公示义务。

信息共享和综合执法制度重点是建设自贸试验区信息共享和服务平台，避免各部门相同信息库的重复建设，实现自贸试验区海关、检验检疫、海事、金融、工商、质监、税务、环境保护、安全生产监管等部门监管信息的互通、交换和共享，加强部门间的协同监管与合力，为优化监管流程、提供高效便捷服务、加强事中事后监管提供信息支撑。建立自贸试验区内企业的基础数据库，形成对企业的跟踪和监管机制，从源头上规避风险，强化对合作网络的整合。信息库应适时向社会公众公开，实现全社会信息共享和共同监督。在综合执法方面，重点是建立各部门联动执法、协调合作机制。通过建立自贸试验区联勤联动指挥体系和网络数字执法监察平台，整合执法资源，精简行政执法机构和队伍，健全行政执法与公安联动机制，提高执法效率，减少权责交叉、多头执法问题。

社会力量参与市场监督制度重点是通过扶持引导、购买服务、制定标准等制度安排，发挥行业协会和专业服务机构在行业准入、认证鉴定、评审评估、标准制定、竞争秩序维护等方面的作用。目前，上海自贸试验区出台了《促进社会力量参与市场监督的若干意见》。

三、负面清单的国际比较及自贸试验区负面清单的缺陷

（一）若干典型国家负面清单的形式与内容

负面清单外商投资管理模式已逐渐成为国际投资规则发展的新趋势，世界上至少有77个国家采用了此种模式。在这一节中，我们将讨论发达国家美国在包括北美自由贸易协定（NAFTA）和众多双边投资协定中的负面清单，以及发展中国家印度尼西亚的外商投资负面清单的特点。

1. 美国负面清单的制定

NAFTA最早创设了负面清单的投资规则模式，并且首次用列表形式的负面清单来体现协定中的不符措施。NAFTA下的"不符措施"是一系列对国民待遇、最惠国待遇以及其他义务的例外措施。这些例外措施按规定需要按照固定格式列表，其法律地位是协定的一部分。实践中，NAFTA的负面清单根据"不符措施"适用的时间段分别列入两个附件：附件Ⅰ是现有"不符措施"的保留清单，包括所有在协定生效后东道国希望保留的不符措施；附件Ⅱ是未来可以实行新限制性措施的部门和活动领域，不论目前"不符措施"是否存在于这些部门和领域中。附件Ⅱ与附件Ⅰ的不同之处是允许引入新的不符措施。区分允许/不允许添加新限制措施的两类负面清单是美国在之后双边投资协定中坚持的做法。此外，美国所签订的投资协定中往往会设立第三个附件，纳入对金融服务业的保留措施。

2014年1月前，美国共签署47个BIT，实施BIT 40个。自NAFTA始，美国坚持在签订的BIT和区域自由贸易协定中以负面清单形式列明投资管理承诺。负面清单涉及的行业可归纳为6个领域：一是自然资源及土地的使

用，二是能源，三是海洋及航空运输，四是广播及通信，五是金融、保险及房地产，六是涉及所有行业的水平型限制。这六大领域体现了美国投资保护的基本意向和目的。美国对所有国家几乎采用了相同的行业限制。例如，在美韩自由贸易协定中，美国在金融服务负面清单中对保险业、银行及其他金融服务行业分为中央和地方两个法律层级，提出18项不符措施，包括保险业4项（地方层面1项）、银行及其他金融服务行业14项（地方层面1项），尤其对外资银行和政府债券等几个关键领域做了重点阐述。当然，美国BIT负面清单在特定项目和表述形式上存在一定国别差异，如针对约旦的"政府土地上的矿产资源租赁"，针对刚果的"岸基海运设施"。

美国BIT负面清单的基本特点是描述详细、可操作性强和透明度高。负面清单中对每一项措施均列出所在的行业、不符合的条约义务（国民待遇、最惠国待遇、业绩要求或高管与董事会成员要求）、政府层级（联邦还是州），措施往往具体到某法律的某条款、对措施的描述涉及的事项、与有关义务如何不符等。具体形式见表2-1。

表2-1 美国BIT负面清单框架与要素

要　　素	内　容　说　明
部门	行业分类的大类、中类、小类
特定义务	国民待遇、最惠国待遇、业绩要求或高管与董事会成员要求等
层级	全国（联邦）还是地方层面
描述与法律依据	相关法律依据与明文规定
措施	外资不符措施的具体描述

资料来源：《美国BIT范本》。

例如，在美国-乌拉圭投资协定中，美国在附件Ⅰ中列出了一项中央层级的不符措施，涉及的行业是交通运输服务中的报关人服务，对国民待遇条款做出保留。具体内容是：美国为他人从事报关业务需要报关人许可证，该许可证只有美国公民能获得。由于这项保留措施，外国人就无法从事报关业务。除了透明性之外，美国在负面清单"不符措施"的设计上还有形式多样、措辞灵活的特点。以金融业为例，共涉及 7 种不符措施，分别为绝对禁止（外资保险公司的分支机构不得为美国政府签署的合同提供履约担保）、比例限制（用联邦担保抵押基金建造船体的海上船只，当其价值的 50% 以上由非美国保险公司保险时，被保险人必须证明风险大部分来自美国市场）、岗位限制（国家银行的所有董事必须为美国居民，虽然货币监理署的国籍要求可以放宽，但是比例不超过 50%）、区域限制（所有州、哥伦比亚和波多黎各地区所有现存的保险业"不符措施"）、市场准入（作为在美国发行证券的唯一受托人的权利受制于互惠测试）、政府优惠、其他特殊规定等。在 3 份附件中，绝对禁止和比例限制的应用最为广泛。后者主要表现为外国人持股比例、外籍高管比例、外籍员工比例等，有效地限制了外国投资者对被投资企业的控制权和主导权。

2. 印度尼西亚负面清单的制定

印度尼西亚是全球少见的对内外资统一适用同一张负面清单的国家。印度尼西亚负面清单的实践体现了发展中国家使用负面清单降低内外资准入门槛，实现政府职能转变的努力。现时，外商在印度尼西亚的直接投资受负面投资清单监管（第 39/2014 号总统规例），清单明确对外资全面或局部开放的领域。印度尼西亚 2000 年版负面清单分为四个子清单，分别是绝对封闭领域、对外资持股投资封闭领域、对内外资合作企业有条件开放领域，以及其他特定条件开放清单。对内外资绝对封闭的领域一般为涉及毒品、麻醉物、放射性矿产开采等禁品，以及通信业等事关国家安全的领域；对外资绝对封闭的领域包括森林、公共交通、广播电视电影、贸易等领域；对内外资相对封闭的有港口、电力、航运、饮用水、原子能设施、医疗、电信、商业航空等事关国计民生的公共服务性领域。负面投资清单每 3 年总结一次，最近一次总结于 2014 年进行。2014 年负面投资清单中有一项重要的修订，即降低仓储及配送业务的外资持股上限，由过往可以独资经营收紧至最多可持有 33% 的股权。

值得注意的是，印度尼西亚不仅重视负面清单的制定和修订，更注重负面清单投资管理模式的配套机制建设。在负面清单的修订和监管方面，印度尼西亚负责审查修订清单的是投资协调委员会（BKPM），超过 10 亿美元的外商投资审批权由总统下放到该委员会，综合各行业主管部门的审批权,统一对投资者进行一站式服务。印度尼西亚《投资法》进一步明确了中央地方两层次的一站式服务,由投资协调委员会简化流程。在地方政府层面,由投资协调委员会下属的地方投资委员会和市镇投资委员会受地方主管部门委托统一审核市场准入,并规定了行政手续时间上限。此外,2010年印度尼西亚推出了电子投资许可服务系统(SPIPISE),可以在投资协调委员会网站完成查询、申请和许可服务,提升了行政效率。

(二) 中国自贸试验区外商投资负面清单存在的缺陷

负面清单模式是国际流行的外商投资管理制度,美国是应用负面清单模式较早且较多的国家,印度尼西亚是发展中国家中全面实施负面清单投资管理模式的典型范例。对比美国和印度尼西亚的负面清单投资管理模式,可以发现现行中国自贸试验区外商投资负面清单的缺点,为负面清单的进一步改进提供借鉴。

1. 负面清单的形式仍不符合国际标准

目前,我国自贸试验区负面清单采用的是国民经济行业分类标准,这样做是为了与国内的备案管理相衔接。对比之下,美国签订的国际投资条约均采用《联合国产品总分类》(United Nations Central Product Classification,CPC)分类标准,中国参与的中美BIT谈判负面清单和WTO承诺减让表都是按照CPC分类标准。行业分类标准的不同妨碍了中国自贸试验区负面清单对接国际谈判,也给外商投资者利用负面清单作为投资准入的参考增加了障碍。

2. 负面清单特别管理措施的透明性不足

从上文的描述中可以看出,美国BIT的负面清单透明度相当高。对限制的部门、层级、法律依据、不符合的义务种类、措施的具体描述等都明确提及并详细描述。对比之下,中国自贸试验区的三版负面清单仅对限制的行业和特别管理措施的描述有所提及,对于法律规章依据则缺乏描述,早期版本的负面清单的特别管理措施描述更是粗疏而缺乏透明性。即使是第三版负面清单,也依然存在着不少无具体限制措施的特别管理措施。同时,我国自贸试验区的负面清单的特别管理措施未规定量化标准,对于限制外资的许可证限制、股比限制、业绩要求、高管要求、注册资金限制、商业存在、分支机构规模等缺乏便于行政审核的量化标准，对于外商投资准入后投资的扩大、管理、经营、出售或其他方式处置等也缺乏规定。

3. 负面清单涉及的外商投资阶段单一

美国负面清单涉及包括国民待遇、最惠国待遇等牵涉外商投资所有阶段的义务。例如，国民待遇是指在投资的设立、获取、扩大、管理、经营、运营、出售或其他处置方面，缔约方给予另一方投资者及其投资的待遇应当不低于其在相似情形下给予本国投资者及其投资的待遇。负面清单中会列明不符合准入后国民待遇的例外措施。而目前中国自贸试验区的负面清单仅限于准入前阶段，对经营、出售等准入后环节的限制措施，或能够在事中事后监管中实现的特别管理要求，均未列入，这样也就无法真正实现负面清单对于外资全面性、全程化的管理功能。

4. 负面清单修改的可预期性较差

当前，中国自贸试验区已经出台了三版外商投资负面清单，每一版负面清单在扩大开放、增加透明度、贴近国际标准方面都有较大改进。但是负面清单过于频繁和大幅度的修改也给外商投资造成了预期上的不确定性，妨碍了负面清单扩大市场开放、降低准入门槛目标的实现。相比之下，美国在 NAFTA 和各个 BIT 中分别编制两类负面清单：第一类是服务和投资允许保留现有的限制措施，一般只会减少而不会新增；第二类负面清单不但允许维持现有的限制措施，同时保留对相关行业现有的限制措施进行修订或设立更严格的新的限制措施的权利。两类负面清单的设立区分了负面清单最可能减少或增加特别管理措施的领域，使得投资者对投资许可的变动具有较明确的预期。

5. 与负面清单相配套的外商投资管理体制尚未完善

无论是发达国家（如美国）还是发展中国家（如印度尼西亚）在设立负面清单时，都同时完善与负面清单相匹配的外商投资管理体制。例如，美国设立国家安全审查，并在投资协定中规定投资仲裁等事项；印度尼西亚则努力完善投资者一站式服务。中国自贸试验区成立数年来，在商事登记制度、事中事后监管制度的完善方面取得了长足的进步，但各类制度创新仍有分散化、缺乏协调之嫌。同时，一些重要的兜底监管制度，例如反垄断审查和国家安全审查制度，仍处于制度拟议阶段，对负面清单投资管理制度的实施造成了不利的影响。

四、自贸试验区负面清单的优化思路

根据上文所述中国自贸试验区外商投资负面清单的缺陷，为了更好地完善负面清单投资管理制度，扩大对外资开放，降低准入门槛，实现政府职能转变，中国自贸试验区有必要通过以下五个方面优化外商投资负面清单。

第一，明晰自贸试验区外商投资负面清单的法律地位。

目前，对于中国自贸试验区颁布的外商投资负面清单的法律地位存在不同的解读，由于缺乏立法授权和人大批准，外商投资负面清单只能被视为规章性其他规范性文件（申海平，2014），负面清单中的创新性规范地位尚不明晰，在法院判决中的效力存在疑虑。为了全面贯彻市场准入负面清单的法治精神，应完善与市场准入负面清单投资管理模式相匹配的法律法规体系，明确各级法律法规与市场准入负面清单的上下位法关系。

自贸试验区的外商投资负面清单参照《外商投资产业指导目录》编制，在制定负面清单时，有必要明晰上位法和下位法关系，避免负面清单成为《外商投资产业指导目录》的简单复制，或出现负面清单的法律效力相对较低的情形。在制定负面清单时，应具体化例外条款中的不确定法律概念，做好法律、法规等的梳理工作，提高新版负面清单的透明度。

第二，借鉴国际通行做法，改良负面清单形式。

在我国融入国际经济条约体系趋势的推动下，负面清单在将来应当将行业分类依据与国际通行的规则与管理方式充分对接，同时适时、分步引入国际规则中对限制性措施的定义与措辞，为将来对接条约义务提供准备。自贸试验区外商投资负面清单特别需要借鉴各国负面清单的形式，采用国际通行的CPC分类标准，或者至少加入CPC行业分类对照。同时，对负面清单进行分类，区分不再增加特别管理措施的第一类负面清单和可以新增特别管理措施的第二类负面清单，使得自贸试验区外商投资负面清单的形式进一步贴近国际标准。

第三，进一步缩短负面清单长度，减少特别管理措施。

自贸试验区成立以来，已经大幅缩减了外商投资负面清单的长度，减少了特别管理措施，但是对于服务业的开放程度仍然不足，这有悖于自贸试验区先行先试、扩大开放以及对接中美 BIT 谈判的初衷。下一步自贸试验区缩短负面清单长度，有必要鼓励开放那些有利于提高制造业劳动生产率和推动产业结构调整的生产性服务业部门，如减少对各类市场主体在航运服务、金融业、租赁和商务服务、科学技术服务、信息技术服务业、教育等领域的投资限制。这些行业有着较强的外溢效应，对于促进制造业转型升级有较强的提升作用。自贸试验区也有必要鼓励开放一些有可能在中美 BIT 谈判中做出让步承诺准入的领域。在某些敏感领域，如金融业，没必要也不可能全面开放，但有必要对某些敏感领域"开小口"，将其列入第二类负面清单，注明先行开放但将来保留限制或禁止准入的权力。这样就可以在不放弃双边或多边投资协定谈判筹码的同时，尽可能为 2～3 年后正式实行全国统一的市场准入负面清单制度积累经验。

另外，自贸试验区要确保所开放的领域满足国家产业安全的要求。自贸试验区负面清单对内对外开放的行业可分为可标准化的行业和不可标准化的行业。可标准化的行业是指产出过程或结果同质化，可以通过设备提高生产效率，迅速扩大规模，如信息、通信、金融、批发等服务业以及制造业。此类行业如果开放不谨慎，内外资企业将在试点地区快速辐射全国，冲击全国的产业安全，因此必须在全国性的风险控御机制都建立后才可开放。这些行业应尽可能列入自贸试验区的外商投资负面清单。对于不可标准化的行业，即不可能快速扩大同质化供给的行业，如医疗、教育、文化、养老咨询等服务业，其冲击和风险可控，可以在评估风险和收益的基础上试点开放，不列入自贸试验区负面清单。

第四，减少特别管理措施模糊表述，提升透明度，降低自由裁量空间。

当前中国自贸试验区的负面清单在特别管理措施的表述上仍存在某些模糊性。例如，2015 年版负面清单提到"大型主题公园的建设、经营属于限制类""评级服务属于限制类"，却没有描述具体限制措施；此外，不少地方提到"按现行规定办理"，却没有明确所谓"现行规定"具体指哪些规定。在负面清单的下一步修改中，中国自贸试验区有必要明确细化负面清单中的限制性措施。一是分步骤地细化、明确现有无明示限制措施的限制类项目,二是细化限制性措施的具体标准。对已明文载入负面清单的限制性措施予以定性或定量。例如,对于"中方控股"的定义应当区分绝对控股(中方投资者占股比66.7%以上)和相对控股(中方投资者占股比50%以上),并根据不同行业的要求予以分类界定;对于"限于合资"这种限制性措施,应当在中外投资者股权比例等要求方面予以明示;对于某些行业类别除限制性条件以外的投资方式,应当按照"法无明文禁止即可为"的思路划入允许类的领域。此外,还要通过分类梳理、概括我国行业行政管理法律法规的方式,逐步清晰这些项目的具体限制性条件。

第五,完善负面清单投资管理模式的配套机制。

外商投资负面清单管理模式不仅仅是一张准入清单,更重要的是与负面清单相匹配的投资管理制度,包括对负面清单外的外商投资商事登记制度,对负面清单内的外商投资行政审批制度,对所有外商投资的事中事后监管制度、投资仲裁制度和市场退出制度,等等。中国自贸试验区在继续修订外商投资负面清单的同时,有必要继续完善与负面清单相匹配的各项投资管理制度。特别是为了改善营商环境、促进政府职能改变,自贸试验区有必要制定与负面清单相匹配的政府责任清单和权力清单。权力清单强调政府限权,责任清单强调政府应为职责。两者体现了政府不当行为的禁戒和主动作为的必要性,体现了"有法必依,执法必严"的法治精神。责任清单以清单化、明确化的要求倒逼政府作为,对政府管理提出新的要求。自贸试验区有必要通过政府责任清单和权力清单,划定政府的权限和监管责任,列明企业投资项目核准部门、依据和标准,监督权力,规范行政行为。

参考文献:

[1] 韩冰. 准入前国民待遇与负面清单模式:中美BIT对中国外资管理体制的影响[J]. 国际经济评论,2014(6).

[2] 华东政法大学课题组. 我国自贸试验区负面清单透明度现状、存在问题及对策研究[J]. 科学发展,2015(6).

[3] 林爱民. 自贸试验区负面清单对标国际谈判投资准入规则制定[J]. 中国浦东干部学院学报,2015(3).

［4］陆建民，杨宇娇，于丹．中国自由贸易试验区统一负面清单与美国BIT签约双方负面清单的比较研究［J］．上海经济研究，2015（10）．

［5］聂平香，戴丽华．美国负面清单管理模式及对我国的借鉴［J］．理论参考，2015（2）．

［6］庞明川，朱华，刘婧．基于准入前国民待遇加负面清单管理的中国外资准入制度改革研究［J］．宏观经济研究，2014（12）．

［7］孙元欣，徐晨，李津津．上海自贸试验区负面清单（2014版）的评估与思考［J］．上海经济研究，2014（10）．

［8］申海平．上海自贸试验区负面清单的法律地位及其调整［J］．东方法学，2014（5）．

［9］沈毅龙．论自贸试验区外商投资审批裁量权的法律控制——以《负面清单》层级式限制类措施为分析对象［J］．科学发展，2015（11）．

［10］王中美．"负面清单"转型经验的国际比较及对中国的借鉴意义［J］．国际经贸探索，2014（9）．

第三章 高标准贸易投资规则与自由贸易试验区应对策略

徐世长　荣健欣[*]

一、重返亚太与 TPP 协议：后金融危机困境与 TPP 突围

后金融危机以来，美国经济陷入了低增长与高失业的怪圈。重拾制造业，巩固金融业，加快推进资本、科技等服务性产业的输出，成为美国政府走出困境的重要依托。在此背景下，重新制定符合美国利益的国际贸易与投资规则成为当务之急。当前，亚太地区仍然是全球经济增长的主要动力，具备相当强大的增长潜力，保持着充分的经济活力。很显然，随着中国 – 东盟自由贸易区、亚太经合组织（Asia-Pacific Economic Cooperation，APEC）、中澳自由贸易区、中韩自由贸易区以及中俄全面战略合作伙伴关系的确立，在今天的亚太区域，美国的影响力正在被不断地削弱，尤其是在经贸合作领域，美国曾经主导的 WTO 规则体系，已经很难在多样化的矛盾和复杂的个性需求中达成具有多边普遍可接受性的共同关切议题。

美国主导的 TPP 框架，着眼于全球经济治理中的核心地位和领导者作用，将对世界贸易与投资规则产生深远的影响。"二战"以后，美国人用自己的规则取代了欧洲人在国际投资协定中的内容和重点，将全世界的国际投资规则由"欧式 BIT"变为"美式 BIT"，并通过 WTO 框架主导了国际贸

---

[*] 徐世长，男，中山大学自贸区综合研究院副研究员，主要研究方向为自贸试验区金融创新与 TPP 规则；荣健欣，男，中山大学港澳珠江三角洲研究中心博士后，从事国际贸易与全球价值链研究。

易规则,形成了美国特色的贸易规矩,也就是后来形成的国际贸易秩序。

起始于2005年7月①,截至2015年10月5日,TPP协议的谈判在部长级会议上取得了重要进展,已有12个国家②(占全球GDP比重40%)参与该框架。根据协定,相关国家间约1.8万种商品的关税将在未来一段时间内降为零,与此同时,还涵盖投资、竞争政策、技术贸易壁垒、食品安全、知识产权、政府采购、绿色增长和劳工标准、环保标准等。

(一)从TPP协议的内容体系来看

从TPP协议的内容体系来看,旨在进一步促进投资与贸易自由化的规则,确实具有理论意义上的"高标准"。特别是建立在美国产业现状和经济战略基础上的"自由化",其本质则是世界贸易与投资规则的"美国化"。本章认为,TPP协议属于经济合作外衣下的政治博弈,具有高标准与高风险集成的典型特征。

1. 以约束性的协议替代非约束性的"单边协调主义",体现出TPP框架的"强标准"

不管是世界范围的WTO框架,还是亚太地区的APEC协定,都以非约束性的"单边协调主义"为合作模式,使得处于不同发展水平的国家无法加快自由贸易机制化的步伐,TPP框架的一致行动原则,将权利与义务同步赋予缔约国一方,有利于更好地实现福利增长,特别是对贸易自由化的进程也有了制度保障。

2. 以"柔性次序"和"多轨多速"替代"一揽子的协议实施",体现出TPP框架的"宽标准"

考虑到缔约国之间不同的国情实际,TPP框架延续了APEC推行的国家自愿提前自由化手段,对减让项目无固定顺序,对减让时间和速度不做硬

---

① 2005年7月,新加坡、文莱、新西兰、智利(俗称P4)发起了TPP谈判,最开始的协议文本包括20个章节正式主题和1个补充文件,2008年美国和秘鲁同时加入谈判,此后TPP协议很快就变成了美式国际贸易投资规则的代言,奠定了其"21世纪的高标准自由贸易协议"。在2015年10月5日从美国贸易代表办公室网站的最新TPP谈判概要可得知:TPP框架涵盖了30项大的议题,而且传统意义上的相对敏感的诸如金融、劳工、环境、国企限制、原产地规则等内容也纳入谈判。

② 美国、日本、澳大利亚、加拿大、新加坡、文莱、马来西亚、越南、新西兰、智利、墨西哥、秘鲁。

性规定。例如，新加坡政府在 2005 年便对缔约国取消了全部关税，新西兰和文莱在 2015 年实现零关税，智利也将在 2017 年实现零关税，体现出规则"柔性"和"多轨"的特征。特别值得关注的是 TPP 协议的开放性与包容性，即其他形式的 FTA 协议在 TPP 的框架下依然是有效的，从而使得缔约国在自主选择适用原则的基础上，最大化地兼顾了各自的贸易利益。

3. 以全面市场准入和全球价值链的动态视角替代区域性、单一性的自贸协定，体现出 TPP 框架的"全标准"

与以往双边自由贸易协定（Free Trade Agreement，FTA）专注于货物贸易和关税壁垒相比，TPP 提出了全面贸易自由化的主张，将传统贸易与新兴经济业态（如互联网、信息、数字经济、国有企业与绿色经济等）共同纳入谈判框架。与此同时，试图保障不同发展水平经济体，不同规模的企业都能够从框架中获益。基于全球价值链视角的原产地规则变化，适应了当前生产国际化和贸易便利化的要求，从设计上就鼓励了其他亚太地区经济体加入。

4. 以人本主义和生态主义替代单一的贸易与投资便利化，体现出 TPP 框架的"高标准"

相较于 2005 年的 P4 协议，2015 年 10 月 5 日的 TPP 协议，涉及劳工标准和环境标准。不以鼓励贸易或投资为由削弱环保法律的力度，重申缔约国在各种多边环境协定中所做出的承诺，提升在环保决策、实施和执法方面的透明度。在人本主义层面，TPP 进行了如下高标准的表述：确保劳工可以获得公平、平等和透明的行政司法程序，消除强迫劳动、消灭童工现象和消除雇佣歧视等，尤其是在帮助女性就业与提高技能，建立女性的领导网络和弹性工作方面，亮点突出。

（二）从 TPP 协议的谈判进程来看

从 TPP 协议的谈判进程来看，以美国为主导的高标准协议面临着明显的高风险。奥巴马政府很显然把 TPP 协议作为美国重返亚太的重磅砝码，一方面，开拓新市场，实现美国出口倍增计划，需要更为便利的贸易与投资规则来保驾护航；另一方面，将非传统贸易因素纳入 TPP 谈判，旨在宣扬美国的全球价值观。本章认为，这种人权高于主权、过度夸大政治透明度、苛刻的环保与劳工标准是美国一意孤行的表现，鉴于当前P12国家的个体差异和产业现状，TPP的高标准存在着明显的高风险。

1. 以政治意图替代经济和发展规律，给TPP框架注入了潜在的政治波动风险

如果奥巴马政府能够成功地说服缔约国接受TPP框架，那将是奥巴马政府对美国做出的具有历史意义的贡献。也就是说，美国总统奥巴马在卸任之前，美国国会是否会同意TPP协议生效，摆在他们面前的是必须从时间成本和机会成本来考虑该规则给美国带来的潜在影响。对于日本来说，TPP既是政治难题，也不完全有利于日本的经贸利益，从合作机制层面也很难彻底放弃东亚已有的框架。大部分东盟国家都对TPP持消极态度，政府决策的波动性，从一开始就让TPP框架充满了政治风险。

2. 以过度超前的高标准为主旋律，给TPP协议的"朋友圈"势力带来了不稳定性

当前的自由贸易合作框架主要呈现多边联动的格局。作为独立经济体，当然可以与不同的国家签订形式各异的FTA，但当一个超高标准的自贸协定摆在面前时，又使得双边（或区域）合作博弈出现。从TPP"朋友圈"内部来看，日本不希望零关税给本国的农产品带来灾难性打击；美国工商企业界中的纺织品、服装、橡胶制品和部分农业利益集团也反对TPP，原因在于无法估计新西兰和越南的优质商品将对开放后的美国市场造成怎样的冲击。

很显然，虽然TPP谈判的内容体现出高标准，但谈判的进程必然是曲折的，部长级会议达成的几个关键议题仅仅只是让僵持的局面推进了一步，还远未达成TPP协议，因为具体到各国的产业生态、发展战略和增长实践来说，个体差异的不同将成为TPP框架最大的威胁。从某种程度上讲，TPP谈判的政治性功能远大于经济合作意图，其孤立中国的意图是明显的，但是在中国政府不断推进自贸试验区和"一带一路"战略的对冲下，其负面作用有限。

二、核心规则：投资与贸易的高水平自由化

综观美国主导的TPP框架，不管是出于政治目的（重返亚太，遏制中

国),还是经济目的(扩大出口、输出资本和服务),其协议内容都体现出高标准与超前性,旨在促进和实现框架下的缔约国之间在投资与贸易方面的便利化,涵盖了当前绝大多数货物与服务方面的国际贸易规则。根据美国贸易代表办公室公布的2015年10月5日亚特兰大部长级会议基本协议框架,本部分将对TPP框架下的核心规则进行分析,旨在系统地认识新的高标准国际贸易与投资协定。

1. 货物贸易规则

TPP关于对货物贸易的标准体现在:①一定时间内实现缔约国之间全部工业品(或农业品)的零关税,并实施优先准入;②基于政策透明原则,对关税和涉及的货物贸易信息要及时公布;③强调公平,取消补贴,加强农业领域的国际合作;④保留WTO框架下的关于进出口限制,鼓励中间产品循环利用;⑤免除纺织和服装业的关税,存在"原料短缺清单"机制,允许各方使用TPP缔约国的供应商产品,但必须承诺防止避税、走私和诈骗。

2. 原产地规定

明确原产地的目的在于确保TPP各缔约国为协议的主要受益方。为了避免"面条碗"效应(Spaghetti Bowl Phenomenon)带来的效率损失,TPP协议采取"累积制"和"公式法"来确定原产地。进口商如果能够证明中间产品来自于缔约国一方,就可以要求得到关税优惠。全球价值链生产中,一种产品的生产在全球多国装配,原产地规则将变得更重要、更复杂、更容易引起争议。

3. 海关管理与贸易便捷化规则

通关便利化是海关管理改革的方向,TPP协议中强调:①提升海关程序透明度和入境便捷化,避免货物通关时由于延时和税费引起抗议;②完善海关估价,透明海关惩罚制度;③在打击走私的同时保护中小企业,尤其是快递企业。从上述通关便利化的协议可以看出,程序透明化、惩罚透明化和海关估价,既可以提高海关的通关效率,又可以起到保护中小企业的作用。

4. 产业冲击(贸易救济)规则

TPP协议同样倡导保护缔约国一方国内的弱势产业(最长可以维持2年,并享受1年的延长期),但有一个"度"的问题,比如需要申请过渡性保障措施,需要按照双方商定的金额给予赔偿,与此同时,TPP协议高于

WTO框架，如果进口商品不会对国内市场造成严重伤害，则不允许采用过渡性保障措施。贸易救济的本质还是在于推进贸易自由化，但该项谈判也面临着与WTO框架同样的问题：如何确定弱势产业，如何确定关税税率配额的进口商品种类。

5. 投资规则

TPP协议中关于投资议题的规定，负面清单加准入前国民待遇，与BIT（2012）的核心精神一致。需要特别提出来的是：①保护外国投资者的利益，东道国政府不得以非公共目的、非正当程序和无补偿的方式进行征收和征用；②为投资资金的自由进出与转账提供充分的便利，政府在未发生金融危机和系统性风险的情况下，不得限制资金的流动；③投资企业拥有充分任命任何国籍高管人员的自由。

6. 金融服务规则

该规则旨在促进国际资本的自由流动，为跨境和投资市场准入方提供方便和机遇。TPP协议值得突出的三点是：①在获得授权的前提下，缔约方可以在境内直接向TPP成员销售特定的金融服务；②缔约国金融市场和投资机遇向所有第三方缔约国开放；③金融监管者可以保留广泛的自由裁量权。

7. 国有企业和指定性垄断企业规则

TPP缔约方同意建立一个有益的国企管理框架，并对国有企业开展商业活动表示认可。特别需要说明的是：①外资国有企业在本国境内从事商业活动，属于本国法院管辖，按照市场竞争法则，确保对国企和私企一视同仁；②禁止提供额外补贴给本国国企，以防造成不正当的市场竞争行为；③公布缔约国国企名单，政府股权比例，以及补贴的方向、内容和规模。该条款也存在一些例外清单，用以保护国内的信息和经济安全。

8. 争端解决规则

TPP协议中关于争端解决的核心机制是保持解决过程的透明度。强调建立投资者—东道国争端解决机制，期望通过投资者和东道国之间的国际规则约束，有效保护跨国公司的海外投资。该标准将商业活动过程中的争端直接纳入国际法的范畴，例如，如果就某一问题协商失败，缔约方可以请求组成一个由3名非当事国贸易专家构成的协调小组，确保争端解决机制的完整性。

在上述核心规则之外，依然存在着许多辅助性的标准，如卫生和检疫措施、技术性贸易壁垒、商务人士临时入境、政府采购、市场竞争、合作与能力建设以及例外条款。TPP 综合了发达国家与发展中国家、高标准投资贸易规则体系与低水平经济贸易及法制环境的实际，重新建立了一个超 FTA 框架的高标准"合作共赢"生态。对此，我们需要理性应对的是：如何以高标准规则为目标倒逼国内相关领域的改革；如何科学计算 TPP 协议的达成对我国的贸易与投资产生的转移与创造效应。解决这两个问题显然是当务之急。

三、标准共识：TPP 规则的超前性和冲击性

坚持用发展的眼光看问题，就必须承认 TPP 协议代表的是未来世界经济交往的普遍共识，势不可当。但是，该协议本身的超前性和绝对性也注定了其谈判过程的曲折性，尤其是相关条款所涉及的高标准与缔约国的实际情况差距较大，对此，本部分将分析目前 TPP 框架下比较难以获得共同承认的规则，旨在论证光鲜华丽外表下的 TPP，其不切实际和好高骛远的一面。

1. 过高的劳工与环境保护标准直接冲击发展中国家本来就弱势的低端产业链和本来就不成熟的技术评估体系

一方面，发达国家普遍完成工业化之后，以技术和资本密集型产业体系为主，这种新型的劳工关系和标准体现的是发达国家的意志和价值观，TPP 协议对劳工标准有了更高的要求，协议内的发展中缔约国在执行过程中，显然会遇到更为复杂的矛盾；另一方面，环境保护标准自 WTO 框架以来就备受争议，美国希望在环境保护过程中引入投资者—东道国争端解决机制，将缺乏约束力的环境公约变得更加的可执行、可量化，这显然将增加发展中国家的治理成本和产业更新成本。

2. 过严的知识产权保护标准直接冲击缔约国本身的法制与文化环境，增加了治理的成本和难度

TPP 协议对知识产权的概念进行宽泛的界定，包括专利、商标、版权、工业设计、产品地理标志、商业秘密和双方商定的其他形式，被认为是当今国际知识产权保护的最高标准。其中，延长著作权的保护时间、规范临

时性的侵权行为等旨在保护美国本国就业和经济增长的知识产权规定，已经被澳大利亚、新西兰和其他 TPP 发展中国家所诟病，认为需要提出例外条款，来缓解和对冲过高的知识产权保护条款。

3. 过度的农产品自由贸易与工业品原产地认定的现实困境，导致了 TPP 国家内部合作的貌合神离

首先，美国和新西兰就后者是否应对进口牛肉采取配额管制及新乳企是否存在垄断经营行为争执不下。制度一致性规定，将导致相关国家对外战略的深度调整，如越南与中国经贸联系密切，其制造业的主要原材料、中间产品和机械设备均来自中国，虽然 TPP 协议扩展了对全球价值链的认定，但是关税的优惠区间也仅限于 TPP 成员国之间。原产地标准的现实困境将使自由贸易与关税优惠大打折扣。

4. 过多的国企经营限制，过分追求竞争中立原则，将不利于 TPP 发展中国家的经济转型与升级，提高了改革的成本和风险

TPP 谈判协议采纳了美国服务业联合会与美国商会的观点，国有企业的概念在两方面被泛化了：①国有企业的所有权性质被淡化；②以"效果性考察"给国企划范围。这扩大了减损国民待遇的范围，更为滥用国企条款进行投资审查提供了可能与便利。值得注意的是，以持股比例定位国企未免过于武断，尤其是透明化义务的问题，很容易在标准上产生冲突，从而遭遇贸易壁垒。

四、中国标准：中澳、中韩、中新自贸区协议的比较分析

上述对 TPP 核心规则和标准共识的研究，让我们清楚地认识到发达国家对于国际贸易与投资规则的最新表述和要求。我们必须了解当前中国关于对外开放在标准和内容上的最大开放程度，对此，笔者将选取关键性议题——中国标准，来与此前最新达成的 TPP 协议进行差异性分析，旨在实现以下目的。

（1）标准的深度问题：中澳、中新和中韩的 FTA 协议标准既是我国当前对外贸易与投资领域对外资和外国产品的市场准入标准，也是关系到本

国市场经济发展程度的问题。

（2）标准的宽度问题：以什么方式进入我国市场，什么类型的产品能够进入我国市场，经贸往来过程中发生的争端该用什么方式解决，体现全球经济规则发展方向的超前性议题该怎么应对。在此背景下，将中国的最高标准与 TPP 标准进行对比分析，做到知己知彼，明确改革的任务和方向。两种标准中几大议题的核心表达见表 2-1。

表 2-1 两种标准中几大议题的核心表述

谈判议题	中国标准	TPP 标准
货物贸易	涉及免关税产品最大比例为 97.1%，设定了最长为 5 年的保护期，列出了大量敏感产品的负面清单	全部贸易商品逐步实现零关税，取消补贴，部分产品将享受更长的降税期，农业生物技术相关活动的透明度和合作达成一致
原产地规则和实施程序	完全在中国获得的或区域价值含量增值超 40% 或满足累积原则与特定产品规则规定的产品，应当视为中国/新加坡原产货物，并应享受优惠关税减让待遇；完税价格不超过 700 美元的原产货物免予提交原产地证书，给予优惠关税待遇	按照累计原则和全球价值链生产地确定原产地规则
海关程序与便利化	简化与协调缔约双方的海关程序；各方海关当局应定期审议各自的海关程序，以寻求简化方案和加强双方互利安排，从而便利国际贸易；各方应确保货物的放行时间不超过保证海关法实施所需要的时间	程序透明化、惩罚透明化和海关估价，既可以提高海关的通关效率，又可以起到保护中小企业的作用
技术性贸易壁垒	确保标准、技术法规与合格评定程序不会对贸易构成不必要的障碍；建立沟通与合作的框架，加强对双方管理体制的了解，以迅速、高效的方式解决双边贸易中产生的相关问题，增加双边贸易的机遇；扩大双方标准、认可和合格评定机构间的现有合作，以促进对合格评定结果的认可和接受	技术法规和标准不增设贸易壁垒，缔约国评估机构结果互认，特殊行业制定了专门的附件

续上表

谈判议题	中国标准	TPP标准
服务贸易	承诺负面清单开展谈判,对医学教育、从业和培训方面做了特殊要求,国民待遇	国民待遇,最惠国待遇,负面清单市场准入,TPP允许与跨境服务提供有关的资金自由转移,鼓励各方就专业服务资质互认
投资	投资额度逐渐放宽,启动基于准入前国民待遇和负面清单模式谈判。农业用地和超过5300万澳元的农业企业进行投资审查,专门针对中国投资项下工程和技术人员赴澳设立新的便利机制	市场将对外资全面开放,禁止非公共目的、无正当程序、无补偿的征收,禁止当地成分、技术本地化要求等实绩要求,任命高管不受国籍限制,保证投资相关资金自由转移;提供了中立、透明的国际仲裁机制
知识产权	知识产权制度应该支持开放、创新和高效的市场,包括通过知识产权的有效创造、使用、保护和执法;知识产权保护和执法应该有助于促进技术创新及技术的转让与传播	定义非常宽泛,新的市场上更容易搜索、注册和保护知识产权;民事程序、临时措施、边境措施,以及针对商业规模的商标假冒和侵犯版权等行为采取刑事程序和惩罚等
电子商务	缔约双方应鼓励企业间的交流、合作活动和联合电子商务项目,应努力确保通过电子商务进行的双边贸易所受的限制不超过其他形式的贸易,提升电子商务有效性和效率的合作活动	确保全球信息和数据自由流动,以驱动互联网和数字经济;也不要求转让或获取软件源代码;禁止对电子传输征收关税;阻止推销性质的商业电子信息
透明度	各缔约方应当保证迅速公布本方与本协定项下任何事项相关的措施,或者以使另一缔约方的利益相关人和另一缔约方知晓的方式使其可获得	透明度和反腐败,TPP覆盖事项相关的法律、法规、行政裁定均公开可得,TPP缔约方同意提高与药品或医疗器械目录和报销相关的透明度和程序公平性,腐败行为追究刑事责任

续上表

谈判议题	中国标准	TPP 标准
争端解决	双方应努力就本协定的解释和适用达成一致,并且应尽一切努力通过合作,就可能影响本协定实施的任何事项达成双方满意的解决方法	TPP 缔约方将通过中立的、无偏见的专家组解决争端;所有缔约方均同意并各自完成适当的法定程序,并书面通知交存方后,可对 TPP 进行修订
金融服务	双方做出金融开放承诺,双方还一致同意未来将就银行、证券、反洗钱等共同感兴趣的议题开展对话与合作;规范金融服务的监管和政策透明度,便利金融服务	TPP 缔约方金融服务提供商无须在另一缔约方设立运营机构即可向其境内提供服务;国民待遇、最惠国待遇、市场准入以及最低标准待遇;缔约方市场向其他 TPP 缔约方服务提供者完全开放;货币政策或者其他政策方面保留审慎例外和非歧视例外措施
国企条款	目前并没有专门针对国有企业的 FTA 条款	确保各自国有企业或指定垄断不歧视其他缔约方的企业、货物和服务;不通过对本国国有企业提供非商业帮助给别国利益带来不利影响,不通过向在别国领土内生产、销售产品的国有企业提供非商业帮助损害另一缔约方国内产业
电信	在保证信息安全和保密的前提下,确保公共电信网络或服务的接入使用和互联互通,鼓励降低双方国际漫游资费水平	促进国际移动漫游服务领域的竞争,确保监管程序的透明度以及监管措施不对特定技术造成歧视,允许未实行类似政策的 TPP 缔约方的运营商有机会享受

中国标准与 TPP 标准的主要差异体现在以下九方面。

(1) 中国目前还没有实现给予 FTA 缔约国全部商品的关税优惠,短期内更不可能形成零关税的外贸格局。相反,我们保留了大量敏感产品的负面清单。TPP鼓励实现多达1.8万种商品的全部零关税,取消补贴,营造贸易便利化和自由化的经贸格局。

（2）中国在知识产权、电子商务和透明度等议题上并没有明确地展开谈判,而这些议题所呈现的新规则在TPP里面却被重点突出,也日益成为未来贸易谈判的关键。

（3）TPP强调透明度原则,并要求法律、法规、行政裁定均公开可得,尤其是对政府寻租和腐败问题做出了严格惩罚的规定。中国标准在反腐败的问题上论述不多,也比较一贯性地回避此类议题。

（4）TPP标准在绝大多数议题上均表示同进同退的"最惠国待遇"标准,旨在达成多边合作机制,减少贸易壁垒和交易成本。中国标准针对不同的发达国家给予了深度不同的开放,只在少数议题上采用了最惠国待遇的表述。

（5）中国标准在金融服务问题上采用的是开放承诺,涉及的产品和行业是一般化的"共同兴趣"而不是特殊性的金融创新和敏感性业务模式。TPP标准采用的是负面清单、国民待遇,特别是缔约方金融服务提供商无须在另一缔约方设立运营机构即可向其境内提供服务,以及缔约方市场向其他TPP缔约方服务提供者完全开放,充分体现出金融自由化和金融创新的国际化。关于金融服务问题,中国标准与TPP协议相差太远,这也是我国加入TPP最敏感的议题之一。

（6）在争端解决机制设计上,中国标准突出表现为定性的层面较多,而TPP标准明确了争端解决时必须要设立的组织机构,解决的最长时间,特别是在解决问题的过程中,还可以根据实际需要修改TPP协议的内容。

（7）中国标准中没有单独对国有企业的经营进行表述,说明我们对国有企业的问题还是采取尽量回避的态度。而TPP的谈判首先建立在营造公平、客观和市场化的营商环境上,主张削弱国有企业的政府补贴,形成竞争中立的市场化机制来运行国企。未来的高水平规则谈判,国企的不正当竞争问题将是中国和美国必须要针尖对麦芒,激烈交锋的领域。

（8）中国标准对于投资议题给出了较为开放的态度,如实施负面清单加准入前国民待遇加放宽投资额模式,但是具体到内容而言,依然是限制重重。TPP协议不仅促进投资自由化,而且最大可能地保护投资者的利益,资金自由流动，享有高管任命权力，不得利用非公共用途目的而没收和占有外商投资利益等。

（9）TPP 将"卫生和植物卫生措施"从技术性贸易壁垒中独立出来，对该议题进行了单独规定，重申各自在本国保护人类、动植物生命或健康的权利。同时，对环境标准、劳工标准等问题进行了重点谈判，这些议题在我国 FTA 协议中涉及的深度和广度都明显低于 TPP 协议标准。

中国标准的问题在于依然相对保守，不够超前，不够国际化。但是同样也要看到中国在贸易与投资便利化和自由化方面所做出的努力，与 TPP 相比，也有很多异曲同工的地方，比如：关于促进海关程序与便利化，都希望用最快的时间和最高的效率完成通关手续；关于技术性贸易壁垒，两套标准都希望以迅速、高效的方式解决双边贸易中产生的相关问题，增加双边贸易的机遇，扩大双方标准、认可和合格评定机构间的现有合作，以促进对合格评定结果的认可和接受；关于服务贸易议题，都主张采用准入前国民待遇加负面清单模式。

五、积极应对：中国自贸试验区的策略

以 TPP 为代表的新一代高标准自由贸易协定构成了国际贸易投资规则的新趋势，中国需要建设开放型经济新体制，有必要在自贸试验区先行先试应对 TPP 冲击的策略。具体措施如下。

（一）继续完善负面清单投资管理模式

TPP 特别强调的准入前国民待遇加负面清单的投资规则正是三年来中国自贸试验区试行的外商投资负面清单管理模式。中国自贸试验区有必要汲取三年来三版外商投资负面清单的试行经验，在格式、内容、配套制度建设方面继续完善外商投资负面清单管理模式，试行应对 TPP 高标准投资规则的策略。

自贸试验区外商投资负面清单特别需要借鉴 TPP 等自贸协定负面清单的形式，采用国际通行的 CPC 分类标准。同时，对负面清单进行分类，区分不再增加特别管理措施的第一类负面清单和可以新增特别管理措施的第

二类负面清单。此外,自贸试验区有必要明确细化负面清单中的限制性措施。细化、明确现有无明示限制措施的限制类项目,对已明文载入负面清单的限制性措施予以定性或定量,逐步清晰这些项目的具体限制性条件。

自贸试验区还有必要完善与负面清单相匹配的投资管理制度。尤其是TPP特别重视的投资仲裁制度。自贸试验区可以探索进一步完善区内现有国际仲裁法院和仲裁机制,吸引具有多区域法律和商业知识的专业人才,建成有影响力的国际仲裁院;推进专业仲裁制度创新,设立知识产权、金融、航运、媒体等专业仲裁院;先行先试拟议中的律师资质改革和司法改革,并在小范围内试行投资者—国家争端仲裁制度。

(二)扩大服务业特别是金融服务业的开放

TPP鼓励实现服务贸易的全方位开放,特别对金融服务业、电信业的开放以及专业服务业的资质互认做了规定。当前,我国服务业和服务贸易增长迅速,但服务业结构仍有待优化,有些服务业部门,如金融业和电信业,竞争能力仍不能适应对外扩大开放的要求。党的十八大报告提出:"发展服务贸易,推动对外贸易平衡发展。"中国自贸试验区有必要顺应国际贸易新规则的要求,加大服务贸易开放,提升现代服务业发展水平,促进产业升级和贸易方式转型。

中国自贸试验区有必要继续缩短负面清单长度,减少对各类市场主体在航运服务、金融业、租赁和商务服务、科学技术服务、信息技术服务业、教育等领域的投资限制。对于敏感领域,如金融业,可以"开小口",列入第二类负面清单,注明先行开放但将来保留限制或禁止准入的权力,在确保底线的同时逐步扩大开放。随着我国电信业的逐步成熟,自贸试验区也具备试行扩大对电信业开放(特别是超出WTO承诺的非增值电信业务),提高合资电信企业外资占比的措施的能力。TPP规定的跨境数据自由流动可能会对我国国家安全造成不利影响,但自贸试验区可以在小范围和短时期内试行开放。此外,自贸试验区可以尝试以CEPA服贸协定规定的专业服务业开放措施为基础,在自然人流动、专业服务业资质互认等领域取得突破。

自贸试验区可以扩大试行FT账户以促进金融业开放。2014年,上海自贸试验区首先推出FT账户,尝试扩大人民币在资本项下的可兑换性。应及时总结上海自贸试验区两年来的 FT 账户实践经验，取得可复制、可推广的经验，在其他自贸试验区扩大试行 FT 账户，逐步实现人民币资本项目可兑换，应对 TPP 高标准规则的挑战。

（三）试行竞争中立政策标准

TPP 原则上规定建立一个规制国企的框架，确保国企在采购和销售时基于商业考虑且国企不歧视其他缔约方企业，不以向国企提供非商业帮助的方式损害其他缔约方利益。当前我国国企主要在基础性行业和关键领域，国企全部实现竞争中立将威胁我国经济安全和独立。因此，在关系国家安全和国民经济命脉的重要行业和关键领域，有必要对国企保留种种保护措施。但自贸试验区可以试行在竞争性环节加大开放力度。

自贸试验区在试行国有企业竞争中立政策时，有必要采用负面清单管理模式的成熟思路和做法。例如，自贸试验区可以编制具有公共服务性的自然垄断国有企业清单，对于清单外的国有企业试行竞争中立政策，清理现有企业扶持政策列表以及不符合竞争中立原则的政策措施；对于清单内的国有企业，自贸试验区可以将所有不符合竞争中立原则的补贴和保护政策编入清单，原则上规定清单以外不再额外增加保护措施，以增强国企保护的透明性，促进自贸试验区进一步贴近国际标准。此外，自贸试验区要建立健全符合竞争中立原则的国家安全审查机制和反垄断机制。同时，允许更多国有经济发展为混合所有制经济，允许非国有资本参股国有资本投资项目。在政府采购领域，中国自贸试验区可以探讨鼓励支持中小企业参与政府采购招标，通过预先发布信息、减少合同复杂度、降低借贷门槛等措施，鼓励中小企业参与竞标；研究提出符合本地情况的政府采购信息安全标准，提升准入标准透明度；完善投标申诉制，允许投标者对具体授标结果进行投诉，严格确定官员违规责任追究体系；通过建立政府首购制度鼓励自主创新。

（四）完善知识产权保护

TPP 在专利授予范围、版权保护力度、商标注册领域等方面做了较大的改革。更严格的知识产权执法在对我国部分企业形成挑战的同时，也会倒逼创新，促进产业升级。在当前我国知识产权保护制度尚不健全的现状下，自贸试验区必须在严格执行现行知识产权保护法律的同时，试行高标准知识产权保护规则。

自贸试验区首先需要进一步完善知识产权保护法律体系，加大知识产权保护的执法力度，完善专利、商标、版权"三合一"的知识产权管理和保护机制；其次，需要推动成立知识产权快速维权援助中心，打造集知识产权申请、维权援助、纠纷调解、行政执法、司法诉讼为一体的知识产权纠纷快速解决平台，同时鼓励第三方维权；再次，需要建立跨境知识产权保护协调机制，加强跨境知识产权问题的沟通和解决；最后，要开展知识产权保护宣传活动，强化企业和居民知识产权保护意识。

与此同时，自贸试验区要清醒地认识到过高标准的知识产权保护（如过于广泛的专利授予范围和过长的专利保护期限）对本国的产业升级和创新创业有负面影响，因此在借鉴新一代高标准知识产权规则时要有所为有所不为。知识产权领域最值得借鉴的趋势是成立专门知识产权法院。自贸试验区可以尝试设置统一受理知识产权案件的知识产权法院，专门化审理知识产权案件，以适应知识产权案件的专业性，提升知识产权司法的有效性。

（五）提升环境保护和劳工权益方面的标准

TPP 等高标准贸易投资规则特别引入了环保、劳工保护等非传统贸易议题。由于种种舆论和社会压力，这些议题有可能成为未来国际贸易投资协定的通行规则。中国提升环保和劳工保护标准，不仅可以应对国际规则的变化，更是自身产业升级和满足人民需求的必需措施。自贸试验区在环境保护和劳工保护方面，不仅要严格执行现有规章制度，更要尝试国际相关规则的新趋势。

在环境保护方面，自贸试验区可以加强企业排放情况监察和记录，提升环境监管能力，严格要求企业每年提交关于废水、废气和危险废弃物的排放记录；积极收集居民意见，建立环境对话机制，允许居民提交关于环境执法的意见书，全面提升环境标准的约束力和执行力。

在劳工保护方面，自贸试验区可以建立完善的劳动执法制度，增加劳动监察员的数量；加强与劳工非政府组织（NGO）的合作与协调，将广大劳工的维权行动纳入法制化轨道；加强劳动法规宣传教育，提升中小企业和广大农民工的劳动法律认识水平、参与意识和遵守标准；鼓励广大企业遵守国际劳动组织的 SA8000 社会责任标准；等等。此外，新一代国际经贸规则提倡允许劳工争议适用 FTA 争端解决机制，自贸试验区可以尝试将劳工权益相关的国际案件纳入仲裁机制，为我国适应 TPP 的相关规则提供经验借鉴。

参考文献：

［1］陈璐. TPP 的主要特点和影响探析［J］. 国际研究参考，2015（11）.

［2］石静霞. 国际贸易投资规则的再构建及中国的因应［J］. 中国社会科学，2015（9）.

［3］叶欣，等. 关于中国自由贸易试验区建设的思考［J］. 国际贸易，2015（11）.

［4］刘澜飚，陈明玮. TPP 对中国宏观经济与相关产业的影响［J］. 亚太经济，2016（1）.

［5］罗清和，曾婧. "一带一路"与中国自由贸易区建设［J］. 区域经济评论，2016（1）.

第四章 国际贸易"单一窗口"与自由贸易试验区贸易便利化改革

钟世川[*]

自 WTO 便利化谈判启动以来,"单一窗口"就成为 WTO 贸易便利化谈判组的一个重要议题。2005 年世界海关组织制定并通过了《全球贸易安全与便利标准框架》,要求各国政府应积极建设"单一窗口",以实现国际贸易数据的无缝传输和国内、国际的风险信息交换。2013 年世界贸易组织巴厘岛部长级会议达成的《贸易便利化协定》也明确各成员国应努力建立或维持"单一窗口"。从世界各国来看,"单一窗口"已成为世界各国普遍接受的一种管理模式,不仅欧美国家、澳大利亚、日本、韩国、东盟 10 国,甚至南美洲的哥伦比亚、危地马拉、秘鲁,非洲的毛里求斯、加纳等都建立了本国的国际贸易"单一窗口"。由此可见,建立"单一窗口"已成为我国适应国际贸易发展新形势的现实需要。

作为国家战略信息系统,"单一窗口"是实现贸易便利化改革的重要而关键的基础工程,它通过建立贸易商和政府机构、政府机构与政府机构之间的与贸易相关信息交换的"单一"公共平台,实现贸易监管的简化、协调与高效。目前,"单一窗口"已经成为主要贸易国贸易监理与商务运作中的主流形式。中共十八届三中全会提出,要"推动内地同沿海沿边通关协作,实现口岸管理相关部门信息互换、监管互认、执法互助"。国务院对"单一窗口"建设高度重视,先后出台了《关于支持外贸稳定增长的若干意见》(国办发〔2014〕19 号)、《落实"三互"推进大通关建设改革方案》

---

[*] 钟世川,女,中山大学自贸区综合研究院博士后,主要从事宏观经济数量分析、国际贸易政策研究。

(国发〔2014〕68号)和《关于改进口岸工作支持外贸发展的若干意见》(国发〔2015〕16号)等纲领性文件,明确要求建设以"单一窗口"为框架的口岸管理机制化合作,加快跨区域、跨部门大通关建设,将"串联执法"转为"并联执法",并提出了"2015年底在沿海口岸、2017年在全国所有口岸建成'单一窗口'"的工作目标。因此,加快推进"单一窗口"建设是落实党中央、国务院决策部署的工作需要。

我国的"单一窗口"建设是以电子口岸为基础的,特别是2012年海关总署与国家质检总局合作启动"三个一"改革试点,形成了"单一窗口"的雏形;随后,2014年8月,中国第一部关于自贸试验区的地方性法规《中国(上海)自由贸易试验区条例》正式施行。该条例规定在自贸试验区建设国际贸易"单一窗口",即从事贸易、运输、加工、仓储等企业通过"单一窗口"一点接入一个信息平台,实现一次性递交满足监管部门要求的标准化单证和电子信息,监管部门处理状态(结果)通过单一平台反馈给申报人。这对于提高政府部门监管效能,降低贸易和运输企业的综合物流成本,以及促进国际贸易发展有着重要的意义。而目前的试点改革还主要局限于关检合作和进口贸易,有待向多部门、多领域扩展。因此,我国应充分利用第二批(广东、天津和福建)自贸试验区建设的大好时机,推动"单一窗口"通关机制与国际规则接轨,应该成为自贸试验区贸易便利化改革制度创新的重要基础工程。

一、"单一窗口"的内涵

"单一窗口"是指建立一个大数据共享的政府信息平台,其核心是进出境商品电子数据只需提交一次和提交接入点的单一性,以达到所有与进口、出口和转口相关的管理机构要求。2004年9月,联合国贸易便利化和电子商务中心UN/CEFACT 33号建议(United Nations Centre for Facilitation Business UN/CEFACT Recommendation 33)指出,在许多国家,从事国际贸易的公司必须定期编制并提交大量资料和文件,以符合政府部门对进口、出口和过境有关监管的要求。这些信息和文件往往要经过几个不同的机构,每一个都以自己特定的(手动或自动)系统和纸张形式提交。这些广泛的需求，连同其相关联的合规成本，对企业界和政府机构造成了严重的负担，是国际贸易发展的一个严重障碍。解决这一问题的关键就是建立"单一窗口"。这样，与贸易有关的信息或文件只需在一个单一的入口点提交一次，或许可增强处理信息的可能性，加快与简化贸易和政府之间的信息流动，并可能使整个政府系统的相关数据进行更大的协调和共享，为国际贸易带来有意义的增长。使用这样的模式可以得到更高的效率和更有效的监管，更好地利用资源，降低两国政府和贸易商的交易成本。因此，"单一窗口"是为了减少非关税贸易壁垒，并且促进贸易便利化的使用概念。

在传统的口岸通关管理模式中，国际贸易经营企业必须按照贸易交易国家的法律、法规等规定，向国家口岸管理部门，如海关、边检、检验检疫、海事等部门提交符合各口岸管理部门要求的大量资料和申报材料，向各口岸部门的信息化管理系统报送相应的电子数据信息，以办理进出口货物、物品，进出境人员，进出境运输工具的口岸通关手续。烦琐的申报流程、复杂而又重复的申报资料增加了国际贸易企业的运输成本，延长了通关时间，阻碍了国际贸易的发展。

为适应国际贸易便利化的需求，国际社会普遍采用国际贸易"单一窗口"的通关模式来解决人员、货物、物品、运输工具在口岸通关效率低、成本高的问题。"单一窗口"允许国际贸易经营企业只需一次提交符合国家法律、法规规定的规范性文件（通常包括海关报关单、许可证、原产地证明、清单、发票、舱单、总申报等），申报进出口货物、物品、进出境人员、运输工具信息，便可一站式办理口岸通关的全部手续，还可获知各口岸管理部门的反馈信息。"单一窗口"可以简化企业和口岸管理部门之间的信息交换过程，降低物流成本，推动贸易便利化，减少非关税壁垒，提升口岸整体通关效率；还可以优化国际贸易环境，畅通国际贸易经营企业与政府部门的沟通渠道，加强政府口岸部门之间的协作，扩展政府口岸管理部门与相关口岸服务部门（银行、物流企业、港口企业）之间的信息交流与合作。

二、"单一窗口"具备的要素与运行模式

(一)"单一窗口"具备的要素

"单一窗口"通常应具备四个基本要素:一是一次申报,即贸易经营企业只需一次性向贸易管理部门提交相关信息和单证;二是通过一个设施申报,该设施拥有统一的平台或一致的计算机界面,对企业提交的信息数据进行一次性处理;三是使用标准的数据元,贸易经营企业提交的信息应为标准化的数据;四是能够满足政府部门和企业的需求。

(二)"单一窗口"的运行模式

目前,国际上"单一窗口"的运行模式主要有三种,即单一机构、单一系统、公共平台模式。具体模式介绍见表3-1:

表3-1 "单一窗口"的三种运行模式

模式	定义	特点	典型代表国家
单一机构	通过一个单一的政府监管机构(如海关)来处理所有与进出境相关的监管业务。该机构在收到企业进出口贸易申报数据后直接进行各项业务处理,统一协调并执行所有与对外贸易相关的监管,行动集中、协调高效	机构集中、系统单一。该模式已实现了在边境实体管理部门的整合,是"单一窗口"的最高形式	瑞典、荷兰
单一系统	通过建立一个统一处理进出口业务的信息系统,整合、收集、使用并传递与国际贸易相关的电子数据,处理相关的进出口业务,各监管机构仍相互独立。具体分为三类:综合处理系统,通过该系统对信息进行一体化处理;共享界面系统,数据分发至各相关机构分别进行处理;将综合处理与共享界面合二为一的系统	机构分散、系统单一	美国、日本

续上表

模式	定　义	特　点	典型代表国家
公共平台	通过建立一个面向贸易商的公共信息处理平台，实现贸易申报数据的收集和反馈。企业仅需填制电子表格就可以向不同的政府监管机构申报，申报内容经各监管机构的业务系统处理后以电子方式将结果自动反馈给企业。该平台集成整合的信息来自各个政府监管机构的不同系统，实现不同监管机构在信息流、业务流的共享协作，为贸易商提供"单一窗口"和一站式服务体验	机构分散、系统集成	新加坡

在世界海关组织（WCO）、联合国欧经委、APEC 等国际或区域经济组织的推动下，目前全球已经有 50 多个经济体实施了"单一窗口"，但形式不尽相同。根据表 3-1，本章主要介绍国际上现有的"单一窗口"三种模式。瑞典、美国和新加坡已经积累了长期的实践经验，为其他国家"单一窗口"的建立提供了借鉴素材。

1. 瑞典的单一机构模式

瑞典的"单一窗口"建设始于 1989 年，其采用的单一机构模式是"单一窗口"的最高形式，所带来的贸易便利化程度最高。瑞典海关通过虚拟海关办公室（VCO）代表国家税务、贸易统计、农业及贸易进口许可证管理等部门行使管理职能，主要代表国家税务机关征收进口增值税、代瑞典统计机关编制贸易统计、代瑞典农业局及国家贸易局发放进口许可证。瑞典进出口贸易商只需向海关一次性申报相关贸易及货运信息，之后对于涉及许可证管理的，海关会将有关信息发送给相关政府部门（如国家贸易局、国家农业局等）处理；而对于不涉及许可证管理的，海关系统会根据贸易商提供的信息自动生成电子报关单。海关业务处理完成后，系统会把进出口贸易信息转送至瑞典国家统计局，并将征收的增值税信息转送至国家债务办公室，由上述部门根据各自职责对信息进行整理和使用。据瑞典海关统计数据显示，采用"单一窗口"方式，可使企业的行政开支减少55%，流动资金节省22%；同时也可大大提高海关的通关效率。

2. 美国的单一系统模式

采用单一系统模式最为典型的是美国。1995年9月，美国财政部批准实施国际贸易数据系统（the International Trade Data System，ITDS）。该系统实施后，贸易商可以通过单一的信息系统入口，以标准化电子数据方式提交符合美国海关与边境保护局及其他政府机构规定的信息；相关政府部门对进出口商提交的信息进行电子评估，并将评估结果以电子方式发回给进出口商。美国的ITDS发挥了信息系统、管理手段、流程再造、部门共管、企业外部环境优化等功能，它不仅将政府监管部门、贸易代理商和其他贸易服务部门连接起来，减少了贸易过程中的数据收集环节，还为国际贸易企业的货物进出口、转运货物、运输工具以及人员安排提供了相应的公共服务，减少了政府管理和贸易成本，降低了企业客户的管理和财务成本，改善了贸易环节。目前，美国99%的进口和100%的出口申报已通过国际贸易数据系统处理。

3. 新加坡的公共平台模式

新加坡海关在简化贸易手续和单证及提供贸易便利方面进行了不断地探索和尝试，并于1989年启用了基于电子数据交换（EDI）的Trade Net系统。它是一个公共平台，可同时覆盖监管货物、应税货物以及原产地证书货物等。只需最基本的硬件与软件配置，便可以通过远程登录或互联网访问的形式使用。初次使用时必须获得一个免费的中心注册账号。这个账号使贸易商可以通过该系统提交进出口和转运许可申请。随后，Trade Net电子申请单会传送给海关和其他机关等待处理。该系统会自动生成一个申请记录，以便贸易商在日后查询申报处理情况，如申报是否被接受、拒绝或者正在处理。如果申报有问题，贸易商可以修改申请表并重新提交。最后，在所有的Trade Net许可证上贴上条形码，以便在所有卡口和进出境地进行确认和更新，供通关使用。Trade Net自动化系统的使用，不仅给商界提供了高水平的服务，而且改善了贸易商和边境机构的人力资源管理状况。新加坡通过国际贸易"单一窗口"建设，企业节省费用40%～60%，政府机构节省费用50%。新加坡的企业通过新加坡国际贸易"单一窗口"办理单项单证手续的费用平均为3新元,是此前费用15新元的1/5,单证费每年节省10亿美元。

三、贸易便利化水平与国际贸易"单一窗口"

目前,通过提升贸易便利化水平降低贸易成本,促进经济增长,已经成为世界各国的基本共识。贸易便利化有广义和狭义之分。广义的贸易便利化是指通过简化程序、增强透明、统一标准、完善规范、减少限制等一系列措施,降低国际贸易活动中的交易成本,从而促进货物和服务的自由流动。这里几乎涵盖了国际贸易全过程中所有可以使货物流动更加便利的措施。而狭义的贸易便利化仅指货物进出口贸易涉及的程序和手续的便利化(UNCTAD, 1969),其主要强调商品在进出口通关过程中的便利化程度。本章所讨论的贸易便利化,属于狭义上的贸易便利化范畴。

世界银行在《全球营商环境报告》(*Doing Business Report*)中构建的"跨境贸易"指标,是国际上度量一国通关贸易便利化水平的权威指标。它之所以成为评价一国贸易便利化的权威指标,其中一个重要原因在于数据结果的国际可比性。最近,世界银行发布的《2015全球营商环境报告》显示,全球贸易便利化水平最高的三个国家和地区分别是新加坡、中国香港地区和韩国。作为全球最大的进出口贸易国,中国的贸易便利化水平排名为98位,明显低于德国、美国、日本、加拿大、法国等贸易大国。从分项指标来看,中国在进口文件数、出口文件数、进口成本和出口成本指标方面,与其他国家相差不大,但是在进口时间和出口时间方面与主要贸易国差距明显,一批标准货物在中国的进口时间和出口时间分别为24天和21天,日本分别为11天和11天,德国分别为7天和9天,美国分别为5.4天和6天,新加坡分别为4天和6天(表3-2)。导致中国进出口时间相对较长的原因是,一批货物的进出口通常需要与海关、商检、外汇、海事、税务、港口等多个部门打交道,前后需要许多衔接工作,而我国各职能部门是一种垂直一体化管理模式,各部间的信息沟通协作不畅,使得货物进出口通关的整体效率相对不高,时间相对较长。

表3-2 中国与全球主要贸易国贸易便利化排名比较（"跨境贸易"指标）

经济体	排名	出口文件数	出口时间（天）	出口成本（美金/箱）	进口文件数	进口时间（天）	进口成本（美金/箱）
德国	18	4	9	1015	4	7	1050
法国	10	2	10	1355	2	11	1445
韩国	3	3	8	670	3	7	695
荷兰	13	4	7	915	4	6	975
加拿大	23	3	8	1680	3	10	1680
美国	16	3	6	1224	5	5.4	1289
日本	20	3	11	829.3	5	11	1021
新加坡	1	3	6	460	3	4	440
印度	126	7	17.1	1332	10	21.1	1462
英国	15	4	8	1005	4	6	1050
中国	98	8	21	823	5	24	800
中国香港	1	3	6	590	3	5	565

数据来源：世界银行《2015全球营商环境报告》，2014年10月29日发布。

目前，在联合国等国际组织的号召下，全球已有50个多国家建立了国际贸易"单一窗口"，这些国家中不仅有美国、德国、法国、日本、新加坡、韩国等发达国家，还包括哥伦比亚、哥斯达黎加、毛里求斯、土耳其、墨西哥、越南等发展中国家。表3-3列出了已经实施国际贸易"单一窗口"的发展中国家的贸易便利化情况。在世界银行《2015全球营商环境报告》中，这些国家的贸易便利化水平普遍较高，远远超过发展中国家的平均水平，这些国家中除了牙买加（第115位）和危地马拉（第102位）的贸易便利化排名低于中国（第98位）外，其他国家的贸易便利化排名均高于中国。国际贸易"单一窗口"给这些国家贸易便利化带来的最显著的好处是，通关时间大大缩短，与中国相比，这些国家的进口和出口所需天数明显更少。因此，我国应该加快"单一窗口"的建设，尤其是在自贸试验区。

表3-3 发展中国家贸易便利化与国际贸易"单一窗口"

经济体	排名	出口文件数	出口时间（天）	出口成本（美金/箱）	进口文件数	进口时间（天）	进口成本（美金/箱）
菲律宾	65	6	15	755	7	15	915
哥伦比亚	93	4	14	2355	6	13	2470
哥斯达黎加	47	5	14	1020	5	14	1070
马来西亚	11	4	11	525	4	8	560
毛里求斯	17	4	10	675	5	9	710
墨西哥	44	4	12	1499.3	4	11.2	1887.6
泰国	36	5	14	595	5	13	760
突尼斯	50	4	16	805	6	20	910
土耳其	90	7	13	990	8	14	1235
危地马拉	102	8	17	1355	6	16	1445
文莱	46	5	19	705	5	15	770
牙买加	115	6	20	1580	7	17	2180
印度尼西亚	62	4	17	571.8	8	26	646.8
约旦	54	5	12	825	7	15	1235
越南	75	5	21	610	8	21	600
中国（未实施）	92	8	21	823	5	24	800

数据来源：世界银行《2015全球营商环境报告》，2014年10月29日发布。

四、自贸试验区背景下"单一窗口"建设现状

（一）自贸试验区"单一窗口"的主要做法和功能

建设国际贸易"单一窗口"是中国自贸试验区监管制度创新的重要内

容,也是遵循国际通行规则、降低企业成本费用、提高贸易便利化水平的重要途径。目前,自贸试验区"单一窗口"的主要做法和功能见表3-4。

表3-4 自贸试验区"单一窗口"的主要做法和功能

指标	上海	天津	广东	福建
主要做法	由口岸办牵头,参与建设部门包括海关、检验检疫、边检、商务、金融、外汇、税务等17个。"单一窗口"实现了"一个平台、一次提交、结果反馈、数据共享"	在海关总署的支持下,口岸办、海关会同检验检疫局、海事局、边检总站等有关单位,在充分深入调研的基础上,围绕口岸通关和海关监管等工作实际优化口岸部门间协调配合,提高贸易便利化水平	1.0版涵盖海关、国检、边检、海事、港务等多个部门,实现了进出口货物申报、进出境运输工具申报、跨境电商和信息查询4项业务功能。2.0版的功能模块增加到12项,涵盖了21个部门的业务	海关、检验检疫、海事、边检共同建设,30多个相关部门参与。口岸办牵头负责规划、设计,设立省电子口岸管理中心负责具体推进
功能	包括货物进出口、运输工具申报、贸易许可、资质办理、支付结算以及信息查询六大功能模块,涵盖了口岸通关监管和国际贸易活动的主要环节	建设在互联网上的国际贸易与航运综合办事大厅。企业通过互联网公共服务窗口,一点登录,一次性递交满足海关等口岸监管部门要求的格式化单证和电子信息	具备一个平台、一次递交、一个标准,满足全部进出口监管要求的特点	分期建设,共设计七个功能,包括货物申报、运输工具申报、关检"三个一"、政务服务、金融服务、贸易许可业务等

(1)上海国际贸易"单一窗口"试点依托上海地方政府主导的公共信息平台(上海电子口岸)而建设,于2014年6月在洋山保税港区启动,分阶段分步推进试点工作,在第一阶段主要实现货物申报(包括一般贸易申

报和自贸试验区一线进出境货物申报）以及船舶放行指令的电子化。上海国际贸易"单一窗口"在试点过程中不断完善，2015年6月30日，"单一窗口"1.0版全面上线运行，上线项目增加到23个，参与部门扩大到海关、检验检疫、海事、商务、国税、外汇、食药监等17个部门，功能覆盖货物申报、运输工具申报、支付结算、企业资质、贸易许可、信息查询6个模块，已具备国际贸易"单一窗口"的基本架构和主要功能。截至2015年年底，上海自贸试验区关区参与"单一窗口"货物申报的企业由9家增加至116家，新增船舶申报企业67家，通过"单一窗口"申报进出口货物9.2万票，船舶离港许可1.4万艘次。基于此，上海国际贸易"单一窗口"2.0版已于2016年1月20日上线，在原先的功能基础上，不仅面向企业，还更多地向公众倾斜，新增邮包查询、信息公开等八大功能。

（2）广东国际贸易"单一窗口"由海关、国检、边检、海事、港务等多个部门参与。2015年6月30日，广州国际贸易"单一窗口"1.0版上线试运行，并先后在中国（广东）自由贸易试验区南沙片区、广州白云国际机场和广州黄埔老港上线试运行，首期上线业务包括进出口货物申报、进出境运输工具申报、跨境贸易电子商务和信息查询4项业务，涵盖海关、国检、海事、边检、港务等多个部门，共有12家企业参与试点。进出口企业可通过"单一窗口"一次录入报关、报检相关信息，减少企业重复录入，提高通关效率。该试点企业进、出境申报项目分别由原来的301项和276项分别减少到152项和148项，进出口货物报关报检项目分别由原来的169项和165项分别减少到115项和118项。

（3）天津国际贸易"单一窗口"在海关总署的大力支持下，天津市口岸办、海关会同检验检疫局、海事局、边检总站、港集团、滨海机场和滨海新区政府等有关单位参与。据天津海关统计，截至目前，已有205家企业安装"单一窗口"平台客户端330台，企业通过"单一窗口"平台累计申报进出口报关单26万余票，约占同期天津口岸报关单总量的40%，使企业通关申报更加便利，通关成本进一步降低。

（4）福建国际贸易"单一窗口"由政府主导，海关、检验检疫、海事、边检共同建设，30多个相关部门参与。该"单一窗口"上线运行，实现"一个平台、一个界面、一点接入、一次申报"办理国际贸易各项业务。以货物进出口一单两报和船舶进出境申报为例，经过整合，货物进出口一单两报将分别报关、报检所需的149项数据整合减少为96项，减少录入53项；船舶进出境申报涉及的3张表，共641项数据，整合为384项，减少录入257项。"单一窗口"2.0版建设已引进新加坡专业公司，对照国际标准进行规划、设计。

（二）自贸试验区"单一窗口"的成效

自贸试验区国际贸易"单一窗口"建立以来，成效显著，具体见表3-5。

表3-5 自贸试验区"单一窗口"成效

指标	上海	天津	广东	福建
成效	全年在"单一窗口"开户各类企业超过1200家，通过申报大表进行报检报关作业约12万票，检验检疫全申报系统实现整体切换，完成申报超过220万票，办理船舶离港手续近1万艘次，申报用户覆盖主要船舶代理企业	2015年7月底，天津国际贸易"单一窗口"报关企业已达到118家，处理报关单近4万票，报检791票，联检核放出入境船舶1.06万艘次	2015年，企业通过"单一窗口"报关报检进出口货物2105票，货物总值约1.6亿美元（不含跨境电商），进出境运输工具申报188航次	"单一窗口"建设共投入7500万元，在平台上正式运行的服务项目48个，在建项目40个，平台直接服务的口岸生产运营、国际贸易、物流企业和中介服务企业3700多家，间接服务的外贸企业2.5万多家，日单证处理量3万多票

（三）自贸试验区国际贸易"单一窗口"建设面临的困难

国际贸易的繁荣发展带来了经济的飞速增长和人民生活水平的普遍提高。我国进出口总额由2005年的116922亿元上升至2014年的264242亿元，平均增速为10.33%。随着国民素质的不断提高和国家体制机制改革的不断深入,社会各界对建设服务型政府,打造一站式便民服务平台的要求越来越迫切。中国政府主动顺应民意,各地地方政府纷纷建设办证大厅等一站式便民服务窗口。对比此前各地方政府开展的办证大厅(行政服务大厅)等一站式服务大厅建设,我国在国际贸易领域开展"单一窗口"建设起步较晚,亟须建立与完善。目前,贸易相关管理部门电子化信息程度的不断提高,已具备"单一窗口"的基础,上海、广东、天津和福建试点城市积极推进"单一窗口"建设工作,但总体工作进展仍不理想,距国务院提出的"2015年年底在沿海口岸建成'单一窗口'"目标存在较大差距,主要面临以下困难。

一是协调关系面多难度大。按照国务院《落实"三互"推进大通关建设改革方案》关于将电子口岸建设成为共同的口岸管理共享平台的要求,中国和地方电子口岸应该相互协作共同推进"单一窗口"建设。然而,由于中国电子口岸和地方电子口岸对"公共利益"的理解和定位不同,追求"公共利益"的方式和手段不一,导致它们在机构体制、管理理念、技术标准等方面存在着较大的差异。同时,由于"单一窗口"涉及贸易中的部门较多,包括进行监管的政府机构、进出口贸易企业、服务提供者和经营者等,海关、检验检疫、海事、边防等监管部门普遍处于强垂直管理、弱横向联合的模式,各方对推进"单一窗口"建设的认识不一致,关注重点和利益诉求也不同,对建设"单一窗口"的必要性、紧迫性尚未形成共识,协调关系面多,协调难度大。

二是跨部门信息互联互通有待加强。我国的口岸通关由海关、边检、检验检疫、海事等多个部门实施监督和管理,各部门依据各自的法律法规对特定的对象(企业、公民、经营行为)进行管理,提供服务,由于对象的不同,各口岸查验部门所提供的服务相互割裂,难以整合统一,尤其是各口岸查验部门的信息化系统存在难整合的问题。同时,贸易主管部门信息化建设不断推进,在各自系统都取得显著成效,但相互之间缺乏公认的统一平台来促成各系统的互联互通和实现通关信息资源的交换共享,远没有发挥口岸通关信息化管理的整体效能。目前,各部门信息化系统各成体系独立运行,形成了多个信息孤岛,降低了信息的使用效率和监管服务效能,也阻碍了"单一窗口"建设的顺利推进。

三是国际贸易单证数据使用效率低。我国的标准化工作起步较晚,目前由国家标准化管理委员会负责国家标准化制定。截至 2013 年,国家标准化管理委员会已经陆续发布了 70 多项与国际贸易单证有关的国家标准。各口岸查验单位在不同时期分别开发自己的通关系统,由于开发时国家标准尚未出台,各口岸查验单位之间沟通衔接不足,口岸管理部门牵头指导不力等原因,各口岸查验单位所要求的国际贸易单证申报数据格式五花八门,数据标准千差万别,难以形成一套统一的国际贸易单证标准体系,与国家标准也存在一定的差异。由于国家标准化研究所公布的单证标准不是强制性要求,口岸查验单位缺乏动力去修正自己的系统,以适应国际贸易单证标准化的要求,因而导致出现国际贸易单证标准化不能统一、国际贸易单证电子数据使用效率偏低等问题。

四是政策缺乏战略性规划。2014 年 12 月 26 日,国务院印发了《落实"三互"推进大通关建设改革方案》的文件,文件要求推进"单一窗口"建设,建立国务院口岸部际联席会议,统一承担全国及各地方电子口岸建设业务指导和综合协调职责,将电子口岸建设成为共同的口岸管理共享平台,简化和统一单证格式与数据标准。中央层面通过国务院口岸工作部际联席会议推进全国"单一窗口"建设,地方层面由各省(区、市)人民政府牵头形成"单一窗口"建设协调推进机制,负责推动相关工作的具体落实。虽然国务院在总体上明确了中央与地方建设"单一窗口"的职责分工,但这一要求过于笼统,国家层面缺乏战略性规划。

五、自贸试验区背景下如何推进"单一窗口"

目前,我国电子口岸的发展现状与"单一窗口"的要求还存在差距。国际"单一窗口"的基本功能是在进出口环节中,企业在一个窗口一次性提供信息给政府部门,以满足其对进出口监管的需要;而电子口岸虽然提出了一个门户入网、一次认证登录和一站式服务的发展目标,但目前仅实现了部分海关业务数据的申报,与"一次申报"的要求还有很大差距,企业的通关便利化需求还没有真正满足。因此,应积极学习国际"单一窗口"成功经验,以自贸园区建设为着眼点,由点及面,有计划、有步骤地推进

"单一窗口"建设。结合电子口岸发展与海关监管实际,与新加坡公共平台模式最为接近,因此,在"多机构共同监管"的基础上实现"系统集成"无疑是中国"单一窗口"的设计思路。从瑞典、美国和新加坡的经验来看,建设国际贸易"单一窗口",必须建立一个统一的信息平台作为支撑,实现部分通关环节从"串联"向"并联"转化。统一信息平台模式,除了现场查验作业外,其他的操作几乎都可以借助统一平台来完成。统一平台的作用及基本要素与我国所推动的电子口岸建设十分相似,因此,可依托电子口岸进行统一信息平台建设。在实施过程中,可借鉴上海自贸试验区"单一窗口"试点经验,分步骤实现自贸试验区内部"单一窗口"监管,其步骤如下。

一是匹配试点项目运行与统一平台。选择一般贸易进出口货物申报和船舶进出口岸联网核放为试点项目。在此基础上,扩大试点项目的规模,研究推动货物申报由海港推广到空港。完善申报数据导入功能,探索修撤单申请电子化方式,研究境外邮寄物品通过平台实行联网审核和监管的方案。研究推动自贸试验区企业先行先试项目,如保税货物进出区申报,需要在查验单位办理的企业资质和行政许可事项等。就"单一窗口"平台的运行、数据管理、操作流程等做出规定,并根据"单一窗口"建设进程不断修订和完善。

二是实现自贸试验区"单一窗口"基本功能。也就是说,实现口岸通关和监管通过"单一窗口"受理;各口岸监管部门通过"单一窗口"平台接受贸易企业、运输企业的申报,并将结果信息和监管信息反馈给申报人;监管场所的货物和运输工具的运抵、查验作业、放行等信息,通过平台发送至监管部门,并告知贸易企业、承运人等相关各方;实现各监管部门依照合作协议和规则,共享相应的监管状态信息;在平台上建立关检一次查验的指令自动比对系统,建立和优化监管互认和执法互助的作业流程;实现贸易和运输企业信息管理系统与"单一窗口"对接。

三是扩展"单一窗口"应用功能。在"单一窗口"实现海关税费、相关规费以及查验辅助作业服务费用的电子支付;实现国际转运功能;实现船舶和贸易许可证书、外汇、出口退税等业务在"单一窗口"办理;推动口岸申报数据统一和标准化,推动口岸执法流程再造和优化;推进各政府管理部门通过"单一窗口"平台,受理企业资质相关行政审批和登记等事项。

四是辐射周边地区实现区域通关一体化。四个自贸试验区的总体方案与区域通关一体化密切相关,因此,为实现我国区域通关一体化,可从以下六个方面推进"单一窗口"的建设工作。①货物进出口:进出口申报、国际转运申报等。②运输工具申报:船舶申报、航空器申报、舱单申报、危险品申报、人员信息申报以及相关许可申办等。③进出口许可:进口许可、出口许可等。④支付结算:关税支付、规费交纳、外汇结算、出口退税等。⑤企业资质管理:对外贸易经营资格、货物申报资质、运输工具申报资质等。⑥相关信息查询:监管单位共享信息查询、企业信息查询等。

综上所述,建立国际贸易"单一窗口",应借鉴国际先进经验,遵循国际通行规则;应从贸易商、运输商及相关从业者的实际需求出发,完善"单一窗口"的系统设计;应结合我国口岸管理实际和自贸试验区监管制度创新的要求,本着先易后难、先基本框架后拓展完善有序推进,逐步扩大到多部门、多领域和周边区域。建设好"单一窗口"是落实中共十八届三中全会提出的实现口岸相关部门"信息互换、监管互认、执法互助"要求和自贸试验区监管制度创新的具体举措,也是支持我国外贸稳定增长的一项措施,各自贸试验区要把握好"管得住"与"通得快"之间的平衡,在保证安全有效监管的前提下,大力推动贸易便利化,形成可复制可推广至全国的经验。

参考文献:

[1] 裴长洪,陈丽芬. 上海自贸试验区改革评估 [J]. 中国经济报告,2015 (11):11.

[2] 张明洲. 国际贸易单一窗口模式、演进及关键要素 [J]. 对外经贸,2014 (7):14-15.

[3] 殷飞,冯赟. 新加坡国际贸易"单一窗口"制度经验及启示 [J]. 中国经贸导刊,2015 (18):14.

[4] 彭羽,陈争辉. 中国(上海)自由贸易试验区投资贸易便利化评价指标体系研究 [J]. 国际经贸探索,2014,30 (10):63-75.

[5] 王立强,张凤. 中国贸易便利化进程及国际比较 [J]. 济南大学学报:社会科学版,2015 (2):14.

第五章 中国自由贸易试验区金融创新：
动力、进展与未来方向

林 江 徐世长[*]

自贸试验区作为我国新一轮改革开放制度创新的试验田，成立伊始就担负着对接国际高标准贸易与投资规则的重担，引领着国内深化经济体制与机制改革的主流方向，其中金融业的开放创新是改革攻坚的重头戏。自我国2001年融入WTO的开放框架以来，金融业的国际化步伐比较其他行业而言，相对较慢。这一方面是金融业本身的高风险与复杂技术特征所致，另外也与我国金融业发展水平长期落后于发达国家的历史有关。如今，以上海、广东、天津和福建为代表的自贸试验区战略落地，打造改革开放的新优势就需要凸显金融业开放的诚意和力度，实现以金融创新带动实体产业的发展，以金融开放引领新一轮对外开放的新高地。

我国金融业在区域发展水平上体现出较大的不平衡性。从四大自贸试验区建设的总体方案来看，既有明显的共性任务，也有典型的差异目标，体现出实事求是、权衡实力与立足于发展基础的特征。具体归纳如下：①上海自贸试验区的金融改革着眼于打造世界级的国际金融中心。以人民币资本项目可兑换、利率与汇率市场化、跨国公司区域性或全球性资金管理中心为抓手，对标国际，充分利用两个市场、两种资源，实现国际资本投资、融资、结算的便利化。②广东自贸试验区金融改革体现了明显的粤港澳金融合作的区域性战略。改革重点在于人民币跨境融资、外汇管理体制

---

[*] 林江，男，中山大学自贸区综合研究院副院长、岭南学院财政税务系主任、教授、博士生导师；徐世长，男，经济学博士，中山大学自贸区综合研究院副研究员，主要研究方向为自贸试验区金融创新与TPP规则。

改革、建设更紧密的粤港澳金融市场合作关系以及打造区域性（全国性）重大金融创新平台等方面。③天津自贸试验区的金融改革集中于业务模式创新、培育新型金融市场、探索金融创新的宏观审慎监管、人民币跨境使用以及做大做强融资租赁产业等。特别是对自贸试验区内探索金融消费者权益保护协作机制和推动金融服务业对符合条件的民间资本全面开放，培育京津冀区域金融市场一体化等方面有比较清晰的规划和部署。④福建自贸试验区的金融改革凸显出"对台金融合作"的工作思路，尤其是在对台金融机构准入层面给出了更为宽松的政策表述，主要的改革抓手也集中在人民币利率市场化、外汇登记与结算便利化、跨境资金流动的宏观审慎监管、限额内资本项目可兑换等措施，但是福建自贸试验区关于投资者保护制度、大数据的事中事后监管制度和多币种的土地信托基金等金融创新方向值得关注。

自贸试验区的金融改革正如火如荼地展开，各自贸试验区也针对本区域的经济基础和产业结构形成了特色鲜明的改革创新经验，特别是以上海自贸试验区为代表的金融创新案例的全国推广，体现出我国自贸试验区在金融制度创新与开放观念上迈出了更为坚实的步伐，树立了对标国际的改革信心。本章的行文逻辑如下：首先，对自贸试验区金融创新的关键功能进行理论表述，重点关注资本项目可兑换、人民币跨境金融产品设计与制度供给、金融服务实体经济的体制机制创新和新形势下的金融监管方式与理念创新；其次，系统梳理四大自贸试验区金融改革创新的主要进展，并进行对比分析，找到当前自贸试验区金融改革创新的主要领域和开放程度；最后，从构建更为开放的金融市场体系、更为优质的金融服务体系和更高质量的金融监管体系出发，分层次、分重点地论述我国自贸试验区金融改革未来的方向。

一、自贸试验区金融创新的动力机制

金融资本对于产业成长和社会居民生活的渗透，在现代经济模式下显得尤为明显，甚至是互为动力。自贸试验区本身作为我国新一轮改革开放的压力测试场所，应该充满敢于改革、破旧立新的动力和魄力。对此，本章将从"内在的制度创新动力"和"外在的环境变化压力"来论述自贸试验区金融创新的必然性。

(一)"两个市场、两种资源"与自贸试验区金融机制创新

我国金融行业和金融市场主体在面对不断一体化的国际金融市场时,在投融资功能和金融风险防范层面显得干劲十足,但往往力不从心。资本运动的特殊性决定了过于严格的市场准入,尤其是对拥有世界上最大的外向型经济体的中国金融市场而言,资本项目的不完全开放,某种程度上延缓了我国参与国际金融市场建设的步伐,无法最大化地实现利用"两个市场、两种资源"来发展我国的金融产业。一是自贸试验区金融机制创新将推动我国金融市场更加国际化,有效融入国际金融市场的先进理念和引进吸收创新金融产品,特别是发达国家和地区成熟金融市场的制度资源来发展本国的金融业;二是自贸试验区金融机制创新是降低金融交易成本的内在要求,也是从制度安排上鼓励资本的跨区域和跨国界流动,特别是在构建全方位对外开放新格局下,提振国际资本参与我国金融市场建设和助推"一带一路"战略信心的重要举措;三是自贸试验区金融机制创新有利于探索与国际金融市场通行一致的规则体系,特别是金融风险防范的国际协调与合作机制。

(二)"TPP标准、营商环境"与自贸试验区金融创新

打造对标国际、体系丰富、跨境便利和监管灵活的金融业优质营商环境,是自贸试验区金融体制机制创新的落脚点。当前,我国的金融开放格局相对较小,对资本项下的个体跨境投资和外商直接证券投资实行严格限制,金融监管体系和规则不够法制化,金融产品的设计不够国际化,金融服务的水平不够国际化,也即是说我国对外的金融开放环境成熟度不够。自贸试验区可以在如下方面实现对金融制度创新的突破:一是对标TPP的高标准。建立科学规范的社会征信体系,即通过立法、宣传、个人以及企业的征信数据库建设,逐渐完善社会投融资的保障体系。二是针对产业结构开展金融产品创新。金融产品创新的重要目的是促进产业转型升级,就是要建立起一套资金便捷运动的服务体制和监管方法,使资金的配置在不

同的产业之间合理、自由地流动。三是针对民生项目开展金融产品创新。以消费为例,通过创新消费类金融产品和相应的金融后台服务机制,居民实现跨区(或者跨国界)消费的能力和需求都得到了某种程度地放大,消费的持续性和行为惯性将明显扩大金融产品服务消费升级的驱动功能。四是瞄准"走出去"战略,进一步优化金融业国际化营商环境。金融资源的跨区域配置要建立在服务实体经济的基础之上,一方面要通过金融创新来承接高端制造业和现代服务业的发展,另一方面还应建立"走出去"的企业投融资体制,将过剩产能转移出去,开拓国际市场。

(三)人民币国际定价机制市场化与自贸试验区金融创新

资本跨区域、跨货币和跨交易制度套利,一方面有利于提高资本的收益率,优化资本资源的配置,但更为突出的是,国际资本的频繁流动与套利会加剧区域性金融泡沫的累积,严重的情况下还会导致金融危机的爆发和金融秩序的破坏。自贸试验区开展的金融体制机制创新,其着眼点就在于形成人民币及其衍生性金融产品的国际市场定价的合理化。一是人民币表现出的"双面特征"使得国际游资不断涌向中国金融市场,以便获取跨区套利的收益,也加速了国际资本对中国市场的青睐,呈现资本净流入、人民币供不应求的局面;二是受到经济增长放缓、国际金融市场对冲交易制度的影响,美元和港元近年来表现出持续贬值的趋势,货币基金的避险组合加速了与我国资本市场资金的互通与互动,也进一步累积了金融市场风险;三是当前亚洲市场主要国家的债券收益率参差不齐,造成了跨国资产需求的"货币替代"现象。

综上所述,我国外向型市场经济建设既面临着国际金融市场的外在压力,又受到来自本身经济增长带来的金融业参与国际金融规则的内部压力,建立自贸试验区,开展针对金融体制机制方面的创新,势在必行。不管是经常项下的跨国交易,还是资本项下的外商直接投资,都涉及丰富我国金融产品设计与扩大市场交易制度供给。金融营商环境的优化将成为自贸试验区探索金融改革的重点,通过环境的国际化来实现金融行业的国际化,通过规则的高标准来实现金融资源配置的便利化和法制化。

二、自贸试验区金融创新的功能与成效

综观我国四大自贸试验区的总体设计方案与自贸试验区管理办法，关于金融领域的改革方向是"更开放、更市场、更自由和更灵活"。制度创新比较集中的任务有以下几个方面：资本项目可兑换、人民币跨境业务、金融服务实体经济、金融监管方式的转变。对此，本章将对以下的关键功能进行深入研究，从理论逻辑层面论证上述四大方向亟须改革的重要现实意义。

（一）深度探索资本项目可兑换进程

经过多年的改革实践，我国国际收支账户中经常项下的外汇结算与资金的跨境流动实现了自由化，极大地促进了我国外向型经济的发展和增强了吸引外商直接投资（FDI）的能力，但是对于资本项目的资金跨境流动依然实现管制措施，尤其是对于外国直接投资的额度进行限制和对投资领域采取严格的正面清单审批制度，很显然，当前的严格资本项目管制既不利于我国日益增长的外汇结算需求，也增加了外资进入我国资本市场的难度和成本，与资本全球化的趋势相矛盾。自贸试验区探索资本项目可兑换着眼于以下内容。

（1）自由贸易账户开立和相关业务创新。截至2015年10月底，上海自贸试验区共有38家单位进入分账核算单元，累计开设自由贸易账户约3.6万个；工商银行和中国银行上海市分行针对符合条件的企业和居民开立了FT账户，主要办理贸易融资业务；浦发银行成功发行5000万首单FT跨境理财；海通证券依托FT账户购买香港市场的中资企业债券等；建设银行上海分行通过FTU分账核算业务从海外分行融入7500万英镑，发放FTE（区内机构自由贸易账户）外币贷款；农业银行上海分行通过FT账户运营了美元兑人民币自营掉期交易。外商直接投资项下外汇登记与变更登记权限下放银行，截至2015年8月底南沙自贸试验区已办理直接外汇登记业务35笔。区内外商投资企业的外汇资本金实行意愿结汇，如天津自贸试验区企业共办理外汇资本金意愿结汇31笔，金额合计6376.6万美元，并按照真

实交易原则通过人民币专用存款账户办理各类支付。

（2）自贸试验区内企业的境外外汇放款金额上限调整至所有者权益的50%，区内企业提供对外担保，无须再到外汇局办理行政审批手续。另外，区内企业和非银行金融机构开展的境外支付担保费无须核准。

（3）跨国公司总部外汇资金集中运营管理，开展境内外币资金池和国际贸易结算中心外汇管理试点（中国银行、工商银行的上海市分行为自贸试验区内企业开展了跨国外汇资金集中运营管理试点业务；天津自贸试验区截至2015年年底跨国公司归集境内外汇资金48.8亿美元，实现境外放款2.8亿美元）。外商投资企业资本金及其结汇所得不得用于投资证券市场、发放人民币委托贷款和支付购买非自用房地产业务。

放开资本市场管制是自贸试验区金融体制改革的重头戏。从上述改革内容来看，相比此前的资本项目严格管理，此次赋予自贸试验区金融改革的任务重大，实践意义更大，体现出如下特点：①自贸试验区的居民和企业能够利用FT账户或人民币银行结算账户办理跨境金融创新业务；②跨国公司外汇资金管理的自由度有了显著提高，区内外商投资企业的外汇资本金实行意愿结汇，外汇变更与登记更为便捷；③投融资汇兑更加便利化，对外开展股权投资的流程更为简化，取消跨境担保行政审批；④针对自贸试验区分账核算业务境外融资与跨境资金流动实行了宏观审慎管理，转变了资本项目下的金融监管模式与理念。

（二）加强人民币跨境金融产品设计与制度供给

人民币跨境业务创新与便利化也是自贸试验区金融改革的重点任务。与资本项目的严格监控不同，人民币跨境金融产品的创新显得相对活跃，也成为国际资本进入我国金融市场的重要通道。当前，跨境人民币业务主要集中在以下几方面。

（1）跨境人民币服务。自贸试验区目前所开设的跨境人民币服务项目包括：简化跨境贸易和投资人民币结算业务流程、跨境人民币双向资金池业务、经常项下跨境人民币集中收付业务、跨境电子商务人民币结算业务、跨境人民币交易服务（从挂牌至2016年1月末，天津自贸试验区内主体累计新开立人民币银行结算账户12658个，外汇账户1934个，跨境收支314.9

亿美元，分别占天津市和滨海新区跨境收支的19.4%和66.6%；截至2015年12月底，已有72对厦门和境外银行机构签订人民币代理清算协议，开设了72个账户，其中台湾地区44个，办理人民币清算537.88亿元）。交易方式和支付方式的创新将提高人民币参与国际经济交易的市场份额和频次，助力人民币国际化的进程。

（2）稳步推进利率市场化。自贸试验区致力于推进利率市场化体系建设，完善区内居民自由贸易账户与非居民自由贸易账户本外币资金利率市场化定价监测机制，特别是允许符合条件的区内金融机构优先发行大额可转让存单，并同时探索小额外币存款利率上限等问题（人民银行放开了自贸试验区内300万美元以下的小额外币存款利率；中国银行上海分行在自贸试验区内办理了首笔小额外币存款"议息"存单）。自贸试验区强大的对外经济交易规模，不仅有利于探索人民币利率的市场化定价机制，而且有助于消除境内外人民币汇率的套利空间，使得人民币的市场价值波动回归理性。

（3）跨境人民币投融资。自贸试验区针对企业对外投资的交易需求，开发出了以人民币为计价单位的跨境金融产品。开展跨境人民币贷款业务试点：截至2015年9月，深圳前海跨境人民币贷款累计提款额314.7亿元；广州南沙自贸试验区办理20笔跨境贷款备案，涉及金额50.1亿元；天津自贸试验区2015年4月24日发放首笔针对租赁企业的人民币跨境贷款10亿元；12对厦门企业、台湾地区银行机构和厦门银行机构达成12项跨境人民币贷款三方合作意向协议，签约金额20.05亿元，备案金额2.97亿元，提款金额2.97亿元。开展跨境人民币债券发行：上海自贸试验区成立以来，各类境外融资累计发生共1150亿元，其中企业境外人民币借款260多亿元，累计有218家区内企业发生跨境人民币双向资金池业务，资金池收支总额达到3400多亿元；2014年12月15日以来，珠海大横琴投资有限公司在香港成功发行15亿人民币债券。人民币境外债券的发行规模与被接受程度，与我国金融市场环境和资产评估的信用等级密切相关，也是我国资本市场对接国际金融规则的重要突破口。

（三）强化金融服务实体经济的体制机制创新

金融创新的本质是要回归于促进实体经济的发展上，自贸试验区金融改革从供给侧的角度出发，体现在金融市场服务主体的增加、新型金融业态培育和金融人才的优惠政策等方面。四大自贸试验区自挂牌以来，在金融服务实体经济的改革创新层面，取得了明显的成效。

（1）金融市场服务主体增加。自贸试验区吸引了一大批国内外的金融类企业入驻（包括国内外银行、证券、保险、基金、股权投资等金融机构的注册。2015年上半年上海浦东新区新增各类金融机构超过2100家，金融业增加值占地区生产总值比重超过26%，对GDP增长的贡献率达到六成；截至2015年年底，天津自贸试验区各类金融机构超过110家，各类融资租赁公司达到1500多家；截至2015年年底，深圳前海进驻金融及金融相关服务企业数量31355家，占入驻企业总量的51.02%，金融行业纳税总额约为47.7亿元，其中非持牌新兴金融机构纳税总额占税收总体的50%；2015年年底落户广州南沙的金融业企业共654家）。金融类企业在自贸试验区的活跃不仅有利于区域产业形态的高级化，而且其本身代表的现代服务业体系，将对区域经济发展形成强大的辐射力和稳定的增长潜力。

（2）新型金融业态培育。金融制度创新的目的是培育与新型金融业态相适应的金融运行环境。自贸试验区金融产品的创新，一方面带来了金融交易制度和规则的改进，另一方面丰富了金融服务生态体系，满足了日益国际化、市场化的差异化金融需求。融资租赁作为自贸试验区发展速度较快的金融新业态，直接体现了自贸试验区金融制度改革的重要成就（天津已成为国内最大的融资租赁聚集区，全市注册法人融资租赁公司达507家，行业注册资本达1765亿元，融资租赁公司总资产超过6900亿元；厦门银行、厦门国际银行、厦门农商银行等法人机构先后争取获得金融租赁、资产证券化业务等新业务牌照；截至2015年11月末，珠海横琴新区融资租赁企业达57家，其中超过半数的融资租赁企业是在横琴自贸试验区挂牌。截至2016年2月，落户广州南沙的金融及类金融企业共961家，其中融资租赁企业共122家，占金融类企业的12.7%，注册资金总额约360亿元，融资规模3600亿元）。另外，商业保理、离岸金融业务、资产证券化等新型业务形态，在四大自贸试验区都得到了开展。

（3）金融人才引进与管理。金融创新离不开高端金融人才的聚集。上海自贸试验区定位为国际金融中心，拥有优质的金融从业环境和相对齐全的金融基础设施，也汇聚了全球的金融类从业人才。自贸试验区挂牌以来，针对金融类人才的引进和政策优惠措施，也充分体现出制度创新的生命力。在广州南沙自贸试验区，高端领军人才可享受政务办理快捷服务、子女入学便利服务、家属就业优先推荐服务、优质医疗资源服务等社会综合配套服务支持，对金融行业等重点发展领域急需人才，参照其上年度对南沙新区（自贸试验区）发展的贡献给予每年最高200万元的奖励。福建平潭对区内融资租赁企业的高管及专业人才，年度缴纳个人所得税在5万元及以上的，前两年按每年缴纳个人所得税地方级分成部分的80%奖励，第三年起按60%奖励；企业高管人员及专业人员的贡献奖励，用于其个人购房、租房等补贴。珠海横琴新区重点发展七大产业，即旅游休闲、金融服务、商务服务、中医保健、科教研发、高新技术和文化创意产业，发布了特殊人才奖励（税收返还）申报公告。

（四）转变新形势下的金融监管方式与理念

自贸试验区金融制度创新的另一个亮点在于金融监管方式和理念的转变。自贸试验区金融宏观审慎监管的出发点在于：建立境内外资金正常流动、市场化定价机制畅通、"两种资源、两个市场"有序推进和宏观金融运行整体稳定的金融改革新局面。当前，国内学者、官员和金融机构的从业人员，对于宏观金融审慎监管的制度框架和政策措施的理解差异较大，通过对审慎监管的系统梳理，本章选取以下角度来拓展和深化对金融宏观审慎监管的认识：①自贸试验区金融风险来源包括境内区外经济波动的周期性、国际宏观经济风险的溢出效应、区内金融机构向区外金融机构的风险溢出、转轨体制与金融改革的不相适应等（张瑾，2015）。②宏观审慎监管必须要有清晰的职能机构、明确的目标定位及相应的监管手段，要强化中央银行与各专业监管机构的协调合作（宋晓燕，2014）；建立央行与相关部门之间的协调机制，增强政策透明度，降低成本，提高监管效率。与此同时，还要注重同资本全球化趋势下的跨国际央行政策协调。金融行业的高风险性需要对金融产品创新和金融交易制度进行严格把控,强化事中事后监管,这不仅仅是审核制向备案制的形式转型,更是监管理念和监管方式的创新。

三、自贸试验区金融创新的未来方向

自贸试验区金融制度创新取得了明显的成效,改变了过去"想做但不敢做,想改但没动力改"的僵持局面,为我国金融市场以及金融制度设计对接国际标准、参与国际竞争奠定了良好的基础和形成了强大的改革"惯性"。对此,自贸试验区金融改革的未来方向是:构建更为开放的金融市场体系、更为优质的金融服务体系和更高质量的金融监管体系。

(一)构建自贸试验区更为开放的金融市场体系

自贸试验区构建更为开放的金融市场体系有三层含义:以世界级金融中心建设为标杆,面向国际金融市场开放;以区域性金融中心建设为标杆,面向港澳台金融市场开放;以块状金融中心优化为标杆,面向广大的内地金融市场开放。具体的政策建议有以下几点。

1. 加快进度向有条件的地方复制推广自由贸易账户

自由贸易账户可办理经常项下和直接投资项下的跨境资金结算,对此建立以自由贸易账户为基础的分账核算机制是探索我国资本项目全面对外开放的关键环节。事实证明,上海自贸试验区关于自由贸易账户的试点是有成效的,这一巨大的金融制度创新红利,应该及时、高效地复制推广到有条件的其他自贸试验区,这将有利于金融改革创新的更深层次推进和金融基础设施建设的协调发展。笔者认为,此前关于人民币双向资金池的金融创新模式,在本质上已经具备了自由贸易账户的相关功能,而以深圳前海和天津自贸试验区的企业实践来看,巨大的金融服务市场需求是加快复制自由贸易账户的本质因素。

2. 率先对接 TPP 标准,营造面向国际的金融开放环境

金融制度的开放和创新是金融环境开放的重要内容,但是环境的外延是广泛的,这就意味着自贸试验区金融改革的内涵是丰富的和具有开拓性的。TPP是以美国为主导的先进国际贸易与投资规则体系，其中的金融开放标准是建立在成熟金融市场体制基础上的"最大限度自由"，很明显要高于我国当前的金融环境基础和金融开放的可承受边界。对此，笔者认为：必须加大改革力度，对接TPP金融标准，以开放的姿态和最坚定的改革去融入国际金融市场。例如，放宽境外金融机构向境内居民提供的金融产品和服务；扩大QDLP（合格境内有限合伙人）和QFLP（合格境外有限合伙人）规模，探索个人资本项下的直接境外投资试点；放宽金融行业的国际标准进入中国。

3. 依托自贸试验区改革平台促进区域性金融一体化

目前的四大自贸试验区都有着各自明确的金融改革任务。上海要对标国际，成为全球金融中心；广东要联合港澳地区，打造"粤港澳金融大湾区"；福建与台湾地区要建设更紧密的金融伙伴关系，共同打造"两岸金融创新高地"；天津自贸试验区金融改革的任务是服务于京津冀都市圈一体化。对此，改革和创新区域金融合作的体制机制是大势所趋，具体做法如下：①在CEPA、ECFA框架内加快制定专门针对粤港澳台金融合作的负面清单。建立港澳台金融类企业在自贸试验区注册、开业和跨境交流的"高速通道"，探索港澳台企业涉外资金在入境、结算、支付和投资便利化等流程服务的特别措施。②建立以重点、重大项目合作为契机，探索内地与港澳台金融合作的新机制。特别是在航运金融、供应链金融以及大型跨境基础设施建设过程中的投融资服务体制方面，对于融资方案、资产证券化解决方案、长期性货币合作等方面，有着很好的合作空间和前景。③探索建立人民币、港币、澳门币和新台币间稳定的汇率合作机制。促进区域金融一体化，需要打造稳定的跨境货币合作环境，加强货币间的固定联合浮动管理，使得货币区内部形成一致对外的汇率风险防范机制，从而避免过度投资造成的泡沫累积。

4. 加快对内地其他省市复制推广自贸试验区金融改革经验

自贸试验区作为金融改革和制度创新的高地，在先行先试的四大自贸试验区取得了一些改革成效，特别是人民币跨境投融资、资本项下限额内可自由兑换、FT账户与资本跨境流动以及国际性金融人才引进政策等方面迈出了重要的一步。构建陆海联动、东西双向开放的格局是新形势下我国经济发展的典型特征，广大的内地省市也需要充分发挥金融制度改革带来的投资与融资便利化来推进全方位开放的新战略。事实上，武汉、郑州、重庆等中西部中心城市，不论是经济发展水平还是对外经济交流层面，都体现出了鲜明的区域特色和强劲的增长潜力，而这些地区也正在积极申报自贸试验区。一旦上海、广东、天津和福建的金融改革经验能够在内地其他省市得到复制推广，我国自贸试验区将形成梯度承接的良好互动局面，也将进一步推进全新的外向型经济发展格局的形成。

（二）构建自贸试验区更为优质的金融服务体系

打造更为优质、高效的金融服务体系和营商环境，是自贸试验区金融制度创新未来的趋势。金融作为一种资源，涉及国际国内的优化配置和流通、支付与结算的便利化问题，而金融业作为一种产业规划和交易制度设计，其改革发展的方向应该是与战略性新兴产业的深度融合以及与社会大众的需求深度融合。

1. 自贸试验区应完善科技金融的投贷联动机制

科技金融是高端技术与金融资本的创新型融合，其风险的累积是几何式的。以上海自贸试验区为例，"科创中心"是上海改革创新的腹地和重要载体，自贸试验区金融改革的推进必须围绕科技发展的全产业链开展制度与交易模式的创新，将天使投资、风险投资、战略性投资、长期股权投资等多元金融合作形态不断地进行组合创新试验，建立金融风险的对冲机制和金融创新的容错机制。自贸试验区科创服务体系建设要满足多层次科技金融服务需求，其核心的功能如下：①知识要素与金融要素的低成本匹配。在技术进步与商业模式创新的过程中，自贸试验区通过将资本供给方、专业中介服务（会计、律师、税务）与资本需求方有机地结合起来，实现专业的意见与高效的融资齐头并进的科创服务机制。②定制式的金融产品创新体系。一流、优质的科创中心，意味着在各类型企业成长的不同阶段都能够获得差异化的综合性融资解决方案。③常态化的科技成果转化机制。自贸试验区可以打造"科技成果转化基金"，突破当前成果转化资金来源的单一性和风险聚集性。股权众筹类金融产品的出现，加上"科技成果超市"，使得科技创新在服务实体经济、推动社会生产力发展的基础上又迈出了重要的一步,有利于实现"人人为科技、科技为人人"的和谐金融生态。

2. 自贸试验区应探索"消费金融"的落地机制

自贸试验区应该率先构建金融服务消费的创新型产品生态,集中体现为及时、高效、合理的资金扶持和财富管理规划。具体的落地机制为:①丰富和完善多币种面值的理财产品体系。自贸试验区居民对于境外金融投资与产品的需求将会显著增加,考虑到差异化的金融消费需求和面对金融风险的态度与能力,自贸试验区的金融类机构应该率先开发境外货币面值的理财产品。②建立跨境消费性联合金融公司。以粤港澳金融合作为例,广东自贸试验区可以通过云技术平台将三地的商业银行、保险公司(担保公司)以及各大型电子商务公司联合起来,为三地居民的旅游住宿、消费支持、结算支付和售后服务提供一体化的金融解决方案。③开发面向国际市场的金融集成卡。实现模式是基于各类专业服务便利性的"同城化金融集成卡",将教育、医疗、物业管理、房屋租赁等业务集中于移动互联平台,通过给予分期支付、信用贷款或者提供支付结算方面的便利化服务,为居民做好"最后一公里"服务。

3. 自贸试验区应构建"共享金融"的合作机制

"共享金融"根植于共享经济,是网络化生产模式下的新型供给环境与制度安排,实现金融资源共享、要素共享和利益共享(概念内涵包括资本定价便利、股权众筹便利、消费融资便利、结算支付便利、信用建设责任共担、风险监管的数据化等)。自贸试验区应探索实践"共享金融"模式的合作机制,比如通过低成本的嵌入式金融服务,使信息流、资金流和商品流得以顺利循环,提高闲置资金的使用效率和盈利能力;通过建立区域性通用的移动互联app产品、支付结算类产品和众筹类产品,让闲置的金融资源发挥最大的效益,实现社会服务与生活需求的高效率和高度一体化。与此同时,自贸试验区可以打破金融合作的边界,建立市场主体信用数据的共享,不论是平台化的投融资信用评价,还是事中事后监管的需要,信用大数据库作为提供金融服务的基础设施工程必须先行,纵使现阶段难度较大,但是发展前景光明。

4. 自贸试验区应打造"走出去"金融服务的新局面

当前,以自贸试验区建设和"一带一路"战略为主体的全新开放格局正在加速推进，作为改革开放的前沿阵地，对接国际标准的一线平台理应在打造便捷、高效的企业"走出去"金融服务新局面中积极作为，这主要体现在以下三方面：①自贸试验区资金通道与企业对外投资。加速推进我国自贸试验区资本项目深度开放，面向国际金融市场筹集资金，形成企业跨境运作的双向、多币种资金池，建立企业走出去的资金通道。②专业辅助与企业对外投资。依托自贸试验区资金、信息和高端人才资源聚集的优势，打造专业性的投资云服务平台，将法律风险、汇率风险、会计风险、文化风险等对外投资的软环境进行专业性的辅助与对策设计，有利于形成一站式的对外投资综合服务平台。③产业链金融与企业对外投资。自贸试验区金融改革应该深度探索基于产业链结构的价值服务点，将企业融资诉求动态化、链条化和循环化。以产业链为基础的金融服务产品创新，将深刻改变授信资产价值的评估模式和扶持方式，增强全产业链节点的融资功能，从而更加有利于解决企业在"走出去"投资过程中遇到的资金和技术性服务难题。

（三）构建自贸试验区更高质量的金融监管体系

自贸试验区拥有金融体制机制改革与创新的强劲动力，面对着金融领域改革创新的高收益和高成本，如何构建与自贸试验区金融创新方向相一致的金融监管体系，既是保持金融创新活力的制度保障，又是防范金融领域系统性风险的重要屏障。

1. 积极探索自贸试验区金融综合监管

加强金融综合监管的出发点在于防范跨市场、跨行业、跨国境的风险传染。首先，从资本项目的进一步开放来看，目前外国直接投资于我国资本市场和境内个人投资于外国金融市场还没有放开，差别化的投资与行业规定使得金融监管的边界容易模糊，需要加强自贸试验区内各金融监管主体的协调，加强事中和事后的监管，特别是宏观审慎监管。其次，从金融产品创新来看，银证合作、银保合作、证保合作类金融产品大量存在，作为综合经营载体的金融控股公司和影子银行的活动不断涌现，以"互联网+"为载体的新兴金融机构日益涌现，分业经营格局造成的监管者之间互相打架、信息不对称和权力寻租等不利于市场化运作的机制存在，这一切都对健全我国金融监管体制提出了更为迫切的要求。再次，促进自贸试验区内监管信息的汇集、共享和反馈，有利于整合监管资源，提高监管效率和促进大协同监管的良好局面，在金融效率与金融稳定之间寻求平衡。

2. 建立与人民币国际化相适应的外汇管理办法

当前人民币在跨境结算、支付、债券面值货币以及国际贷款等国际经贸活动中的使用不断强化，加上成功进入SDR（特别提款权）货币篮子，体现出人民币国际化的步伐非常强势，与人民币跨境业务相关的配套制度亟须改革，其中最为直接的就是要建立与人民币国际化相适应的外汇管理办法。自贸试验区在外汇管理的问题上要处理好三大问题：一是外汇资金的跨境流动规模，二是外汇汇率的波动机制，三是外汇直接投资的作用领域。对此，要跟踪监测跨境交易中外汇资金流动变化的方向和领域，制定更为科学的负面清单，做到现场监测和依托大数据的事中事后监管。与此同时，还要研究国内利率波动与人民币外汇波动之间的关系，这样有利于从整体上考虑货币政策的内外平衡问题。

3. 建立自贸试验区离岸金融业务的法律监管

自贸试验区应该率先设立和完善针对离岸金融业务的法律法规体系，进一步规范跨境外汇资金的流动和防范短期热钱涌入，冲击相对脆弱的资本市场。按照TPP框架最新的金融合作议题，东道国应该保护境外投资者的合法权益，特别是当东道国发生经济金融危机时，投资方的外汇资本能够顺利地转移出东道国。对此，加强对离岸金融市场的法律监管，其本质是强化对资本流动的系统性管理，用"正面规范"来协调和缓冲资本外逃的现实监管困境。与此同时，加强对外商直接投资、外国贷款、各类证券基金以及各种金融衍生品类的跨境交易实行重点管理，征收相应的税种，通过这一举措避免资本通过离岸金融业务等渠道规避金融监管机构的法律管制。

4. 探索国际化环境下金融监管的跨国协调机制

面对着当今的世界经济一体化进程，IMF（国际货币基金组织）副总裁朱民说："已经没有哪个国家能有独立的宏观政策。"既然宏观政策从制定开始就不是独立的，对于经济金融市场的监管而言就更离不开国际组织的协调与沟通了。首先，应该建立分层次的金融监管合作框架。其层次划分的依据是金融市场的发达差异与资本项目开放的程度。我国自贸试验区金融监管可以先积极开展与发展中国家、金砖国家的协调合作,加强交流对话。其次,经过沟通来划定各自金融市场风险的红色预警,至少在风险的评估框架上要实现基本的口径一致性,对区域经济进行准确的评依和检测,由此逐步确立起与自贸试验区发展相适应的审慎监管体系和风险预警系统。

参考文献:

[1] 肖本华. 中国(上海)自由贸易试验区金融综合监管制度创新研究[J]. 科学发展,2015(1).

[2] 李睿. 上海自贸试验区互联网金融创新中刑法介入的合理边界[J]. 外国经济与管理,2016(2).

[3] 祝佳音. 中国上海自贸试验区建设的进展、问题与对策研究[D]. 长春:吉林大学,2015.

[4] 方五一,陈小平,张尉,刘新斌. 论自由贸易试验区的金融布局——基于上海自贸试验区金改预期与实效差距的分析视角[J]. 福建金融,2015(5).

[5] 陈昊,王军. 上海自贸试验区发展进程中的金融改革与银行业发展策略研究[J]. 南方金融,2014(6).

[6] 裴长洪. "十三五"时期中国对外开放的新目标与新任务[J]. 南京社会科学,2016(1).

第六章　中国自由贸易试验区政府职能转变与行政体制改革

陆剑宝[*]

在我国开放型经济建设的大背景下，2013年上海自贸试验区挂牌，2014年广东、天津和福建自贸试验区挂牌。各大自贸试验区自挂牌以来，根据其总体方案的要求，以制度创新为核心，在行政管理体制改革、营商环境优化、投资贸易便利化、跨区域深度合作、特色金融发展等方面推动制度创新，构建了基本制度框架，各项创新成效显著。各大自贸试验区根据自身区域特点和目标定位，在多领域的创新中取得突破，很多创新经验在全国复制推广。然而，自贸试验区作为新一轮改革创新的先行地，在开展制度创新过程中还面临一些突出的问题，需要深入分析阻碍制度创新的主要原因，提出政府通过职能转变，推动制度创新，加快建设高水平的自贸试验区的路向。

一、国外自贸园区政府职能转变的先进经验

国外自贸园区的发展历史较长，积累了比较成熟的建设经验。和我国第一批、第二批自贸试验区相似的是，国外自贸园区的选址也以沿海港口城市为主，借助空港和海港基础，扩大对外贸易市场；而两者的差异在于政府对自贸园区的管理体制。对美国、巴拿马、新加坡、韩国、迪拜等自贸园区的政府管制进行综合分析，我们从中发现：国（境）外的自贸园区一般建立在自由港的基础上，可以做到零关税，这对吸引外资起到相当重

---

[*] 陆剑宝，男，中山大学自贸区综合研究院博士后，主要从事自贸试验区制度创新与服务业集聚研究。

要的作用。此外，自贸园区所在国（地区）政府，在政府—市场的边界上界定得特别清晰，政府一般不参与自贸园区的运作。在自贸园区的监管上，通过整合政府多部门，实现高效信息化，做到风险可控。而像新加坡、韩国等国家在建设自贸园区之前，就已经出台了专门针对自贸园区的法律，做到法治化。

（一）行政与运营分离

和国内自贸试验区最大的差异是国外大多数自贸园区内都没有设置政府管理机构，而是实行由海关、民航局、港务局等部门直接监管，专业公司负责具体运营的政企分离管理模式。国外大多数自贸园区的政府管理体制主要分为两部分，一是行政管理权，一是实际运营权。如成立于1959年的爱尔兰香农自贸园区就是由政府成立的香农自由空港开发公司负责全面开发该地区的职责。香农自由空港开发公司既是一个由政府控股的机构，也是一个自负盈亏的有限责任公司。在摈弃政府管理模式基础上，采用公司的运作机制，在快速变化的环境下制定决策更加灵活和迅速。又如新加坡的国家财政部负责战略规划，根据地区发展需要设立自贸园区；财政部长可以依法指定某机构或公司作为自贸园区的主管机构或经营机构。再如新加坡空港自贸园区——樟宜机场原来由新加坡民航局负责管理运营，2003年新加坡民航局进行重组，把监管职责和机场运营职责分离，设立了樟宜机场集团负责机场运营，新加坡民航局则专注于战略制定和监管。这样的好处是机场自贸园区基本不受行政干预，灵活性高。

（二）事中事后高效监管

国外自贸园区普遍实现了对区内企业和货物的"一线放开、二线管住、区内自由"的贸易管制制度。通过高效的信息化技术对区内企业进行分级监管，广泛地推行"进出关便利化"政策。在企业分类监管方面，荷兰鹿特丹港区的海关对企业进行分类，颁发不同等级的许可证书，以此来确定企业所能够享受到的通关便利化程度。海关、公共、私营、商行、工厂等不同类型的保税仓具有的海关监管和财务担保程度都有不同的界定。在智能化监管方面，早在1989年，新加坡成为世界上第一个采用了贸易文件综合处理的全国性 EDI（电子数据交换）网络——贸易网（Trade Net）。该网整合了整个新加坡与国家贸易的相关部门，如海关、检验检疫局、税务局、安全局、经济发展局、企业发展局、农粮局等 35 个政府部门。与进口、出口、转口贸易相关的企业申请、申报、审核、许可、监管等全部手续都可以通过贸易网完成。贸易商家只要递交一份完整的电子文件，通过电脑终端 10 秒内就能完成全部申请手续，10 分钟就能获得批准与否的答复。除了大大减少政府和企业在通关过程中的时间和人力成本外，还大大缩短了货物清关时间，降低通关成本，真正实现了区内企业和货物"一线放开、二线高效安全管住。"

（三）自贸园区有法可依

依法治理是国外一些成功的自贸园区的共性。它们在成立自贸园区之前就提前制定专门针对自贸园区的法律条文。可以说法律先行、有法可依的法律制度使自贸园区具有清晰的法律保障，既保障了自贸园区各项政策的稳定性，也保障了投资者的合法权益。如新加坡在 1969 年成立第一个自贸园区——裕廊海港自贸园区之前，便由最高立法机关颁发《自由贸易园区法案》，以此作为自贸园区建设的法律保障。《自由贸易园区法案》共 7 个部分 24 条，分别对自贸园区的定位、功能、管理体制、运作模式、优惠政策等进行了全面的规定。如第五条规定了自贸园区内商品的处理，第六条界定了自贸园区内的操作和生产，第七条设定了关税的计算，第十一条至第十四条界定了政府管理部门的职责和功能。又如韩国在 2003 年开始陆续出台了《经济自由区设立及管理特别法》《经济自由区设立及管理特别法律施行令》《经济自由区设立及运行法律实施条例》，这些规范详细的自贸园区法律对管理部门和功能规定得很具体也很有特点，体现了政府机构兼有服务和管理两种身份的特征，既能做好监督自贸园区内企业的合法经营，也能为自贸园区内各种基础设施提供良好的服务。

二、自贸试验区赋予政府职能的新议题

自贸试验区制度创新为政府职能转变和行政体制改革提供了压力和动

力，这也与国家大力推行"简政放权"的思路匹配。上海、天津、福建和广东在开放型经济建设过程中的行政管理体制改革也走在全国前列。自贸试验区的改革需要政府创新试验规范、透明、高效、便捷的行政管理体制；从传统的干预性模式转变为遵循国际规则的国际化营商环境；构建以公平规范的市场竞争秩序为着力点的市场化营商环境；笃守程序正义原则，以创新法治化营商环境。

（一）政府职能转变与开放型经济建设

中央要求上海、天津、福建和广东当好全国改革开放的排头兵和科学发展的先行者，探索监管模式、外汇管理、投资管理、市场准入、金融开放、港澳台深度合作、辐射内地、对接"一带一路"等成为四大自贸试验区的功能需求。这也是国家赋予自贸试验区在新一轮更高层次开放中的愿景。由此可见，自贸试验区不是简单的政策优惠推动经济发展，而是通过制度创新塑造更高水平的开放型经济体系。制度创新是自贸试验区政府的核心任务，而制度创新体系的构建则要求政府进行行政体制改革和职能转变。

（二）政府职能转变与TPP国际标准

在TPP、TTIP、BIT等谈判的推动下，国际贸易投资规则体系面临重塑。推动更高标准的贸易自由化将成为趋势，如TPP不仅规定取消或降低商品关税，还涵盖了安全标准、技术贸易壁垒、动植物卫生检疫、知识产权、政府采购以及有关劳工和环境保护规定。这些规定对传统的政府管制提出了挑战。中国四大自贸试验区就是要先行试验国际经贸投资新规则新标准，积累新形势下参与双边、多边、区域合作的经验，为与美国等发达国家开展相关谈判提供实证样本和依据，为我国参与国际经贸规则制定提供理论支撑。

（三）政府职能转变与便利化、国际化、法治化营商环境塑造

自贸试验区政府职能转变要对标国外自贸园区的通行规则，建设规范、透明、高效、便捷的政府管理体系。通过完善负面清单投资管理监管制度、境内关外海关监管制度、事中事后监管制度等，着力打造更加便利化的市场经济发展环境。通过双边和多边贸易谈判、"一带一路"建设等，提升政

府的国际化管制和服务水平。通过梳理现有的法律法规，制定和完善有自贸试验区特色的法律法规，做到依法办事、依规则办事，打造公平竞争、交易诚信、知识产权和劳动者权益保护的规范化市场。

三、自贸试验区政府职能转变的效果评价

上海自贸试验区成立两年以后，广东、天津、福建自贸试验区成立一年以后，以总体方案为依据，根据地方特点进行制度创新，政府职能转变领域取得较大创新性成果，包括行政审批制度改革、从事前监管转变为事中事后监管和法治化、国际化、便利化营商环境的营造。基于对四大自贸试验区的实地调研和文本分析，以下总结一下自贸试验区政府职能转变和行政体制改革的一些量化成效。

（一）创新成效与突破

1. 行政审批改革

自2002年我国第一轮行政审批改革以来，国务院分六批取消和调整了2497项行政审批事项。自贸试验区政府职能转变的重要体现就是大力推行行政审批改革。取消、删减、转移和调整一批市场准入前置审批事项；率先在自贸试验区推行"一口受理"，与海关和银行实现登记受理对接；在国内率先实现企业登记注册"一照一码"条件下的"八照合一"，并启用电子营业执照；探索放开企业登记经营场所的限制，为多家经过区相关部门审核备案的虚拟地址注册企业办理登记；率先在全国发出首张地税电子税务登记证，60%以上业务实现全流程网上办理。通过对多个自贸试验区新创企业的访谈，我们可以发现企业家对自贸试验区的商事登记服务态度、服务效率和服务成本评价特别高，其行政审批改革成效见表6-1。

表6-1 自贸试验区行政审批改革成效

领域＼片区	南沙片区	前海片区	横琴片区	天津滨海新区	福州片区	平潭片区	厦门片区	上海浦东
行政审批削减（取消、转移、备案数）	144	112	38	28	257	231	30	164

续上表

领域 \ 片区	南沙片区	前海片区	横琴片区	天津滨海新区	福州片区	平潭片区	厦门片区	上海浦东
权力下放（省市权力下放数）	60	13	182	241	253	253	253	163
行政机构整合（机构整合数）	28	15	4	5	26	26	45	3
智能化（推出智能化工具数）	10	1	1	—	5	2	7	5

资料来源：根据各大自贸试验区网站和政府文本统计所得。

2. 加强事中事后监管

自贸试验区按照"谁审批、谁监管、谁负责"原则，建立商事登记认领通报制度，明晰监管责任；组建市场监督管理局和综合执法机构，试行"一支综合执法队伍管全部"；率先建设统一的市场监管信息平台，逐步实现相关部门监管信息的互通、交换和共享，为加强事中事后监管提供信息支撑；构建涵盖市场准入、经营行为、市场退出的企业信用监督指标体系，按照ABCD四个信用等级，对已登记的商事主体实施分类监管；推行企业年度报告和经营异常名录管理，对企业进行随机抽样和实地核查。其事中事后监管成效见表6-2。

表6-2 自贸试验区事中事后监管成效

领域 \ 片区	南沙片区	前海片区	横琴片区	天津滨海新区	福州片区	平潭片区	厦门片区	上海浦东
社会信用体系（系统企业用户数）	1100	57682	8477	134728	3096	12784	9234	33000
综合行政执法（结案率）	86%	36%	100%	92%	100%	—	47%	82%
社会参与监督（行政公开数、条项数）	874	1675	1230	34	304	65	514	432

资料来源：根据各大自贸试验区网站和政府文本统计所得。

3. 法治化、国际化、便利化营商环境建设

在法治化方面，自贸试验区综合行政执法改革、内地与港澳律师事务所合伙联营试点、中国自贸试验区仲裁合作联盟、知识产权快速维权援助中心等一批法治化监管创新模式涌现。在国际化方面，国际商事仲裁机构、域外法律查明服务平台、国际人才引进政策等措施在自贸试验区取得突破性推进。在便利化方面，自贸试验区率先在国际贸易"单一窗口"建设、海关快速验放、自助通关、"智检口岸"建设等通关便利化方面进行试验并取得多项创新成果，大大推进了贸易便利化进程。其营商环境建设成效见表6-3。

表6-3 自贸试验区营商环境建设成效

领域＼片区	南沙片区	前海片区	横琴片区	天津滨海新区	福州片区	平潭片区	厦门片区	上海浦东
政策条例（颁布政策数）	66	55	65	59	67	64	67	57
对接国际标准（国际性法律合作机构数）	4	4	4	1	4	1	4	3
知识产权保护（知识产权机构数）	1	2	—	3	1	1	1	2

资料来源：根据各大自贸试验区网站和政府文本统计所得。

（二）职能转变的制约因素

四大自贸试验区自成立以来，以制度创新为核心，在行政管理体制改革、营商环境优化、投资贸易便利化、金融开放发展、跨区域深度合作等方面进行落实，构建了基本制度框架，各项创新成效显著。基于历史原因和发展时间的制约，自贸试验区制度创新仍存在一些普遍性问题。

1. 行政层级与权限约束

自贸试验区改革发展面临的问题某种程度上也是我国政府职能转变所面临的体制束缚的反映。同是广东自贸试验区中的南沙、前海和横琴片区分别隶属于三个不同的城市，对比广州、深圳、珠海三座城市在政策实践

上不尽相同。例如，深圳和珠海是特区，与中央政府的联系渠道比广州畅通，许多政策倡议可以绕过省政府，直接与中央沟通，推行较快；但广州却需要经过省政府搭桥，才能与中央进行政策沟通。而省市的想法、利益也并非完全一致，广州的倡议会在省一级过滤，政府协调成本较大。税收分配上，广州每年税收有80%需上缴省，继而给中央，广州留存的部分加之土地出让收入，勉强可维持财政支出。深圳作为计划单列市，每年税收收入的70%～80%留存，随着自贸试验区利好带动房地产价格上涨，政府的土地出让收入增加。此外，广州与深圳、珠海的历史包袱不在一个重量级，广州是省会城市，省级部门、大量国企需要财政兜底，公共服务支出压力也比深圳和珠海大。这就解释了深圳和珠海制定的吸引人才相关补助标准要比广州优厚的原因。由此可见，四大自贸试验区均面临着不同程度的行政层级与权限约束问题。

尽管下放了一批行政权限，但自贸试验区的权力还不足以开展全方位的制度创新。如涉及金融等高风险性领域及投资管理的敏感性行业，主要还是沿用宏观审慎管理，放开空间和力度受到一定的限制。目前，自贸试验区虽然获得部分省级和市级下放的权限，但推动每一项改革措施仍需上级部门明确授权。比如服务业市场准入管理机构架屋叠床，建设国际贸易"单一窗口"、金融创新方案由中央垂直管理部门主导，改革动力在"条块"联系中边际递减。自贸试验区的干部立足于实战一线，掌握了大量真实信息，但推动改革需要个案授权，导致很多地方性精确需求得不到实现，对制度创新的动力和效率造成负面影响。

2. 行政机构通畅性不足

从横向堵点方面来看：自贸试验区改革对同级各职能部门协作提出了新挑战。"多证合一"等商事登记制度改革，"智能口岸""一口受理"等通关便利化推进，"一支队伍管执法"等事中事后监管均要求多部门之间的沟通和协调，而这种部门之间合作的通畅度仍需磨合。

从纵向堵点方面来看：上级部门对下级部门政策推进的通达性仍不强，"上有政策，下有对策"仍然存在；下级上达一线实情也存在层级设置上的壁垒。自贸试验区的核心是制度创新，这要求政府转变职能，解放思想，树立标杆。但受到体制约束和行政架构等历史包袱的影响，制度创新的能动性未能得到最大限度地发挥。

（1）行政架构相对复杂。各个自贸试验区片区的行政架构不一。广东自贸试验区的三个片区中，前海蛇口片区为深圳—前海两层，横琴片区为广东省—珠海市—横琴新区管委会三层，南沙片区为广东省—广州市—南沙区（新区、自贸试验区管委会）—镇（街道）四层。通过对自贸试验区政府相关负责人访谈我们可以发现，自贸试验区招商引资权限在自贸试验区管委会所在区一级行政单位，行政架构问题在一定程度上会影响行政效率。

（2）政出多门现象仍然存在。自贸试验区挂牌后，各级政府和职能部门纷纷出台推动自贸试验区制度创新和经济发展的政策，种类和名目繁多，整理消化政策尚需花费较多精力。而目前的自贸试验区所属政府部门设置仍按照传统的行业管理方式，政出多门。比如人才管理方面，片区委组织部主管高端人才，区财政局主管会计，司法局主管律师，人社局主管技工等；比如涉及航运金融的制度创新推行，海关、海事局、金融局和相关海港集团等部门交叉协调难度大，政策难以落地；又比如招商方面，尽管强化了专业职能部门对各自行业领域的专业化招商职能，但仍存在"文广新局负责旅游休闲项目的招商"此类不合理之处。

3. 政策实施受到一定制约

对企业而言，政策针对性不强，自贸试验区有些企业反映"需要的政策给不了，给了的政策用不了"；对公众而言，政策普及性有待提升，政府没有设置专门发布、分类、解读自贸试验区政策的权威窗口；对地方政府而言，由于还未出台制度创新人才激励政策，干部在推行制度创新的过程中可能因为风险不可控、免责和激励政策缺失导致改革推行谨慎。

（1）政策针对性不强。由于时间仓促和保密需要，自贸试验区在设计总体方案、形成负面清单和制订实施方案过程中，未能大范围地深入征询企业意见、制度需求和政策需求，缺乏一定的社会参与度，导致企业普遍反映"需要的制度和政策给不了，给了的制度和政策不需要"。制度供给与企业需求对接性较差，一些外资企业认为负面清单管理、金融开放、粤港澳服务贸易自由化等制度创新还有很大改善的空间。一些企业反映第三版负面清单的修订，其实质性开放度依然有限，一些重大领域没有取得突破，如跨境资本流动的瓶颈仍未打破；与新加坡等地相比，我国税负还是过重；离岸金融、保险、航运等领域的税收优惠措施不多。

（2）政策普众性较差。通过对一些港澳投资企业访谈我们发现，香港、澳门地区对自贸试验区的行政体制改革、政策体系并不十分了解，很多企业处于观望状态。外资公司仍认为我国的大量法规、政策清晰度不高且变化较快，让外资无法适从。政府没有设置发布、分类、解读政策的权威窗口，企业咨询和了解政策信息有较大困难，不能及时地了解最新政策。对比之下，香港的市场准入、贸易监管、行政管理和财税流程都很完善、简单和高效。尽管香港租金和人力成本较高，但完善的制度环境令其仍保持较高投资吸引力。选择自贸试验区作为新的投资选址，外资企业对其走势需要一个认识过程，思考更为谨慎和成熟，这也是目前港澳企业在自贸试验区实际运营企业数偏少的重要原因之一。

（3）政策落地有困难。从政策出台到落地的"最后一公里"还没有取得实质性进展。由于缺少相应的制度创新人才的激励政策，导致很多制度设计停留在纸上，缺少配套的可行性方案。政策颁布后，如何执行、谁执行、谁监控、是否能执行、执行效果如何等有待细化明确。如在商事登记方面，虽然对登记制度进行了改革，但是服务窗口便捷性不高，特别是预约前不审核相关资料，如果审核不通过又要重新预约，直接影响了行政效率，增加企业时间成本。又如在外汇管理的隐性限制始终存在，对非贸易付汇的限制无法突破。

4. 自贸试验区建设推进欠缺高规格和全盘性

从方案实施方面来看，自贸试验区实施方案对自贸试验区建设给出了高规格和全盘性的构思，但在方案推进时各政府职能部门主要侧重两个方面：一是对原有行政流程的修补，增加一定的便利性，这的确对营商环境的塑造起到一定作用，但行政效率的提升是任何政府部门的应有之义，并不能深度体现自贸试验区"行政倒逼改革"的本质；二是侧重对本部门任务清单的认领，忽视了制度创新的系统性和全局性考虑。从辐射带动方面来看，辐射带动区域发展是四大自贸试验区建设的应有之义，但目前自贸试验区辐射带动所在大区域和自贸试验区，以及辐射带动周边关联区域的作用仍未凸显。

（1）改革成效过于集中在营商便利化。当前不管是"多照合一"，还是"单一窗口"等举措，都极大地推动了自贸试验区贸易便利化的建设，值得肯定。但是绝大多数的制度与政策创新主要聚焦在通关便利化，其他方面的改革仍较为薄弱。如广东自贸试验区总结的首批60条创新经验中，其中有31条涉及投资贸易的便利化，而事中事后监管只有4条，金融制度创新方面则鲜见突破。福建自贸试验区和天津自贸试验区也类似。

（2）行政管理体制改革深度不够。从调研所得的信息来看，企业负责人对于各个自贸试验区在注册过程中引入"一照一码"和多部门联动审批的工作方式改进所取得的便利性和高效率表示了高度认同。但事实上，这些关于事前审批层面的改革成效，与深化行政管理体制创新要求的差距还较大。自贸试验区行政管理体制改革的核心在于"基因重组"和"基因再造"，应该将高效率、便捷化的服务嵌入产业培育、规划和扶持的整个过程中，使政府职能转变向纵深推进，而不是简单地"小修小补"。

（3）市场化导向的改革机制没有得到更好地发挥。四大自贸试验区均位于我国国际化程度较高的城市，厦门、珠海、深圳还具有特区的制度先行优势。如广东作为改革开放前沿阵地，应继续保持传统的"无中生有"优势，传承和深挖以"市场化导向"为改革动力的广东精神，继续依靠市场作为资源配置基础性作用，将法制、竞争、专业和产权保护贯穿于招商引资的全过程，做到制度创新的全国性引领和示范。

四、自贸试验区政府职能转变的突破点

自贸试验区下一步的改革创新焦点在于通过商事制度、贸易监管制度、金融开放制度、事中事后监管制度等领域以优化营商环境，形成公平、统一、高效的市场环境。

（一）复制推广——商事制度便利化

根据近两年自贸试验区政府职能转变的经验来看，商事制度改革是自贸试验区简政放权、转变职能的"先手棋"，各大自贸试验区均取得不俗的成绩。因此，商事制度便利化应成为在全国复制推广的重要领域。一方面，

自贸试验区应以"三证合一"和"先证后照"等商事登记制度改革为基础，在"证照分离""注册登记全程电子化""企业名称核准制度"等领域探索更多的创新经验。另一方面，应该在条件具备的城市或地区推广自贸试验区商事登记制度的成熟创新成果。非自贸试验区通过复制和学习，在更大范围内激活市场活力，推动"大众创业、万众创新"。

（二）管理创新——贸易监管制度法治化

自贸试验区的开放所涌现的新现象为政府监管带来创新的切入点。一方面，开放型经济建设要求自贸试验区高标准对接国际贸易投资新规则。自贸试验区在贸易便利化和分类监管方面创新成果卓越，法治化贸易监管应是持续改革的方向。另一方面，贸易自由化催生了跨境电子商务、汽车平行进口、离岸贸易等多种新型贸易业态，但也随之产生了新的监管问题。尽快研究和制定针对新型贸易业态的监管制度是建构自贸试验区贸易监管制度的新议题。

（三）统一执法——事中事后监管法治化

以往制度创新变革进程缓慢其中一个重要原因就是有关政府部门怕"放开了，管不住"。事中事后监管的到位性和安全性给自贸试验区政府压力较大。一方面，学习新加坡和香港地区贸易监管的先进经验，逐步改革审批制，形成"以准入后监督为主，准入前负面清单方式许可管理为辅"的监管模式。在已有的社会信用建设和综合执法制度建设基础上，进一步强化社会力量参与市场监督制度的建设。另一方面，以自贸试验区为创新示范区，尝试构建集"司法系统、政府行政执法部门、专业监管机构、行业自律组织、新闻媒体和消费者维权组织"六位一体的市场监管体系。

五、自贸试验区政府职能转变的"渐进调适"

制度创新的主体是政府。政府作为制度供给侧要与企业需求侧对接。要为企业提供匹配的制度安排，必须要求自贸试验区政府干部管理思想转变和知识升级。对应地，行政机构应"渐进调适"。

（一）行政体制激活

1. 行政管理变革

（1）行政架构优化。鉴于自贸试验区的意义在于通过开放倒逼行政改革，小范围内探索行政机构改革整合将有利于进一步激活创新，"合署办公""扁平化"等都是改革突破点。这方面，上海自贸试验区率先做出了成功的示范。2015年，上海自贸试验区扩区挂牌之时，其管理体制也随即做出相应的调整，即自贸试验区管委会与浦东新区人民政府合署办公，管委会主任由上海市副市长和浦东新区区委书记共同担任。合署办公的好处，一是将目标一致的自贸试验区与浦东新区耦合起来，深度融合，以释放更大的改革示范区效应；二是浦东新区将继续打浦东开发的旗帜，自贸试验区就是浦东，浦东就是自贸试验区，自贸试验区范围将不再限定在浦东的四个片区，而是整个浦东，使自贸试验区改革试验脱离区域面积范畴，向改革纵深含义推进。

（2）深化行政审批制度改革。积极开展政府权力清单和责任清单的规范工作。就自贸试验区政府职能范围而言，要形成并公开权力清单，简政放权。哪些该管的，哪些不该管的，都要用清单列示。就政府责任而言，制定并公开责任清单，清晰职责，接受社会监督。对违反权力清单造成损失的要依照责任清单问责，对探索性的制度创新变革带来风险的可以免责。建议具备条件的自贸试验区可以整理行政审批所遇到的所有情况，探索一套编制权力清单和责任清单的规范管理方法，在这一领域率先做出尝试，为全国深化改革提供范本。建议以自贸试验区投资管理的负面清单为学习对象，尝试编制政府负面清单，把原本不归政府拥有的权力或限制政府行使的权力向社会公布，接受公众监督。

（3）继续提升行政透明度。明确公布行政权力清单及其运作流程；对规范性文件有异议的公众可提请政府进行审查。制定有关自贸试验区的法规、规章和规范性文件时需公开草案内容并举行论证会和发布会，征求公众意见。在自贸试验区门户网站及时发布自贸试验区的法律、法规、规章、政策、办事流程信息，以便公众查询；在自贸试验区政府行政中心大厅设立自贸试验区法规及政策咨询窗口，该窗口要承担和发挥让投资者和民众了解自贸试验区政策的功能作用。

2. 政府管理流程再造

在行政体制改革的基础上，自贸试验区要重视政府流程再造，提升政府管理绩效。自贸试验区的贸易便利化、事中事后监管要求政府多职能部门之间突破传统的"碎片化"困境，加强同级政府之间、政府职能部门之间的协调合作，设置联网审批和集中办公。一些非自贸试验区地方政府的政府流程再造经验可以为自贸试验区所用，并且利用自贸试验区的制度创新优势进行再创新。如在佛山全市推广的三水区"一门办理、全城通办"行政审批模式就是把原来分散在社保、卫计、国土、民政等大厅或局里办理的业务合并到一个综合办事窗口。针对三水地形狭长、镇街和村居相对分散的特点，三水以区级行政服务中心为核心，在7个镇街各设置1个行政服务分中心，在村居按服务半径和人口设置网点窗口，实现审批业务"全城通办"。进行适度和因地制宜的政府流程再造，不仅能提升行政效率，降低行政成本，还能提升企业和市民对政府行政服务的满意度。

3. 构建影子政府

鉴于自贸试验区的公务员编制名额有限，可以推广和完善政府部分经济职能及社会管理职能外包模式。如发改局、贸促局、金融局等专业性较强的职能部门，部分雇员可以通过社会招标和专业中介委托的方法引进。效仿企业式治理，既能减少政府财政负担，又能提升招商效果；既便于人员管理，又能对现有公务员队伍产生"鲇鱼效应"。在广东自贸试验区南沙新区片区和横琴新区片区，在一些经济职能部门和专业要求高的职能部门均尝试采用以政府公务员编制为圆心，纳入公务员、事业编制人员、选调、雇员四层政府人才队伍的"同心圆结构"。基于对南沙和横琴的调研，建议把政府雇员队伍管理规范化并作为公务员选拔任用的主要对象。待该模式试验成熟后，可以在全国类似的区域进行复制推广。

4. 干部考核侧重制度创新贡献

鉴于自贸试验区是制度创新高地，而不是政策洼地，政府干部考核不宜单纯以GDP等量化指标来考核。制度创新的广度和深度、可复制推广性应纳入重点考核范围。进行自贸试验区改革创新的第一要素是干部队伍和各类人才。开展自贸试验区的改革创新是新鲜事物，对于各级干部来说需要付出巨大勇气和艰辛努力。第一批和第二批自贸试验区要充分利用区位优势去激发干部队伍行政改革创新的热情。因此，建议市委、市政府主要领导以及各职能部门主管领导每周安排固定时间在自贸试验区片区管委会办公；建议制定办法，由市财政给予自贸试验区片区政府干部和优秀工作人员专项补贴。同时，出台相应办法支持各级干部和人才发挥能动性大胆探索制度变革。

（二）政府人员工作转变

1. 从"案头"向"一线"转变

政府干部要从"文山会海"中释放出来，通过摸底，真正了解自贸试验区内企业和潜在进入企业的制度需求和政策需求，做到有的放矢。一是突破传统的案头复制，以企业数据为说话依据。建议政府工作人员将自贸试验区企业的一手数据和二手数据相结合，建立企业信息管理平台，在建言献策中广泛采用大数据说话。二是走访企业，了解新业态、新模式和新政策需求。通过走访企业，特别是新兴贸易业态，了解企业对制度创新的真实需求，为制定有针对性的政策提供好的支持依据。三是把服务点与企业身贴身。一些职能部门可以在企业集聚区开设便利窗口，提供咨询交流、办理业务等公共服务。

2. 从"闭门"向"串门"转变

自贸试验区制度创新的系统性需要各职能部门从"碎片化"转变为"模块化"。政府干部摒弃传统的"各自为政"思想，充分利用行政服务中心集体办公之便利，加强与常规性协作部门进行非正式交流沟通，有利于跨部门工作的开展和创新的产生。一是利用行政中心之便集体办公。基于自贸试验区"一口受理"整理了多部门的创新案例，可以继续推广和复制该经验，政府相关职能部门集中办公，切实解决企业和个人营商"零跑动"。二是利用午餐会增强平时交流。鉴于以往政府部门之间私下交流不多的现实，可以尝试利用行政中心大楼员工饭堂举办一些午餐会，增进跨部门工作人员之间的感情。三是强化跨部门工作例会。以往涉及复杂性业务或突发性新兴业务，政府会采用临时组织跨部门提议会议，但是效果并不是特别明显；现在，可以由项目主管领导牵头，形成密切关联部门的工作例会。

3. 从"唯上"向"唯实"转变

自贸试验区的创新性要建立在"求是"的基础上。基层干部对一线实情较为了解,在有理有据的基础上,应勇于突破现有行政层级思想的制约,为领导献真言。政府固有的体制和层级制约,导致一线工作人员长期对上级存在跟风或言听计从现象。但是,自贸试验区在现实建设过程中涌现出较多的新现象,并不是领导能全盘理解和解决的。一线工作人员对于现实情况较为知情,可以以工作例会简报等形式向领导提出客观和真实的意见,促使领导欣然接受。

(三)干部队伍知识体系更新

1. 基于自贸试验区总体框架的知识建构

自贸试验区作为综合性的制度创新改革高地,要求各政府职能部门干部首先对自贸试验区制度创新的总体框架——"十三五"规划、"一带一路"、自由贸易协定(FTA)与自由贸易园区(FTZ)等有着全面深刻的宏观统揽,才能找到创新的着陆点。四大自贸试验区成立以来,各级政府干部和工作人员主要忙于推进制度和政策的出台和落实,并没有精力系统地对制定政策和实施政策的人员进行自贸试验区知识的培训。在对自贸试验区工作人员的访谈中发现,他们并没有对自贸试验区的内涵和发展有清晰的知识建构。建议每个自贸试验区可以邀请当地的高校自贸试验区研究机构和中国自贸区高校联盟制定一套自贸试验区课程体系,为政府部门工作人员提供培训。

2. 从综合行政转型到又红又专

自贸试验区建设产生了多领域的创新变革,这就要求政府职能部门从单纯提供行政服务的"公务员知识储备1.0版"升级为既能提供行政服务又能提供专业咨询和问题解决方案的"公务员知识储备2.0版"。自贸试验区中一半以上工作人员来自公务员招考。从对目前公务员招考专业和学历要求的统计发现,除了一些技术性部门,其他基本属于公共行政部门,对专业性要求不高。这也导致了一般的政府职能部门工作人员只能为企业提供基本服务,而提供不了专业服务。自贸试验区的金融放开,负面清单投资贸易管制、跨境电商新兴贸易形态等兴起对传统的公务员知识储备提出了挑战。在综合行政服务提供的基础上,公务员以进修形式扩充专业知识,才能为处理自贸试验区未来不可预期的新问题做好铺垫。

参考文献:

[1] 王浦劬. 论新时期深化行政体制改革的基本特点 [J]. 中国行政管理, 2014 (2).

[2] 宋慧宇. 政府安全监管有效性的制度完善研究 [J]. 社会科学战线, 2015 (11).

[3] 杨凯. 行政管理体制改革存在的问题及解决措施 [J]. 科技展望, 2015 (33).

[4] 石亚军,施正文. 建立现代财政制度与推进现代政府治理 [J]. 中国行政管理,2014 (4).

[5] 宋湛. 促进三重转型:行政体制改革的主攻方向 [J]. 中国行政管理, 2014 (7).

第七章 企业信用监管与自由贸易试验区市场监管制度创新

符正平 常 路[*]

企业的信用监管是依据被监管对象遵章守法的基本情况和其他相关信用信息开展的一种新型监管方式。企业信用监管是监管部门对企业的信用行为进行监管，并通过公示将其信息放置于"社会显微镜"之下，通过社会的集体惩罚形成强大的信用约束，使信用的资产价值得以彰显。在国家自贸试验区制度创新背景下，开展以企业信用监管为核心的市场监管制度创新，对于建设高水平市场经济体系有重要意义。目前，上海自贸试验区企业信用监管改革"先行先试"以及广东自贸试验区企业信用监管改革创新已取得了显著成效。下一步，自贸试验区应从征信体系、评信体系和用信体系三个维度推行企业信用监管改革。

一、企业信用监管与自贸试验区市场监管制度创新

在市场经济中，信用是获得信任的资本，而信任能够降低交易成本，促进交易发生。信用是企业财富的重要组成部分，同企业所拥有的物资资本和其他无形资本一样，具有价值属性。要想实现企业信用的社会价值、经济价值和时间价值，信用信息资产就必须能够被交易、度量和管理，这就需要建立与市场经济发展相适应的社会信用体系。

---

[*] 符正平，男，中山大学自贸区综合研究院常务副院长，管理学院教授，博士生导师，主要从事国际投资与跨国公司、战略管理、产业集聚等方面的教学与研究工作；常路，男，南方医科大学人文与管理学院讲师，管理学博士，研究方向为产业集群、产业创业与电子商务。

社会信用体系是指由一系列法律、规则、方法、机构所组成的支持、辅助和保护信用交易得以顺利完成的社会系统，涵盖市场诚信、社会诚信、政府诚信和司法公信等领域。从某种意义上来讲，发达市场经济体之所以交易通畅，正是得益于拥有完备的社会信用体系。这类体系保障了在陌生人的社会中能够便利地实施非人格化的交易，从而能够不断扩大交易范围，扩张交易规模。

与之相反，缺乏社会信用体系的经济体往往市场秩序混乱、交易成本奇高、经济运营的效率很低。由于信用信息资产不能得到有效地流转、运用、补充和增值，经济主体讲信用的价值也就大打折扣。在这种情况下，个人、厂商以及其他经济主体极有可能利用信息的不对称，进行事前的"逆向选择"来骗取交易，事后也容易诱发通过损害他人利益而最大化私利的"道德风险"行为，最终形成"劣币驱逐良币"的激励扭曲，导致市场失灵的结果。

在一个不讲信用的社会中进行市场监管的难度可想而知。当前的市场监管机制面临监管失效、监管低效、监管权滥用、监管乏力等问题，监管部门疲于应对事后救火式监管、事前保障性质的突击式监管，监管失灵也就成为常态。从本质上来讲，市场监管的本质是纠正市场失灵，而信息不对称问题是一个主要原因。是否能够克服信息不对称现象的影响也就成为衡量市场监管有效性的一个重要标志。从这个意义上来讲，加强对企业的信用监管就成为重新组织监管链条和进行监管方式变革的重要承载。

企业信用监管是指市场监管部门根据企业在市场准入、经营、退出过程中遵守工商行政法律与管理制度的状况以及企业的信用相关信息实施管理的一种监管方式。加强对企业的信用监管，必然倒逼企业从思维上重视社会责任、过程上讲求合法经营、结果上强调产品质量，推动企业适应"供给侧改革"。信用监管也是对消费者、交易中处于信息弱势一方的知情权利、选择权利的尊重，在鼓励交易信心的同时能够促进交易者做出正确的交易选择，通过"用脚投票"促进市场正确有效地配置资源。当然，企业信用监管也将直接改变监管部门的工作理念与方式，过去政府习惯的"前置审批即监管""检查罚款即监管"等传统方式将会转变为"宽进严出"的事中事后监管体系，这就必然要求各级政府彻底地转变行政管理职能。

为了适应更高水平的服务贸易规则竞争，以开放带动改革，促进国内经济和经济管理体制机制的转型升级，我国从2013年开始陆续建立了多个自贸试验区。改革的实质是要使自贸试验区最终建设成为与国际高标准投资贸易规则接轨的市场经济实验体系，并通过先行示范作用，将我国经济推向更高层面的国际分工位置，引领国内经济以及社会经济发展方式的转型改革。

在这一过程中，贸易便利化改革是目标，为实体经济、贸易和投资活动服务的金融改革是必要，建立以负面清单为核心的投资管理制度就成为必然。随着重视事前管理的传统行政审批制度的落幕，就必须探索建立事中事后的创新监管制度。加强市场监管综合执法，对市场主体实施综合监管，建设统一的市场监管和企业信用信息公示平台，对商事主体实施信用分类监管等一系列的制度创新措施也就应运而生。

信用匮乏是转型经济体的普遍现象，是社会经济转型过程的必然产物，也是转型经济体系向先进市场经济体系转变的重大瓶颈。当前各地自贸试验区推行企业信用监管，探索宽进严管、简政放权和转变职能的新型市场监管体制机制，对于完善社会信用体系建设，深化商事制度改革，营造良好国际化、法制化的市场环境，惠及"大众创业、万众创新"具有非常重要的战略意义与价值。上海作为自贸试验区的先行先试地区，在以信用监管为核心的市场监管制度创新中取得了一批极具代表性的经验。广东省作为改革开放的前沿和先进地区，同样面临建设市场监管制度创新的压力和需求。广东自贸试验区三个片区在共同的制度环境之下，其信用监管改革工作呈现出多样化的路径特点，同样具有很强的借鉴意义。本章接下来的部分首先介绍上海和广东两个自贸试验区相关工作的主要做法和经验，在此基础上结合其他自贸试验区和各地区的正面经验做法，分析展望推广信用监管改革经验的关键问题。

二、上海自贸试验区企业信用监管的先行先试经验

（一）上海自贸试验区企业信用监管的主要做法

自2013年9月成立以来，上海自贸试验区大力推行制度创新，以转变

政府职能,提升现代治理能力为目标,依托上海市成熟的公共信用信息平台,建设自贸试验区子平台,探索开展事前诚信承诺、事中评估分类、事后联动奖惩的信用管理模式,以完善的社会信用体系为核心,简化了前置行政审批环节,加强了事中事后监管和综合监管工作,形成了一套可复制推广的创新管理经验。其做法主要包括以下七个方面①。

(1)建立综合执法制度。市场主体信用平台自贸试验区子平台初具规模,已对区内3924家重点企业、1172家海关监管企业、15000名企业高管进行了平台批量信用核查。自贸试验区建立了涉及30个部门的信息共享和服务平台。同时,自贸试验区管委会集中了19条线的行政执法权,形成了综合执法格局。

(2)建立企业年度报告公示制度。截至2014年6月底,上海自贸试验区年报公示率达87.54%,7398户申报企业提供了审计报告,占公示总数的71.66%。1467户未参加年报公示工作的企业被列入经营异常名录。

(3)加强公示信息抽查工作。2014年11月至2015年3月,上海自贸试验区按照3%的比例摇号随机抽取315户被抽查企业。315户被抽查企业中,17户弄虚作假,占5.4%;18户无法联系(失联),占5.7%;2户不予配合,占0.63%;16户存在擅自变更住所和经营范围、许可证到期或抽查前已注销等情况,占5.1%。

(4)完善企业经营异常名录制度。2013年企业年报后,上海自贸试验区工商部门将1467户未报送的企业列入经营异常名录,至2015年6月底有495户企业补报年报后被移出经营异常名录。

(5)强化信息公示与共享。自贸试验区工商部门将抽查结果、无正当理由拒绝接受抽查的企业、列入经营异常名录企业,通过企业公示系统集中对外公布,并通过自贸试验区监管信息共享平台归集相关信息,促进各部门监管信息共享,为建设统一的监管信息共享平台提供保障。

(6)执行信用违规惩戒机制。规定要求在政府采购、工程招投标、国有土地出让、授予荣誉称号等工作中,对列入经营异常名录的企业限制或

---

① 参见张建华:《上海自贸试验区加强事中事后监管的实践与思考》,载《中国工商报》2015年8月4日,第3版。

禁入。企业一旦被列入严重违法企业名单，企业的法定代表人、负责人3年内不得担任其他企业的法定代表人、负责人。

（7）鼓励社会力量参与市场监管。通过引进行业协会与中介机构，鼓励社会力量参与自贸试验区市场监督、行业监督，开展第三方评估，初步形成社会力量参与市场监督的有效途径。同时，建立了包含首批42家常务委员单位的自贸试验区"社会参与委员会"，代表企业参与市场监督的交流沟通，并推动行业协会、商会制定行业管理标准和行业公约，加强行业自律，维护诚信守法、公平、公正与开放的市场秩序。

（二）上海自贸试验区企业信用监管的意义和成效

上海自贸试验区强化了失信震慑，产生了企业信用约束，增强企业的自律意识。公示抽查制度、经营异常名录制度、信用公示和共享制度、失信惩戒制度的联动实施，使得信用信息真正实现了其资产价值，经济行为主体的守信收益和失信成本同时上升，企业立即意识到了维护商誉的重要性，开始重视对自身公示信息的申报和管理。例如，部分企业在抽查工作开始前主动联系相关部门说明情况，承认伪造或失误操作产生的错误信息。被列入经营异常名录的企业，积极提交办理移出申请，由此改变了过去年检制度监管效果差的局面，在自贸试验区内形成了诚实守信的积极氛围，既有利于企业的切身利益，也保证了市场秩序的良性发展。

对于监管部门而言，改变了监管思维和方式，降低了监管成本，提升了监管效率。传统的"靠腿监管"的方式是一种劳动密集行为，本质上是检查式的控制。这样做不仅费时费力，更难以真正调动被监管对象的积极性和自觉意识，不能防患于未然，最后只能流于形式，企业也疲于应付，监管的效果较差。而建立在公示信息抽查基础上的监管联动制度，充分尊重、鼓励了市场主体依法诚信经营的意愿，最大限度地减少政府对企业日常经营的干扰，强化了市场主体诚信经营的意愿，降低了不必要的监管成本，提升了监管效率和效果。

上海自贸试验区建立以社会信用体系为核心的监管制度改革更大的意义在于形成了"企业自律、政府监管、社会监督"的社会共治格局。企业的经营信息透明化，使得信用信息可以在社会的横向流转过程中发挥交易价值，这就为强化企业监管的社会监督创造了有利条件。这是因为在拥有信用系统的情况下，陌生人与企业从事交易活动，必然选择首先查看其信用记录，如果企业缺乏信用记录或有不良信用记录，很可能中止交易。随着交易企业、行业协会、商会、消费者群体、中介组织机构越来越多地使用和补充信用信息，社会信用体系的社会监督效果就会具有越来越多的"网络效应"，传统监管模式下只有政府、企业参与的双边行为也会转变为政府与社会的共同监管。

三、广东自贸试验区企业信用监管改革的特色经验

（一）广东自贸试验区的建设目标

根据国务院《中国（广东）自由贸易试验区总体方案》要求，广东自贸试验区的目标是营造国际化、市场化、法治化营商环境，构建开放型经济新体制，实现粤港澳深度合作，形成国际经济合作竞争新优势，力争建成符合国际高标准的法制环境规范、投资贸易便利、辐射带动功能突出、监管安全高效的自由贸易园区。广东自贸试验区分为三个片区，广州南沙新区片区着力建设以生产性服务业为主导的现代产业新高地和具有世界先进水平的综合服务枢纽；深圳前海蛇口片区建设我国金融业对外开放试验示范窗口、世界服务贸易重要基地和国际性枢纽港；珠海横琴新区片建设文化教育开放先导区和国际商务服务休闲旅游基地，打造促进澳门经济适度多元发展新载体。

（二）广东自贸试验区信用监管改革的目标与基础

在企业信用监管方面，方案要求广东自贸试验区健全社会诚信体系，建立企业诚信制度，开展信用调查和等级评价，完善企业信用约束机制，实施守信激励和失信惩戒制度。完善企业信用信息公示系统，实施企业年报公示、经营异常名录和严重违法企业名单制度。以商务诚信为核心，在追溯、监管、执法、处罚、先行赔付等方面强化全流程监管。

广东省近年来一直在坚持开展"三打两建"整顿市场秩序工作，各地

在开展市场监管体系改革和方法创新上都进行了大量的实践工作。各地市初步建立了企业信用数据库，局部实现了部门内部的信息互联互通，加强了综合执法协同创新以及分类分级监管实践，初步构筑了失信惩戒的联动机制，出台了相关的法律、规定加强社会信用体系建设，加大了信息公开公示，提升了社会监管效果。这些工作为广东自贸试验区进行企业信用监管提供了良好基础。

（三）广东自贸试验区企业信用监管的特色经验

2014年6月，国务院出台了《社会信用体系建设规划纲要（2014—2020年）》。同年7月，《广东省社会信用体系建设规划（2014—2020年）》颁布，要求："到2015年，初步建成与我省经济社会发展水平相适应的社会信用体系框架与运行机制，成为全国社会信用体系建设的先行区。"除了充分吸收上海自贸试验区的先行经验以外，广州市、深圳市、珠海市所在地域的自贸区片区按照各自的战略定位和实地实情，积极推进社会信用体系建设，加强基于企业信用的监管制度改革，形成了一套典型做法和经验。

1. 广州南沙片区：依托综合执法强化事中事后治理

南沙片区积极完善行政权责清单，充分运用"互联网+监管"的思维，率先建设统一的市场监管和企业信用信息公示平台，归集整合86万多条涉企各类信息，涉及约4.8万户市场主体信用信息，打破部门间"信息孤岛"状况，完善信用信息跨部门共享互通、协同监管、信用联动机制。建立企业年报公示、经营异常名录和严重违法企业名单制度，运用市场化、社会化的方式对企业进行监管，有效增强企业信用意识。实施企业信用分类监管，建立完善企业信用监管指标，按照部门监管职能，将市场主体进行信用等级划分，实施分类监管，对守信主体开通"绿色通道"等积极措施，同时及时公布失信被执行人名单等方面失信信息，加大对严重失信主体的惩戒力度，有效督促相关当事人履行义务。探索建立统一市场监管和综合执法模式，按照减少层次、整合队伍、提高效率的原则，配置执法力量，推进"一支队伍管执法"改革试点，充分发挥执法力量整合优势，加强执法联动，形成监管合力。与此同时，开展外资安全审查和反垄断审查。

2. 深圳前海蛇口片区：依托信用数据库凸显社会监管

深圳市从 2003 年就开始建设企业信用信息系统，目前已是全国领先、华南最大的企业征信数据库，并依托"深圳信用网"对外公示信用信息。该系统已集成 210 万家商事主体的登记、监管、资质认证、表彰与处罚、纳税、信贷、诉讼立结案和执行等共计 3 亿条信用信息。信息提供和信息共享单位扩展到全市 62 家行政司法机关、行业协会、公用企事业单位，成员单位按照具体目录呈送相关信息，信用数据库呈现出不断完善的网络效应。该系统信息以各类市场监管数据为主，并且连接了银行评级信息、出入境企业信用等级等社会机构评级信息，还包含市区法院民事执行案件信息、法院立案信息和结案信息、海关行政处罚信息、海关登记进出口企业信息、社保信息、国地税登记信息、国地税不良记录。当根据统一社会信用代码查询企业年报的各类信息时，企业的各类行政处罚、司法诉讼、警示曝光以及社会荣誉等各类资信会作为提示信息加载。依托深圳市企业信用信息系统的资源优势，"深圳前海蛇口自贸片区信用网"于 2015 年年底开通，内容涵盖注册在前海蛇口自贸试验区片区近 7 万家企业的登记、监管、资质认证、表彰与处罚、纳税、信贷、诉讼立、结案等信息。

3. 珠海横琴片区：依托诚信岛计划提升社会诚信

珠海也是广东省较早建立公共信用信息系统的城市之一。2014 年，珠海市颁布了《珠海经济特区横琴新区诚信岛建设促进办法》（以下简称《办法》），开始着手打造"诚信岛"。《办法》规定了横琴新区应加强对商事主体的诚信监管，重点加强政务、食品药品、建设工程、旅游服务等领域的诚信建设。由横琴新区管委会组建信用信息中心，确立《信用信息公开目录》，建立失信惩戒联动机制。《办法》要求横琴新区管委会培育、引进、监管信用评级服务机构，推进各类信用服务产品在政府采购等政府经济事项中采用。实行综合执法时可以聘请港澳人士担任专业顾问。在商务诚信中，建立一系列的创新性制度，包括建立商务信用信息公开、索票索证、商品溯源、商品出入境监管、横琴诚信店计划、先行赔付制度、建设工程实名制等制度。规定由横琴新区消费者委员会负责引导食品药品、建材、旅游等各行业协会建立行业诚信守则，实行社会监管。

四、推行企业信用监管改革的几个关键问题

企业的信用监管是一种新型监管方式。从以上自贸试验区企业信用监管的经验与做法来看，这种监管方式围绕着信用数据、信用信息、信用知识、信用管理的流程，形成了过程监管思路；围绕着信用数据库的持续补充更新、企业信用等级的升降，形成了连续的动态监管特征；围绕着企业信用资源的开放获取、互联共享、多方使用，形成了增值性质的社会监管格局。当然，推行企业信用监管改革绝非易事。如果从工作的过程来看有待解决的问题至少包括征信、评信、用信三个递进的环节。

征信是对信息的获取与归集，要有制度安排保证信息的完整、准确、真实，并能够及时更新；评信是对分散的数据进行整合，对数据反映的企业行为特征进行判断，通过评判赋予企业信用资产价值，关键在于信用评估指标体系和评估流程保证评价的系统性、科学性、准确性；用信是对信息资产在政府部门内部和政府外部的流转和使用，主要解决应用范围和应用形式，最终达成"一处失信，处处受限"的实用效果以及为诚信企业真正增信的激励效果。

（一）建立重点突出、内外通畅的征信体系

（1）突出企业信用监管征信的服务目标。企业的信用监管体系是社会信用体系下的一个环节和组成部分。征信服务目标应首先是满足工商及市场监管部门开展工作的信息需求；其次是满足包括社会公众在内的信用查询需求；再次是为市场征信行业和信用评级机构的发展提供必要的基础数据。尽管存在公共性目标，但是企业信用监管征信体系应当首先服务于政府部门的执法需求，应该紧紧围绕提升监管的科学性、有效性需求来建设征信体系，不可以贪大求全、分散有限的行政资源。从某种意义上来讲，这就类似于银行内部的信贷征信体系，是为监管部门降低监管成本、监管风险和提升监管效率而服务的一类工作。监管征信的首要目的是服务于"增强政府市场监管能力"的改革大局。

（2）突出因地制宜构建符合本地实情的征信体系。关于如何建设征信

体系,现在的争论较多,其焦点主要是政府在其中扮演什么样的角色。应当看到,世界上存在着三种典型的征信体系:美国的市场模式、欧盟的公共模式以及日本的行业协会模式。这种事实本身就已说明应当根据国情和本国的市场经济特征进行相应的制度安排。征信体系建设是个庞大的社会工程,由于发展不均衡,很难在我国建立统一的征信框架模式。从国内情况来看,上海建立了政府支持下的"不完全"的市场征信模式;浙江建立的公共性政府模式是由于浙商之间关系性交易氛围浓厚;深圳市实行"双轨制",对于企业信用实行"行政主导,事业运作",对于个人信用实行完全的市场化。这都说明了征信体系的构建应当充分重视我国的国情、各地的信用环境差异以及对社会信用体系的不同需求。

(3)突出建设政府引导、社会协同的创新征信体系。在自上而下统筹规划信用监管征信体系的同时,各地应根据本地实情建设符合区域特色的征信体系。在社会信用体系的起步阶段,地方政府肩负领导责任,重点在机制与制度创新。所谓地域特色,一是考虑当地的市场与社会力量发育情况。例如,对于市场发育比较完善的地区,政府可以分步放开对信用市场的控制;在行业协会能够具有社会话语权与社会责任的地区,可以赋予行业协会信用征集与管理的职责,使得政府、市场、社会在社会信用体系的构建中发挥各自的作用。二是地方主导产业的差异性特点。例如,制造业对于产品的生产过程有着严格、复杂的要求,而商业企业的核心在于仓储、采购、销售。也就是说,地方政府承担公共责任建设必要的公共服务体系的同时,要注意充分利用社会共治的手段,多中心分权化协同创新。

(4)突出征信体系建设的重点领域和任务。地方政府进行区域征信体系建设,应加强科学决策,根据当地特点,创新经济社会管理手段,以有效解决当地主要的社会失信问题为主要行动目标,以食品安全、药品安全、生产安全、环境保护、产品质量、工程建设、劳动保障、税收管理、医疗卫生、教育科研、中介服务、信息消费、股权投资、融资担保、合同履约、商业贿赂治理等关系人民群众切身利益、经济健康发展和社会和谐稳定的领域为重点,研究利用信用信息在当地行政管理事项中的具体、有效运用方式,将市场主体的信用记录或信用报告作为实施行政管理的重要依据,加强各类监管工作管理创新,强化社会监管效果。同时,充分依托各行业和领域主管部门现有的管理职能，加快或利用现有的行业和领域信用信息系统，形成信用信息征集和应用的基础条件。

上海张江高科技园区的信用体系建设就是一个突出因地制宜、协同创新和重点领域建设的典型案例。张江高科技园区中大量活跃的成长型中小企业聚集是其普遍特征，对融资有着迫切的需求是其共性特点。为解决融资服务问题，张江高科技园区推行"互联网+信用监管"模式，建立采信第三方信用产品和服务的制度安排。张江信用促进中心在已有信息系统基础上，利用相关职能部门信息数据、企业自评信息以及第三方公司"棱镜征信"强大的企业数据库，搭建了"信用张江"在线网站。企业用户可通过在线网站填写提交企业信用自评报告。张江信用促进中心委托"棱镜征信"对采集的企业工商数据、财务数据、司法数据、舆情数据等进行处理、分析、建模，形成园区企业综合、全面、多维度的画像，并进行企业信用评级。其出具的信用评级报告成为园区企业向园区申报政策资金的重要依据。

（5）拓宽企业信用监管信息来源。各级政府及重大企事业部门掌握的企业信用信息量很大，包括基本身份信息、经营行为信息、社会公共信息记录、行政处罚特别记录。从成功的经验来看，应充分共享和整合这些分散在银行、工商、税务、财政、海关、公安、法院、质检、社保、公用事业等部门的信用信息，扩大有效的信息来源。在采集中，应加强包括企业信贷、纳税、合同履约、产品质量、消费服务等更能反映企业信用状况的经营行为信息的获取。有些地方通过与商业银行合作，将企业高管纳入征信范围，扩大征信范围，明确法人失信的黑名单，形成了较好的震慑效应。有些地方将来自行业协会、职业公会、消费者协会的信用信息纳入征信范围，扩大社会信用监督力度。例如，上海市信用平台数据归集单位从开通运行时的67家拓展至99家，其中市级行政机关46家，中央在沪单位10家，区县政府部门17家，司法机关1家，公共事业单位10家，人民团体2家，社会组织13家，归集信息事项从1249项拓展至3441项。自贸试验区信用信息子平台已经整合430万条信用信息数据，进一步加大了信息共享力度。[①]

[①] 参见国务院自由贸易试验区工作部际联席会议办公室发布的自由贸易试验区"最佳实践案例"中的事中事后监管—案例8《推进信用信息应用 加强社会诚信管理》。

（6）建立信用标准体系保证互联互通。一是以社会信用代码制度为基础，制定信用信息征集指导目录，建立信用信息数据征集、分类、开放标准，降低信用信息共享中数据的随意性、格式和内容的差异性，提高数据的完整性、准确性和标准性。二是建立区域市场主体信用信息平台，利用公共信用信息归集和共享交换机制，实现信用信息系统的互联互通和共享交换。例如，厦门市建立了内、外两网，内网依托信用信息共享平台，对各职能部门开放，外网依托门户网站为企业、个人和社会征信机构查询公共信用信息提供便利。三是建立跨区域的市场主体信用交换协议，利用共享交换机制，实现对信用主体的跨区域监管和奖惩。例如，由苏、浙、皖、沪三省一市合力打造的"信用长三角"体系，不仅将三省一市企业的信贷、纳税、合同履约、产品质量等资料实现共享，扩展了信用监管的地理空间和效果，还在强化区域信用联动奖惩机制、培育信用服务机构以及加快信用示范试点上加强了区域合作。

（7）鼓励行业征信建立社会监管。以行业协会为代表的社会组织在信息、专业上具有天然的优势，是社会监管的重要参与者。应鼓励有条件的社会组织在开展行业自律工作的基础上，整合本行业的信用信息，建立包括企业信用信息、上下游交易信用信息在内的行业信用档案制度。有条件的地方还可以逐步构建行业信用信息数据系统，以行业协会为子中心，延伸连接贸易、生产、服务等各类组织机构的行业信用信息资源，并与外部的部门平台相互对接，促进信用信息流通。行业协会的一个潜在优势是在评估企业信用"软信息"方面更具优势，这能与政府及其他组织掌握的信用"硬信息"相互补充，从而反映企业的综合信用状况。政府监管部门应主动加强与行业协会的征信连接，积极提供信用资料帮助提高行业信用监管效率，充分沟通指导征信的内容、形式与格式，研究考虑将行业信用资料纳入政府信用监管系统的条件与方式，帮助提高行业信用监管的权威性。

（8）支持征信服务业的市场化发展。目前我国的商业性征信服务业处于发展初期，要支持、培育、启动征信服务业的市场化发展。需要注意的是，在社会信用不够完善的当下，要以政府征信为突破口，快速完善社会信用体系，但是政府行为也不能超越政府的职能边界，应当与商业征信机构的定位有明确的区分。商业性征信服务是对信用信息进行采集、分析和利用，通过深加工产生价值的社会化、专业化工作。政府部门的公共信用系统既没必要，更没有能力替代其产业功能。应当充分意识到，当前所有政府职能改革的导向都是面向市场发展和社会发展需求的，是为社会发展和创新活动服务的。所有背离这一主旨的集权与争权活动，都会降低市场和社会创新创业效率。一方面，政府应在信用信息公开方式、范围以及渠道明确的情况下，推动自身的信用信息向服务产业开放，支持商业征信产业的投资和创新；另一方面，要着重从信息立法、产业激励政策和征信产业行业监管这三个方面下足功夫，支持征信服务业市场的健康成长。

（二）建立立足实际、科学有效的评信体系

（1）细化分类评信等级。《国家工商行政管理总局关于对企业实行信用分类监管的意见》将企业信用等级分为 ABCD 四类，主管部门按照企业诚信情况采取不同的监管措施。从现实情况来看，这套标准过于简单。从道理上来讲，只有不断完善标准、不断完善部门的信用评估体系，才能提高分类监管的效率。例如，有些区域主管部门提出信用分值不封顶政策，以保证高分值企业不至于因为例外违法行为骤降信用等级，提升企业诚信建设的积极性。同时对失信行为降分进行调整，依具体行为划定相应的尺度和标准档次，提高违法成本。武汉市工商部门规范了具体考评内容，使评估体系更加合理，将合同欺诈、商标侵权、逾期未年检、虚假广告等 20 余项行为，细化成 140 项具体指标并制定了《企业监管措施代码表》，一旦出现行为信息，由综合业务系统按照代码表自动处理。[①] 各地的监管部门可以根据实际需求进一步细化分类登记，如可以参照商业银行的做法将企业信用登记分为四等十级制。但是，应当注意的是，无论是补充还是重构分类评估体系，都需要科学、系统的工作，在搞清楚工作目标与可行性的基础上，通过严格的调查分析，建立完整的指标体系、评分细则以及升降级标准体系。

（2）创新评信预警维度。基层执法部门面临的实际状况往往是复杂的，

[①] 参见武汉市工商局：《汇集信息资源 创新企业信用分类监管》，载《中国工商管理研究》2011 年第 11 期，第 22 – 23 页。

面临的行业、区域、时节都有所差异。以"经济户口"所记录的企业信息为基础，在企业基本情况和信用信息的分析基础上，结合多个维度进行信用预警评级，可以提高监管的有效性。例如，可以按照行业风险程度，设置重点、热点行业企业，按照行业风险度和企业信誉度对市场主体进行分级分类，分别予以重点监管、适度监管和一般监管等级设置。对风险程度高的行业、信誉等级低的企业给予密切关注，实施重点监管，提高监督管理效能。类似的做法还包括按照区域重要程度的情况，对在商业集中区、旅游区、地下空间、校园周边等区域从事经营活动的企业，设置重点区域企业；根据不同时节高发问题，将食品、中介、烟花爆竹等行业列为临时性重点行业，由业务系统直接下达巡查任务，进行重点监管。

（3）大数据信息化评信。大数据既是一种技术、方法论，也是一种理念，更是一套创新的工作机制。从某种意义上讲，大数据监管就是当下监管部门建立"新型非现场控制监管机制"的核心。使用计算机进行数据监管，改变了过去人工普查的落后手段，在降低成本的同时还可以提高市场监管效率。市场监管部门可以利用"经济户口""企业年报"等基础性信用信息，通过数据挖掘技术和其他统计技术，及时找出监管的重点领域和问题，并结合定性分析，达成预警和事前控制；也可以通过政府内部的公共信息平台，连接税务信息数据、社保信息数据、水电运转以及波动数据，进行技术分析、比对，从多种维度判断企业是否正常经营。此外，大数据系统的评级结果，可以通过信息网络实时推送一线终端，提升网格化监管的质量和效果。武汉市工商部门就自主开发了企业信用评定软件，由计算机系统自动认定和升降企业的信用监管等级，减少了企业信用等级评定中人为的因素，提高了行政效率。同时生成的警示名单及相应的监管措施提示信息反馈到综合业务系统和巡查监管系统，直接对应工商所网络责任人，做到综合业务系统有提示、市场巡查系统有警示、基层监督监管有任务、监管工作落实有记录。

（4）部门建设和人才培育。实际上，无论是分类等级的细化工作、预警维度的创新，还是大数据评信，都需要统一协调的部署和精深的专业知识。珠海市颁布的《珠海经济特区横琴新区诚信岛建设促进办法》第十九条就规定："横琴新区管委会应加强信用管理专业人才的引进、培养，推动诚信市场专业化和规范化发展。"从科学工作和长期工作需求来看，市场监管部门有必要考虑设置专业的信用评级管理部门和专业的企业信用评级技术岗位。信用评级管理部门的设置，有利于评级工作专业化知识的积累。以该部门的工作为连接纽带，向后推动指导创新评级成果的推广和运用，向前按照评级需求推动征信体系的改进，带动提升信用监管流程工作的效果。除了完成、完善信用评级工作以外，该部门还可以积极参与征信工作的方案的修改、监管流程的重组与创新、数据技术与软件开发等重要工作。相应的人才储备应当包括信用评级人员、业务流程再造人员以及计算机分析人员等多种类型。

（三）建立形式多样、运用广泛的信用体系

（1）加强信用抽查监管。自《企业信息公示暂行条例》及其配套规章颁布实施以来，企业信用信息公示系统逐步运行，按照企业公示年度报告、监管部门按比例抽查的步骤，将未依法公示年度报告、未在工商部门责令的期限内公示有关企业信息、公示企业信息隐瞒真实情况以及通过登记住所或者经营场所无法联系的行为逐渐增多的企业，列入经营异常名录。企业信息公示制度成为实现严管的基础制度，经营异常名录制度成为具体的信用约束措施。在此情况下，监管部门需要改善抽查效果。天津自贸试验区建立了"随机抽查联合检查制度"和"一企一表"的工具方法，改"多头检查、一次一查"为"联合检查、一次多查"，避免了重复检查，减轻了企业负担，既是联合监管、集中检查，也是现场办公、集中服务，体现了"无需要不插手，有需要不撒手"的理念。

（2）善用公示的社会效益。应当说，建立公示制度、抽查制度、异常名录制度，只是政府引导社会信用体系发挥作用的手段，不是政府信用监管的终极目的。信用监管的实质是通过将企业的诚信失信行为与其行为的社会评价、商业利益充分挂钩，将失信者与损失方的双边冲突转化为失信者与整个社会的矛盾，通过社会的集体惩罚形成强大的信用约束。政府部门的主要作用是将更多的对称信息传递给市场和相关主体，促使消费者、交易者认识到失信者的潜在交易风险，从而"用脚投票"选择说话。只要在现有的法律框架允许的范畴下，除了年报公示基本信息，各个政府部门职责范围内的企业信息都应当以适当的方式和合理机制,利用丰富的渠道向外公示,以增加市场分析评价企业信用的信息基础。

(3) 明确失信惩戒与奖励。让失信者付出相应的失信成本是信用监管的必须手段。在惩戒标准确立以后,一旦企业发生失信行为,其企业信用档案将会自动记录,企业法人、负责人的个人信用档案将会被标记,经过认定后,即刻启动部门间的联动机制,共同制约和惩罚失信行为。如对严重失信企业,应提示社会其存在履约风险,应禁止其参与政府采购、工程投标等,提示所有的政府部门、企业、事业单位及其机构有权不与之交易。在重庆的政府部门招标投标中,对失信企业进行信用扣分,严重失信企业被取消投标资格。在获得涉及财政资金发放和政府采购活动中,严重失信企业将被取消入围资格。上海市在公务员招录、专项资金管理、公安司法行政管理、建设工程招投标、政府采购,以及交通、食药品、酒类专卖、安监、质监、环保等领域,实行信用管理。当然,除了监管惩戒、行政惩戒和司法惩戒等直接的手段以外,还可以通过推动市场惩戒、社会惩戒和文化道德惩戒等多种间接惩戒结合进行。

(4) 开展失信教育与告知。除了失信惩戒以外,开展必要的失信教育也是科学监管的必要功课。失信教育在改变企业负责人的认知水平的同时,也是听取企业陈述了解实情的一种双向沟通。海宁市工商局在对法人监管的一些做法就比较值得借鉴。① 他们在准入限制惩戒之前,按照"约谈提醒""指定培训""公开警示"的依次步骤开展失信教育。约谈提醒包括听取失信行为的起因、经过、结果、危害;听取责任陈述、说明;听取不良行为的认识和整改情况,提醒当事人有关的法律、法规和规定;提出意见和要求。当然,各类失信教育方式的条件、时机、形式、内容、效果评测、反馈沟通都需要建立相应的工作制度和机制,以避免失信教育流于形式。珠海横琴则首创性地在工商行政管理领域引入事前清单管理模式。针对市场监管规则庞杂、市场监管压力巨大以及监管力量相对薄弱等问题,横琴

---

① 参见海宁市工商局课题组:《打造以失信惩戒手段为主要支架的法定代表人信用分类监管体系》,载《工商行政管理》2010 年第 7 期,第 74 - 77 页。

新区工商局牵头制定了市场违法经营行为提示清单,帮助企业标明经营行为的"雷区"和"红线",为企业的经营活动提供清晰的事前指导。

(5)重视信用通行与增信。除了将企业信用监管结果用于工商等部门的内部管理活动以外,更应该主动联合其他部门和组织制定相关政策措施,推动信用资本的通行使用,利用更多的社会评价为诚实守信的企业增信、背书,让更多的经济主体意识到守信的收益和失信的代价,从而形成自觉的信用习惯,营造良好的信用文化氛围。一是建议、鼓励、支持企业在交易中相互使用包括监管信用在内的各类企业信用评估报告。二是企业在参与政府或行业主管部门的各项评定、高新企业认定、企业上市、资质申请、重大项目招投标,以及银行大额贷款等事项中,可以要求提交信用评估机构提供的企业信用评估报告。三是联合各类社会组织,如行业协会、商会、信用协会等机构,通过多种形式的信用管理为守信企业增信。北京市针对小规模的商户开展"正品正货承诺计划",将被动的信用监管上升到包括质量保证、诚信经营、售后保障等以企业主动进行信用承诺的"放心消费"的层面。此外,还联合相关行业管理部门和行业协会开展本行业的诚信经营星级评定计划。同时,支持市场主办单位对经营户进行信用评定,并将评定结果直接张贴在经营户门楣上,彰显诚信信息。珠海横琴在建设诚信岛的过程中,借鉴澳门地区的经验建立了"诚信店"制度,这一制度成为横琴经营者的重要诚信认证标识。由横琴消费者委员会牵头,横琴工商局、社会事业局、产业局、统筹委等多个部门共同参与评审,采取书面审查与实地审查相结合的方式每年进行一次。申请商户需要自愿采用"先行赔付"方式处理与消费者协商无果的消费争议。

参考文献:

[1] 洪隽. 商事登记制度改革后的市场主体信用监管[J]. 中国工商管理研究, 2014(8).

[2] 胡颖廉. 如何理解信用监管[J]. 中国工商管理研究, 2015(6).

[3] 孙百昌. 大数据时代工商信用监管的路径[J]. 工商行政管理, 2014(14).

[4] 唐立军,李书友. 建立和完善我国市场监管体系的思路、目标与措施[J]. 北京工商大学学报(社会科学版),2008,23(1).

[5] 童军辉. 强化信用监管推进商事制度改革——兼论基于"大数据"背景的企业诚信制度构建[J]. 中国工商管理研究,2015(3).

[6] 杨姝,张永恒,徐静. 失信惩戒机制的构建路径思考[J]. 重庆理工大学学报(社会科学版),2014,28(12).

[7] 左京生. 全面推进企业信用监管 构建诚信经营市场环境[J]. 中国工商管理研究,2015(3).

区域篇
QUYUPIAN

第八章 中国（上海）自由贸易试验区建设成效与改革路向

王麒麟*

引言

上海自贸试验区是中国政府设立在上海的区域性自由贸易园区，位于浦东境内，属自由贸易园区范畴。2013年9月29日，上海自贸试验区正式成立，面积28.78平方千米，涵盖上海市外高桥保税区、外高桥保税物流园区、洋山保税港区和上海浦东机场综合保税区四个海关特殊监管区域。上海自贸试验区自成立以来，在加快转变政府职能、积极推进服务业扩大开放和外商投资管理体制改革、积极推动金融制度创新等方面取得了明显成效。

2014年12月28日，全国人大常务委员会授权国务院扩展上海自贸试验区区域，将面积扩展到120.72平方千米。扩展区域包括陆家嘴金融片区（含陆家嘴金融贸易区、世博开发园区）、金桥片区和张江高科技片区。其中，陆家嘴金融片区共34.26平方千米，东至济阳路、浦东南路、龙阳路、锦绣路、罗山路，南至中环线，西至黄浦江，北至黄浦江。金桥片区共20.48平方千米，东至外环绿带，南至锦绣东路，西至杨高路，北至巨峰路。张江高科技片区共37.2平方千米，东至外环线、申江路，南至外环线，西至罗山路，北至龙东大道。整个区域见图8-1。

---

* 王麒麟，男，中山大学自贸区综合研究院副研究员，复旦大学经济学院博士后，主要从事自贸试验区制度创新与财税政策研究。

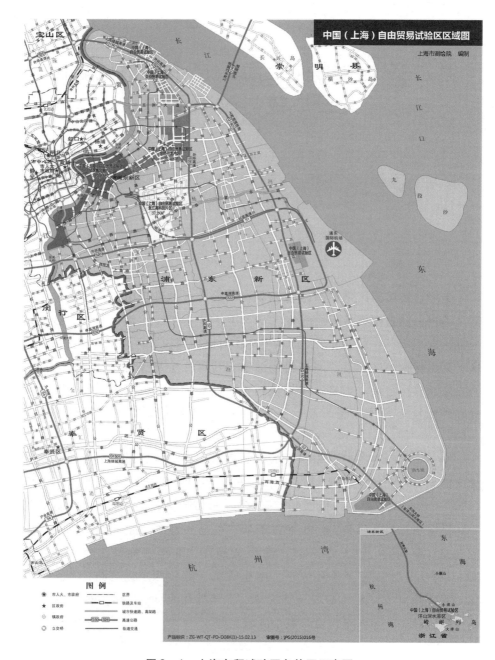

图8-1 上海自贸试验区各片区示意图

根据国务院批准的《进一步深化中国（上海）自由贸易试验区改革开放方案》，上海自贸试验区各片区的功能定位如下：①综合保税片区根据自贸试验区产业经济发展目标，依托原自贸试验区产业发展基础，将加快发展国际贸易、金融服务、航运服务、专业服务、高端制造五大产业集群，重点集聚总部经济、平台经济、"四新"经济三大业态；②陆家嘴金融片区是上海国际金融中心的核心区域、上海国际航运中心的高端服务区、上海国际贸易中心的现代商贸集聚区；③陆家嘴金融片区是上海新一轮发展的重点区域，正在打造总部经济、航运金融、文化体育旅游业、高端服务业集聚区；④金桥片区是上海重要的先进制造业核心功能区、生产性服务业集聚区、战略性新兴产业先行区和生态工业示范区；⑤张江高科技片区是上海贯彻落实创新型国家战略的核心基地。各个片区功能齐备，各具优势，不仅肩负着我国在新时期加快政府职能转变、积极探索管理模式创新、促进贸易和投资便利化的重任，而且还肩负着为全面深化改革和扩大开放探索新途径、积累新经验的重要使命。

扩展后的上海自贸试验区按照党中央、国务院对自贸试验区"继续积极大胆闯、大胆试、自主改""探索不停步、深耕试验区"的要求，继续深化完善以负面清单管理为核心的投资管理制度、以贸易便利化为重点的贸易监管制度、以资本项目可兑换和金融服务业开放为目标的金融创新制度、以政府职能转变为核心的事中事后监管制度。以下就上海自贸试验区最近一年来的制度创新成效、面临的主要问题以及改革路向做具体的阐述。

一、上海自贸试验区一年来的建设进展

（一）转变政府职能，外商投资迅猛增加

上海自贸试验区在新扩展区域全面推行负面清单管理模式，深化商事登记制度改革，实现企业新设、变更的"一口受理、信息共享、并联办事、统一发证"。2015年，上海自贸试验区内新增注册企业18269户。其中，内资企业14943户，注册资本9078亿元；外商投资企业3326户，合同外资396.26亿美元。全年对外直接投资中方投资额229.1亿美元，占全市的

57.4%。在简政放权、放管结合、转变政府职能方面,上海市重点推进了以下四项工作:第一,进一步取消和调整行政审批,加大行政审批清理力度,坚决杜绝变相审批现象,推进奉贤区欧盟中小企业审改先行先试;第二,大力推进权力清单和责任清单制度建设,继续深化行政审批标准化管理,继续推进行政审批以外的行政权力清理和行政责任清理,探索按照权力类型逐步推进行政审批以外的行政权力标准化管理;第三,搞好行政审批中介服务改革,完成行政审批评估评审清理,建立行政审批评估评审目录管理制度,逐项推进行政审批评估评审改革;第四,深化投资体制和建设工程管理审批改革,推进投资审批改革,推进规划土地审批改革,推进建设管理审批改革。

(二)创新贸易监管制度,拓展"单一窗口"功能

上海自贸试验区创新"一线放开、二线安全高效管住、区内自由"的贸易监管制度,海关、检验检疫等部门推出32项创新举措。拓展国际贸易"单一窗口"功能,货物状态监管试点扩大到保税区所有物流企业。在海关监管方面,已经推行了以下八项改革措施。第一,海关执法清单式管理制度。按照"权责对等"原则,在上海自贸试验区范围内首次发布海关责任清单,加强社会监督、履行社会承诺;还将根据上海自贸试验区深化改革、简政放权要求,不断推出新的海关执法清单。第二,离岸服务外包全程保税监管制度。简化审批,对设计研发、生产制造、封装测试等企业组成的产业链实施全程保税监管;吸引产业链高端的研发设计业向国内转移聚集,向完整产业价值链转变。第三,大宗商品现货市场保税交易制度。支持自贸试验区大宗商品现货交易市场建设,建立与之相适应的海关监管新模式,允许大宗商品现货以保税方式进行多次交易、实施交割,有效对接国内外两个市场。第四,一站式申报查验作业制度。企业只需通过"单一窗口"进行一次录入,即可一次完成海关、检验检疫的申报。第五,"一区注册、四区经营"制度。区内任意一个海关特殊监管区域的海关注册企业,都可以使用同一个海关注册编码在其他三个区域开展海关业务,无须重新设立独立企业法人。第六,美术品便利通关制度。在四个海关特殊区域与境外之间开展美术品保税仓储的,在进出境备案环节,上海市文化广播影视管

理局不再核发批准文件,主管海关不再验核相关批准文件,转为二线实际进出口或区内外展览展示时验核。第七,归类行政裁定全国适用制度。在上海自贸试验区率先启动实施海关归类行政裁定制度,对归类疑难商品制发归类裁定,将具体商品归类判例化,实现"一次裁定,全国适用"。第八,商品易归类服务制度。通过搭建电子信息化平台,提供海关归类信息查询和专业服务渠道,帮助企业便捷、高效、准确地归类申报。

(三)深化金融领域开放,自由贸易账户激增

上海自贸试验区实施了新一轮金融开放创新试点,推出40条具体措施。2015年,启动自由贸易账户外币服务功能,共有42家机构接入分账核算单元体系,开设自由贸易账户44186个。全年保税区域跨境人民币结算总额12026.4亿元,跨境人民币境外借款业务金额69.82亿元,跨境双向人民币资金池业务收支总额3392.07亿元。黄金国际板正式运行,累计成交4795吨,占上海黄金交易所黄金交易量的14.1%。在《进一步推进中国(上海)自由贸易试验区金融开放创新试点 加快上海国际金融中心建设方案》的指导下,上海市政府加快推进以下几方面的工作。第一,率先实现人民币资本项目可兑换。规范自由贸易账户开立和使用条件,严格落实银行账户实名制。支持经济主体通过自由贸易账户开展涉外贸易投资活动,鼓励和支持银行、证券、保险类金融机构利用自由贸易账户等开展金融创新业务,允许证券、期货交易所和结算机构围绕自由贸易账户体系,充分利用自由贸易账户间的电子信息流和资金流,研究改革创新举措。第二,进一步扩大人民币跨境使用。完善相关制度规则,支持自贸试验区内企业的境外母公司或子公司在境内发行人民币债券,募集资金根据需要在境内外使用。第三,不断扩大金融服务业对内对外开放。探索市场准入负面清单制度,开展相关改革试点工作。对接国际高标准经贸规则,探索金融服务业对外资实行准入前国民待遇加负面清单管理模式,推动金融服务业对符合条件的民营资本和外资机构扩大开放。第四,加快建设面向国际的金融市场。依托自贸试验区金融制度创新和对外开放优势,充分发挥人民银行上海总部统筹协调功能,推进面向国际的金融市场平台建设,拓宽境外投资者参与境内金融市场的渠道,提升金融市场配置境内外资源的功能。

(四)"四个中心"核心功能有新的提升

上海建设"四个中心"的核心功能有明显提升。金融市场体系更加完善,新开发银行(又称"金砖国家开发银行")设立,中国保险投资基金落户,黄金、外汇、期货等一批国际金融交易平台正式运行。2015年新增各类金融机构超过3000家,证券、期货市场成交额比2014年增长一倍以上。贸易创新步伐加快,跨境电商、融资租赁、平行进口汽车、大宗商品现货交易等新型贸易模式不断涌现,商品销售总额近3万亿元,外贸进出口总额达到16903.7亿元,跨国公司地区总部新增16家。航运枢纽功能进一步增强,扩大海运和空运国际中转集拼等创新业务规模,洋山港"水水中转"和国际中转箱量占比分别达到48.9%和9.5%,浦东国际机场旅客吞吐量超过6000万人次。双向开放水平进一步提升,引进外资和对外投资保持较快增长。实到外资64亿美元,比2014年增长44.3%;对外直接投资中方投资额240亿美元,比2014年增长3.5倍。新增内资注册资本超过1万亿元,比2014年增长1.3倍。

(五)科技创新中心建设有力推进

上海全面贯彻国家创新驱动发展战略,率先落实上海市科技创新中心建设方案,研究出台新区行动方案。围绕产城融合、功能创新、产业发展、品质提升和众创空间建设,推动张江高科技园区从科技园区向科技城转型升级。加强自贸试验区和自主创新示范区联动发展,以制度创新促进科技创新,药品上市许可持有人制度试点获得批准。创新创业环境进一步优化,股权托管交易中心科技创新板开盘,新增市级公共技术服务平台4家,新认定市、区两级孵化器和众创空间33家,推出浦东新区"促进人才创新创业14条",率先试点永久居留、人才签证、外国留学生直接就业等政策。全社会研发经费支出相当于生产总值的比例预计达到3.6%,每万人口发明专利拥有量预计达到35件。

(六)发挥上海自贸试验区制度红利,助推长江经济带共同发展

上海自贸试验区自设立以来,与长江流域城市和园区交流已有百余批

次。2015年1—8月，上海自贸试验区累计办结境外投资项目360个，中方投资额为126.84亿美元，是截至2014年年底上海自贸试验区境外投资额的3倍多。仅江苏一地就有8万多家进出口企业，70%以上的货物从上海口岸出口。实施通关一体化改革后，上海自贸试验区的监管创新经验在长江经济带被复制推广，手续变更便捷、通关成本更低、效率更高。例如，英特尔的货物从上海转运到成都，只需要2天，整个长江"黄金水道"的通关能力大幅提升。上海自贸试验区整合的四个保税区覆盖了港口、海运、空运、仓储等领域的物流市场。长江是全球最大的内河水运通道，长三角是中国最具有竞争力的经济区。上海港是全球最大的集装箱海港，靠长江经济带支撑；浦东机场预计在未来几年会跃居成为全球最大的货运机场，也靠长江经济带支撑。上海自贸试验区将是中国最大的物流特区，其发展会直接影响长江经济带的物流业发展。

二、改革成效与亮点

（一）政府职能制度创新

1. 社会信用体系建设

上海自贸试验区的信用管理体系已经形成了三项制度，包括企业年报制度、审计报告制度、异常目录和黑名单。信用管理体系是上海自贸试验区构建的事中事后监管六大过程监管制度之一，按照宽进严管的要求，在信用管理体系建设中自贸试验区内实施了这三大制度。具体来说，凡是于2013年12月31日之前在上海自贸试验区内领取营业执照的企业，应当在2014年3月1日至6月30日登录上海自贸试验区企业信用信息公示系统，向工商行政管理机关报送2013年年度报告，向社会公示。未按规定期限公示年度报告的企业，工商部门将其载入经营异常名录。连续三年未履行年度报告公示义务的，将永久载入经营异常名录，并列入严重违法违规企业名单（黑名单），在企业信用信息公示系统向社会公示。对于具体公示信息，企业法人、非法人企业、企业分支机构等各不相同。其中，企业法人的年度报告信息包括登记备案事项、注册资本缴付情况、资产状况、营运状况、企业从业人数及联系方式等。

此外,上市公司、国有独资公司和国有控股公司、认缴注册资本在2000万元以上的公司、全年销售(营业)收入在2000万元以上(含2000万元)的公司,以及从事金融、证券、期货等经营活动的公司制企业,还需提交会计师事务所出具的年度审计报告。2014年2月7日国务院发布的《注册资本登记制度改革方案》将企业年度检验制度改为企业年度报告公示制度。此后国家工商总局发出通知,自2014年3月1日起正式停止企业年度检验工作。

2. 公共信用信息服务平台建设

上海自贸试验区的信用体系与上海目前正在建设的公共信用信息服务平台密切相关。公共信用信息服务平台自开通试运行之后,就率先与上海自贸试验区对接,在上海自贸试验区开设了服务窗口,对上海自贸试验区的事中事后监管提供信用依据。该平台是全国覆盖信息主体最多、提供数据单位最多的公共征信系统。该系统覆盖的信用信息主体有2500多万个自然人和130多万个法人,共有67家单位确认向该平台提供数据,可对外提供查询的数据近3亿条。据了解,向该平台提供数据的单位包括上海市的50家行政机关、1家司法机关、7家公用事业单位和9家社会组织,涉及信息事项1248项。公共信用信息分为公开信息和授权查询信息。注册成为上海诚信网会员,即可通过网络终端以及短信、微信、App等移动终端查阅公开信息,而授权查询信息则需要提供信息主体的书面授权声明才能查询。

上海自贸试验区率先利用上海市公共信用信息服务平台,探索开展事前诚信承诺、事中信用预警、事后联动奖惩的信用管理机制。据悉,上海自贸试验区在对近4000家海关进出口企业进行的信用风险核查中,发现了340多条偷税、逃税之类的负面信用信息。

2016年3月1日起上海施行了《上海市公共信用信息归集和使用管理办法》,首次明确了公共信用信息的范围,健全了公共信用信息的查询制度,完善了"联动奖惩"制度,强化了信息主体的权益保护;还促进并规范信用信息的使用,明确规定了具体的激励措施与惩戒措施,主要包括以下三个方面的措施。一是突显"守信受益"。在同等条件下,对信用状况良好的个人和单位,给予简化程序、优先办理等便利,或者在财政资金补助、税收优惠等政策扶持活动中列为优先选择对象。二是充实惩戒措施。对信用状况不好的单位,依法"取消已经享受的行政便利化措施""限制参加政府采购、政府购买服务、政府投资项目招标、国有土地出让"等;对于失信的个人,还可以依法"限制担任企业法定代表人、负责人或者高级管理人员"等。三是建立"严重失信名单"制度。明确行政机关应当对严重失信的个人、法人和其他组织建立名录,依法采取市场禁入措施或者市场强制退出措施。

3. 知识产权制度创新

为了深入贯彻《中共中央 国务院关于深化体制机制改革 加快实施创新驱动发展战略的若干意见》《国务院关于新形势下加快知识产权强国建设的若干意见》和《中共上海市委、上海市人民政府关于加快建设具有全球影响力的科技创新中心的意见》等精神,上海自贸试验区把知识产权战略贯穿于上海市科技创新中心建设全过程,积极营造良好的知识产权法治环境、市场环境、文化环境。知识产权制度创新具体可体现在以下几点。

(1) 实行严格的知识产权司法保护。加强知识产权司法保护,完善知识产权犯罪案件侦查、检察专业化办案机制,加大对侵犯知识产权案件的侦办力度。有效遏制反复侵权、群体侵权、恶意侵权行为,依法加大罚金适用力度,剥夺侵权人再犯罪的能力和条件。强化法院知识产权民事、刑事、行政案件"三审合一"审判工作机制,统一司法标准,提高司法效率。建立知识产权案件技术调查官制度,对科技创新技术类案件实行专项审理,研究商业模式等新形态创新成果知识产权保护办法。

(2) 加强知识产权行政执法。加强知识产权行政执法与刑事司法衔接,健全和完善检验鉴定、重大问题会商等工作机制,加大涉嫌犯罪案件移交工作力度。加强知识产权综合行政执法,推进知识产权行政处罚案件信息公开。加强对视听节目、文学和游戏网站、展会、电子商务、跨境贸易等重点领域及大型商业场所、服饰小商品、家用电器、建筑材料、药品批发等重点市场的知识产权行政执法,落实区县政府管理职责,制定综合治理措施。加强上海自贸试验区的知识产权管理和保护,探索在货物生产、加工、转运中加强知识产权监管,创新并适时推广知识产权海关保护模式。

(3) 完善知识产权纠纷多元解决机制。推进知识产权纠纷社会预防和调解工作，组建调解委员会及调解员队伍，依法规范知识产权纠纷调解工作。进一步支持上海自贸试验区仲裁院、上海知识产权仲裁院等机构工作，完善知识产权仲裁规则。探索以公证方式保管知识产权证据及相关证明材料，加强对证明知识产权在先使用、侵权等行为的保全证据公证工作。鼓励建立知识产权保护民间救济和行业自律机制，充分发挥各类行业协会、调解中心、中介服务机构的作用，为当事人解决知识产权纠纷提供更多途径。

（4）健全知识产权信用管理。探索建立知识产权管理和保护信用标准，将侵权行为信息纳入上海市公共信用信息服务平台，加大对知识产权侵权失信行为的惩戒力度，提高知识产权保护社会信用水平。加强知识产权文化建设，将知识产权内容纳入学校教育课程体系，建立一批知识产权宣传教育示范学校。

（5）强化科技创新知识产权管理。加强国家和上海市科技重大专项和科技计划知识产权全过程管理，建立知识产权评议和目标评估制度。探索建立科技创新、知识产权与产业发展相结合的评价指标，并将其纳入上海市国民经济和社会发展规划。加强上海市高校和科研院所的知识产权管理，强化知识产权申请、运营权责，推动建立知识产权转移转化机构。建立健全财政资金支持形成的知识产权使用、处置和收益分配机制，将知识产权收益向研发和转移转化团队倾斜，促进知识产权转化运用。

（6）强化企业为主体的知识产权工作机制。完善知识产权扶持政策，注重知识产权质量和效益，重点鼓励申请发明专利、PCT国际专利、马德里商标国际注册、工业品外观设计国际注册。推行《企业知识产权管理规范》国家标准，完善知识产权试点、示范园区和专利工作试点、示范企事业单位管理办法，将知识产权管理融入研发、生产、销售、进出口等环节，提高企业管理和运用知识产权的能力。制定知识产权海外维权援助办法，及时收集、发布主要贸易目的地和对外投资目的地知识产权相关信息，支持企业"走出去"开拓国际市场。鼓励企业建立知识产权海外维权联盟，支持知识产权服务机构提高海外知识产权事务处理能力。

4. 建立国家安全审查制度

2013年9月，国务院公布的《中国（上海）自由贸易试验区总体方案》明确提出"完善国家安全审查制度"。2014年7月通过的《中国（上海）自由贸易试验区条例》也指出，上海自贸试验区管委会依法履行国家安全审查和反垄断审查有关职责。在监管方面，建立涉及外资的国家安全审查工作机制。对属于国家安全审查范围的外商投资，投资者应当申请进行国家安全审查；有关管理部门、行业协会、同业企业以及上下游企业可以提出国家安全审查建议。

上海自贸试验区的重要改革方向就是终结审批制，逐步建立"以准入后监督为主，准入前负面清单方式许可管理为辅"的投资准入管理体制。对外资准入的管理由审批制改为备案制是上海自贸试验区制度改革的重要一环，但这并不意味着政府放弃对外资准入的安全审查。

2015年4月20日，国务院办公厅印发的《自由贸易试验区外商投资国家安全审查试行办法》指出，对影响或可能影响国家安全、国家安全保障能力，涉及敏感投资主体、敏感并购对象、敏感行业、敏感技术、敏感地域的外商投资进行安全审查。具体安全审查范围为：外国投资者在自贸试验区内投资军工、军工配套和其他关系国防安全的领域，以及重点、敏感军事设施周边地域；外国投资者在自贸试验区内投资关系国家安全的重要农产品、重要能源和资源、重要基础设施、重要运输服务、重要文化、重要信息技术产品和服务、关键技术、重大装备制造等领域，并取得所投资企业的实际控制权。上海自贸试验区将在这些范围内做进一步的工作部署，以配合国家安全审查制度的完善。

5. 建立反垄断审查机制

上海自贸试验区内建立反垄断审查机制，也是浦东新区构建具有全球影响力的科技创新中心的重要一环。其具体工作机制是，涉及区内企业的经营者集中，达到国务院规定的申报标准的，经营者应当事先申报，未申报的不得实施集中。对垄断协议、滥用市场支配地位以及滥用行政权力排除、限制竞争等行为，依法开展调查和执法。为了充分发挥浦东新区在建设具有全球影响力的科技创新中心中的先行先试和核心功能作用，上海市推出了与之配套的一系列体制机制，具体体现在以下四点措施。①完善科技金融综合服务体系。推动浦东新区健全覆盖科技企业全生命周期的股权体系和适合科技企业轻资产特征的债权融资体系，推动设立专注于服务科技型中小微企业的科技创业投融资平台。②构建支撑创业发展的功能平台。

吸引和鼓励国内外知名机构、投资人在浦东新区设立标杆孵化器，鼓励社会资本参与孵化器建设。③促进上海金融市场对外开放。加快人民币在岸市场建设，助推人民币国际化进程；以自贸试验区建设为契机，加快面向国家的金融市场平台建设。④加强自贸试验区内反垄断审查和安全审查。《中国（上海）自由贸易试验区反垄断协议、滥用市场支配地位和行政垄断执法工作办法》《中国（上海）自由贸易试验区经营者集中反垄断审查工作办法》和《中国（上海）自由贸易试验区反垄断工作联席会议制度方案》等制度已出台，并将探索建立反垄断机构在自贸试验区内会商协调机制。

（二）投资管理制度创新

1. 负面清单管理模式

负面清单相当于投资领域的黑名单，列明了企业不能投资和限制的领域和产业。2013年9月29日，上海自贸试验区正式挂牌运行。2013年9月30日，上海市人民政府正式颁布《中国（上海）自由贸易试验区外商投资准入特别管理措施（负面清单）（2013）》。上海自贸试验区2013年版负面清单按照国民经济行业分类（GB/T 4754-2011）编排，包括18个行业门类，公共管理、社会保障和社会组织，以及国际组织这两个行业门类不适用于负面清单。2013年版负面清单采用"保留行业+特别管理措施"的结构，共190条特别措施，其中38条为禁止措施，152条为限制措施。2014年版负面清单"瘦身"后共计139条，比2013年版减少51条，调整率为26.8%，更放宽限制。2015年是负面清单管理模式进一步深入探索和推广的阶段。2015年4月20日，国务院办公厅印发《自由贸易试验区外商投资准入特别管理措施（负面清单）》。2015年版负面清单列出122项特别管理措施，其中有限制性措施85条，禁止性措施37条。2015年版负面清单比2014年版减少17条，比2013年版减少了68条，2015年版负面清单统一适用于上海、广东、天津、福建四个自贸试验区。

2015年版自贸试验区负面清单依据国民经济行业分类（GB/T 4754-2011）划分为15个门类、50个条目、122项特别管理措施。其中，特别管理措施包括具体行业措施和适用于所有行业的水平措施。未列出的与国家安全、公共秩序、公共文化、金融审慎、政府采购、补贴、特殊手续和税收相关的特别管理措施,按照现行规定执行。自贸试验区内的外商投资涉及国家安全的,须按照《自由贸易试验区外商投资国家安全审查试行办法》进行安全审查。

2. 推行外商投资备案制

2013年9月27日,国务院发布的《中国(上海)自由贸易试验区总体方案》表示,借鉴国际通行规则,对外商投资试行准入前国民待遇,研究制定自贸试验区外商投资与国民待遇等不符的负面清单,改革外商投资管理模式。对负面清单之外的领域,按照内外资一致的原则,将外商投资项目由核准制改为备案制(国务院规定对国内投资项目保留核准的除外),由上海市负责办理;将外商投资企业合同章程审批改为由上海市负责备案管理,备案后按国家有关规定办理相关手续,在总结试点经验的基础上逐步形成与国际接轨的外商投资管理制度。2004年10月9日发布的《外商投资项目核准暂行管理办法》(已于2014年6月17日废止)规定,外商投资金额1亿美元及以上的鼓励类、允许类项目,5000万美元及以上的限制类项目,都需要报国家发改委核准,在此金额以下的项目由地方发改委核准,更大规模的项目需要报国务院核准。2014年6月17日正式施行的《外商投资项目核准和备案管理办法》规定,除《外商投资产业指导目录》中的限制类项目或重大鼓励类项目(3亿美元及以上)需要国家或地方发改委核准外,其他项目一般都实行备案制。

统计显示,2015年上海自贸试验区新设企业数1.8万家,同比增长20%,一年新设企业数量相当于浦东开发开放25年来新设企业总数的1/10。其中,有税收记录的新设企业占比在7成左右。外商投资方面,2015年新设外资企业数量相当于2014年的1.5倍。新设外资企业数量占比,从挂牌初期的5%上升到目前的20%,户均注册资本约1500万美元,相当于内资企业的两倍。

3. 推行境外投资备案制

《中国(上海)自由贸易试验区总体方案》要求,对境外投资项目和境外投资开办企业实行以备案制为主的管理方式,建立完善境外投资服务促进平台。根据2004年10月9日发布的《境外投资项目核准暂行管理办法》(已于2014年5月8日废止),中国企业任何境外投资项目都需要向国家或省级发改委进行核准。实行备案制后,企业境外投资,除重大项目和敏感项目外,其他项目一律适用备案管理。这大大简化了企业境外投资的政府流程,缩短了投资时间,提高了投资效率。

由于上海自贸试验区在国内率先实施境外投资备案制,2015年上海自贸试验区共办结境外投资项目636个,其中中方投资额为229亿美元,相当于2014年的5.5倍,境外实际投资额约占全国的7%。深化自贸试验区制度创新。在新扩展区域全面推行外商投资负面清单管理模式,企业准入"单一窗口"从注册环节向变更环节延伸,推动制订自贸试验区新一轮金融开放创新试点方案,启动自由贸易账户外币服务功能,深入开展以政府职能转变为核心的事中事后监管创新,启动建设市场主体信用信息公示系统。

(三)金融制度创新

1. 人民币定价中心初步形成

目前人民币已成为中国第二大跨境支付货币和全球第五大支付货币。环球银行间金融通信协会(SWIFT)的最新报告说,2016年1月,人民币在全球支付的份额从2015年12月的2.31%进一步增加到2.45%,稳居全球第五大支付货币。2014年11月人民币开始取代加元及澳元,成为紧随美元、欧元、英镑和日元之后的全球第五大支付货币。从上海来看,2015年上海市跨境人民币业务结算量达2.7万亿元,位居全国第一,人民币在国际收支中的占比已达到30%。

随着人民币跨境支付结算需求的迅速增长,2015年10月8日人民币跨境支付系统(一期)在中国人民银行清算总中心上海中心上线运行,以提高人民币跨境支付结算效率。与此同时,近年来外汇市场的交易币种和品种不断增加,人民币对外币的即期交易已达14对,每日发布的人民币汇率中间价、货币市场基准利率、贷款基础利率等对国家乃至世界都有重大影响。上海已成为境内人民币的定价中心。

2. 金融业传统业务规模扩张迅速

伴随着金融市场体系的进一步完善、金融机构体系的更加健全、金融对外开放的继续扩大、国际化程度的稳步提高,上海金融市场交易规模也迅速扩大。2015年,上海金融市场交易总额达到1462.7万亿元,比2010

年增长了2.5倍。得益于上海国际金融中心建设，目前上海已经形成了包括股票、债券、货币、外汇、商品期货、金融期货等在内的全国性市场金融体系，是国际上少数几个产品比较齐全的金融城市之一。2015年，上海证券市场股票交易额和股票筹资总额位居全球第二；上海黄金交易所黄金现货交易量连续多年名列全球第一。

金融业的发展，成为拉动上海经济增长的重要力量。2015年，上海金融业实现增加值4052.2亿元，同比增长22.9%，占全市GDP的16.2%，比2010年提高了约4.8个百分点。2015年上海金融市场通过股票、债券等直接融资总额达9.2万亿元，比2010年增长了2.9倍。

3. 跨境并购等新兴业务快速增加

上海银行业推进上海自贸试验区金融创新效应表现之一是与开放型经济相关的金融创新不断涌现，跨境并购、现金管理等新业务快速发展，出现许多结构性远期结售汇、外汇期权等避险保值产品等。2015年前三季度，上海银行业持有衍生品名义本金余额达13.8万亿元，同比增长37.1%；在沪资金类专营机构的衍生品交易量同比增长67.2%。同时，上海银行业新兴业务领域收入持续快增，金融市场业务大幅增长。截至2015年第三季度末，上海银行业代销收入同比增长108.5%、资产托管收入同比增长57.5%、理财收入同比增长50.4%、电子银行收入同比增长26.6%。此外，非信贷资产占比不断提升，截至2015年11月末，上海银行业非信贷资产余额占总资产比重达59.3%，超过了信贷资产占比。

金融风险的整体管控也与金融创新发展呈现出良性互动的局面。近年来，上海银监局先后及时发现、提示、处置了一些区域性、系统性风险苗头，成功化解了钢贸信贷风险，有效防范了铜贸等大宗商品贸易风险，前瞻性提示了商业地产风险、异地信用风险和各类跨境跨业风险等，为未来上海银行业的金融创新奠定了良好的信用基础和发展空间。截至2015年11月末，上海银行业不良贷款率为0.93%，显著低于全国平均水平。

4. 监管改革激发银行业创新活力

2015年，上海银监局持续深化上海银行业监管改革创新，坚守监管者不仅要"监管"金融创新，更要"直接推动和参与"金融创新的定位，全面激发上海银行业创新转型发展活力，建立相对独立的自贸试验区监管体系，推动金融改革开放。自上海自贸试验区成立以来，上海银监局前瞻性探索建立符合区内银行业实际的相对独立的银行业监管体系，贴近市场提供监管服务。一是扩大简政放权，将区内支行级及以下的机构和高管准入，由"事前审批"改为"事后报告"。目前，这一简政放权新举措已复制推广至上海自贸试验区的新扩展区域，覆盖了上海辖内约6成的分行及以上的机构。二是前瞻性建立自贸试验区银行业特色监测报表体系和风险评估机制。此外，建立"首单新产品报告制"，及时跟踪市场的创新动态，坚持在风险可控的前提下推进金融创新。

率先创设"业务创新监管互动机制"，为金融创新打开新通道。允许辖内银行业金融机构在符合审慎经营原则的前提下，对现有监管法规未及覆盖或不清晰的领域中的非行政许可类创新事项，通过个案突破的形式，开展自主创新、先行先试，弥补当前监管法规中的缺失。在该机制中，监管者不只"监管"金融创新，更"直接推动和参与"金融创新，有力地支持了辖内银行业机构在合规的前提下加快创新、阳光创新。自该创新机制试行以来，上海辖区内银行业机构已先后提交了几十项创新试点诉求，目前已有7项创新试点项目先行落地，激发了银行业金融机构的创新活力，为金融创新打开了新通道。此外，还有一些跨境并购贷款、跨境资产管理业务也成功落地。特别重要的是，互动机制也为监管部门评估、修订和完善现有一些监管规制提供了重要的渠道，为监管部门了解市场创新需求，提前落实风险防范措施提供了有效的体制机制安排。

（四）贸易监管制度创新

1. 国际贸易"单一窗口"建设

2013年10月1日，上海自贸试验区企业准入"单一窗口"正式上线，通过自贸试验区网上服务平台联通互联网和各部门业务网，实现电子信息的实时推送和共享，大幅缩短了企业在准入阶段的办事时间。此项改革成为上海自贸试验区投资管理制度改革的重要内容。2014年12月21日，《国务院关于推广中国（上海）自由贸易试验区可复制改革试点经营的通知》中将企业准入"单一窗口"列为可向全国复制推广的改革事项之一。目前，通过自贸试验区保税区域企业准入"单一窗口"，已办结23236家新设企业和

625 项境外投资项目。

在中央和上海各部门的大力配合下，上海自贸试验区保税区域率先完善企业准入"单一窗口"的功能，从原来的企业注册登记，延伸至对外贸易经营者备案、报关单位注册登记、自理报检企业备案登记、印铸刻字准许证、法人一证通 5 个新增办事事项，并基本做到无纸化办理。此次改革后，上海自贸试验区实现了"单一窗口"服务模式由企业主体资格的注册登记向进出口经营资质的备案登记延伸，同时将企业设立时的共性办事事项纳入其中，大大简化了办事流程，缩短了办事时限。

企业准入"单一窗口"功能延伸后，2015 年新增的 5 个办事事项由原先的 19 个工作日缩短至 4 个工作日，一般新设企业可以在 9 个工作日内办妥企业备案证明（外资）、企业营业执照、对外贸易经营者备案登记表、海关报关单位注册登记证书、报检企业备案表、印铸准许证和法人一证通数字证书。企业准入"单一窗口"还与上海市国际贸易"单一窗口"实现了信息共享，在企业准入"单一窗口"上办结的对外贸易经营者备案、报关单位注册登记和自理报检企业备案结果信息，将自动共享至上海市国际贸易"单一窗口"，企业无须重复办理相关事项。

2. 货物状态分类监管

在《中国（上海）自由贸易试验区总体方案》中要求，统筹研究推进货物状态分类监管试点。按照管得住、成本和风险可控原则，规范政策，创新监管模式，在上海自贸试验区内的海关特殊监管区域统筹研究推进货物状态分类监管试点。货物状态分类监管制度的主要内容是口岸监管部门根据保税货物、非保税货物、口岸货物三类不同货物状态，进行分类监管，提高通关速度，降低监管风险。目前，这项制度已制订试点方案，确定了试点企业，将尽快启动。

推进贸易监管制度创新是上海自贸试验区的一项重点工作。作为与货物状态分类监管制度同等重要的改革举措，上海自贸试验区已部分运行了国际贸易"单一窗口"管理制度。企业开展货物通关不用向多个口岸监管部门报批，只需向一个跨部门的综合管理服务平台递交相关标准化电子信息即可完成，明显提高了通关效率。目前，上海自贸试验区企业货物入区通关时间比挂牌前平均缩短 2 至 3 天，平均节约物流成本 10% 左右；货物进出口平均通关时间与自贸试验区外相比，分别减少41.3%和36.8%。

3. 检验检疫业务流程再造

上海出入境检验检疫局（以下简称"上海国检局"）按照国家质检总局及上海市有关文件精神，结合上海自贸试验区工作实际，出台《上海国检局关于深化检验检疫监管模式改革支持上海自贸试验区发展的意见》（简称"国检24条"），进一步在以下六个方面创新体制机制。

（1）全面推广"快检快放"便捷化监管措施。扩大"快检快放"便捷化监管措施受惠生产企业范围和实施"快检快放"进口工业产品目录，强化"企业是产品质量安全第一责任人"的理念，对自贸试验区内生产企业进口的生产加工用零部件及原材料，在企业自行验收条件满足的基础上，积极引入第一方和第二方采信，切实减少口岸检验批次。

（2）深化第三方检验结果采信制度。扩大进出口工业产品第三方检验结果采信的产品范围，根据进出口商品风险预警情况，建立第三方采信项目动态调整机制。将试点商品范围扩展至进口机械加工设备及其零部件与部分进口医疗器械等产品中；启动木材等产品检验的第三方结果采信试点工作；在自贸试验区实施第三方检验结果被采信机构的企业信息公示制度。

（3）推进进境空箱查验便捷化监管措施。试点对空箱运输经营人的分级评定和港外备案堆场的准入考核，对符合条件并主动提出申请的企业给予减少抽检比例、允许港外查验等措施。

（4）支持检验检测认证机构建设。支持浦东新区开展"公共检验检测服务平台示范区"创建工作，引导上海自贸试验区检验检测行业产业化聚集和集成发展，不断提升检验检测服务业的行业产值和服务效能。

（5）简化中转货物检验检疫手续。完善国际中转集拼检验检疫管理办法，推进简化中转动植物审批手续，制定中转检疫审批负面清单，提供便捷化中转动植检证书和原产地证书签发服务；进一步优化国际快件中转监管模式，支持快件企业提高国际中转集拼航线覆盖率，促进航空枢纽港建设；支持在上海自贸试验区（洋山）开展进境动物源性食品生产加工。

（6）加大信用等级差别化通关管理力度。根据企业诚信情况，推行分级分类管理，在上海自贸试验区增加检验检疫信用AA级企业数量，加强信用记录在检验检疫监管中的应用，加大对浦东新区质量诚信企业的扶持力度，对诚信级别高的企业实行绿色通道、快速放行等便利举措；探索在企业信用管理、分类管理等方面，参考或采纳第三方信用报告；支持建立以组织机构代码实名制为基础的企业质量信用档案，支持建立以物品编码管理为溯源手段的产品质量信用信息平台。

4. 上海国际航运中心建设提速

在建设长江经济带、打造"一带一路"和"海运强国"等国家战略，以及建设上海自贸试验区等一系列重大利好举措的推动下，上海国际航运中心建设持续提速，上海国际航运中心的"软实力"也在悄然提升。上海国际航动中心的"软实力"主要表现在以下四个方面。首先是促进功能性机构集聚，比如中国船舶动态监控中心、上海船员评估示范中心相继获批在沪设立；上海国际航空仲裁院、中国贸促会上海海损理算中心等重点航运服务机构落户上海。其次是口岸服务环境完善，比如国际航行船舶进出口岸动态审批和查验实现无纸化，空运出口货物通关实现全程无纸化。第三是市场监管和信息服务不断优化，国内水路集装箱班轮运价备案正式实施，国际海运集装箱班轮运价备案也进入了精细化备案模式。最后是航运金融服务功能开始显现。

从功能上来讲，上海国际航运中心建设的提速主要得益于以下三方面的工作。一是航运领域改革创新。做好航运领域新一轮负面清单的修订，探索建立场外航运衍生品交易平台，推动浦东机场货邮中转监管模式创新，通过地方立法固化航运领域创新成果。二是航运服务体系功能完善。推动航运服务功能区域建设，吸引亚洲船东协会联合会常设秘书处等航运服务机构落户上海，推进航运保险电子发票上海试点工作，推动建设上海国际邮轮物资供应中心。三是集疏运结构优化调整。推进洋山深水港区四期工程建设，加快 E 航海示范区建设，推动跨航空公司的通程联运业务合作。

三、存在问题与原因分析

（一）法律豁免区是否是上海自贸试验区的改革方向值得探讨

中国正在不断推动市场开放和公平化的改革，一些特殊的优惠政策如

"两税合一"正在取消。建设"特区"式的特殊政策区甚至法律豁免区，是否符合当前的市场需要？是否会带来更多的法律问题？这些问题是值得重视的。在中国改革开放的过程中，以"特区"形式进行试点是中国的经验之一。当初建立深圳等经济特区，就是全国人大常委会给予深圳特殊授权，深圳市可以单独立法。因此，有人提出，上海自贸试验区目前所要求的做法，实际上有深圳特区的实践先例可循。从政策操作来看，选择上海自贸试验区这样的领域来寻求改革突破，在实际操作上会耗费很大的行政资源，也会分散政府的决策注意力，很可能演变成在法律领域"扯皮"的格局。

上海自贸试验区寻求实现的法律豁免涉及金融，金融业务的一个重要特点是其影响不可能被限定在一个区域内。对中国金融甚至整个中国市场来说，未来最大的改革挑战是人民币问题——人民币实现完全可兑换、资本项目开放再向前进等。如果希望上海自贸试验区成为上述关键改革的试验田、对人民币国际化进行"试水"，这显然不太现实。这些都是上海自贸试验区寻求特殊金融"特区"地位时要面对的问题。

（二）税收政策创新不足

促进投资的税收政策总共有两条，首先是针对自贸试验区内的企业或个人股东，因非货币性资产对外投资等资产重组行为而产生的资产评估增值部分，可在不超过5年的期限内，分期缴纳所得税。这项优惠政策很早就有，最早做出类似规定的是国税发〔2000〕118号文件。该政策解决了很多企业在投资重组中遇到的税收难题。关于企业高端人才和紧缺人才的税收政策已经在中关村等地试点过了。这项政策的前身是财税〔2013〕15号文件，该文件规定对试点地区内企业以股权形式给予企业高端人才和紧缺人才的奖励，可分期缴纳个人所得税，最长不得超过5年。

尽管如此，目前上海自贸试验区的税收政策仍然有很大一部分是沿用保税区旧有政策，包括免税缓税政策、出口退税政策、保税加工政策、即征即退政策。但是按照国际经验，自贸试验区的税收优惠政策应该比保税区或原有政策更加优惠。创新对于上海自贸试验区的建设是十分重要的，由于自贸试验区仍处于发展阶段，《中国（上海）自由贸易试验区总体方案》中对关税、消费税等流转税的设定也没有给出明确指示，没有详细的条例。国际的自贸园区都有相应的完整的立法与一般税收法律相区别，先有法后有区。例如《京都公约》中要求自贸园区应有一套完整的立法，以确保自由贸易园区的建立和有效运转。迪拜、新加坡、韩国等都有自贸园区特有的法律。我国的相关方案虽然在建立自贸试验区之前已出台，但是其中关于具体税收政策的规定仍然不明晰，还有待加强。

（三）短期内实现高标准的投资准入管理比较难

《中国（上海）自由贸易试验区总体方案》明确指出，上海自贸试验区要力争建设成为具有国际水准的投资贸易便利、货币兑换自由、监管高效便捷、法制环境规范的自贸试验区。这意味着高标准的投资准入管理十分重要。过去投资准入规则纷繁复杂，各地区间都有差别，不同的项目投资准入要求也不一样，要花时间和精力梳理清楚。要落实方案，将会突破现有海关监管以及其他金融监管政策，需要多家相关部委的多次沟通，特别是涉及服务业开放、取消行政审批等先行先试的重要事项，各方仍存在较大分歧。为此，国务院提请全国人大常委会审议停止实施有关法律的规定，为自贸试验区申请"特权"。同时，随着自贸试验区改革的推进，还会碰上不少诸如此类的矛盾和冲突，如何既不与法律相违背，又能真正突破现有政策的束缚，恐怕实践中的方法、路径探索，各利益攸关方的协调等，均需付出时间成本。

（四）上海自贸试验区金融改革仍存在不确定性

自2013年9月底挂牌以来，上海自贸试验区便承担了非同一般的历史使命，不仅仅是金融、贸易方面的改革试点，其对法律、行政管理模式的探索，与改革开放之初设立深圳特区有异曲同工之处。相较深圳为中国开创了30多年经济快速增长的跨时代壮举，上海自贸试验区则有望以更加国际化的视野推动国内经济改革，在金融和服务领域与国际接轨。

2015年10月，中国人民银行发布了《进一步推进中国（上海）自由贸易试验区金融开放创新试点 加快上海国际金融中心建设方案》，40条改革方案描绘出了上海自贸试验区金融改革的蓝图。在此时强化上海自贸试验区战略布局、提速上海自贸试验区金融改革，不仅对于"十三五"期间上海国际金融中心建设和人民币国际化战略的意义重大,而且更能通过改革试验田加快推进"十三五"制度创新、扩大开放和全方位深化改革的效果。当然,蓝图如何落地实施,仍然面临不确定性,如何防范资本项目开放后的风险监管协调以及如何处理好上海自贸试验区金融开放与国内整体金融改革的关系是难点,也是挑战。在此背景下,需要处理好以下三点。

第一,配合"十三五"期间人民币国际化战略。金融改革一直是自贸试验区的重中之重,而资本项目开放、利率市场化以及汇率市场化不仅是金融改革方向,也是人民币加入,特别提款权(SDR)货币篮子后,人民币国际化的必然要求。第二,配合国际贸易投资新规则的改变。2015年以来,伴随着美国经济反弹,美联储加息时点临近,中美经济关系呈现再平衡走势。为应对国际环境的变化,中国显然已提前谋划,通过加速"一带一路"、多边贸易与双边贸易谈判,以及积极推动上海自贸试验区改革等方面做出积极的应对,防止国际服务贸易和投资体系的全球化新趋势使中国陷入被动局面。第三,配合上海国际金融中心建设。打造一流的国际金融中心一直是上海的目标,20世纪90年代上海市便提出"到2020年基本建成国际金融、贸易、航运以及科创中心,成为一个现代化国际大都市"的目标。

四、上海自贸试验区下一步的改革创新方向

(一)探索浦东新区作为一级地方政府全方位转变职能

《中国(上海)自由贸易试验区总体方案》要求加快转变政府职能,积极探索建立与国际高标准投资和贸易规则体系相适应的行政管理体系,推进政府管理由注重事先审批转为注重事中事后监管。在上海自贸试验区改革时期,虽然上海自贸试验区与浦东新区政府合署办公对现有的政府管理模式有所冲击,但仍然在合理有效界定政府行为、激发市场主体活力等方面有所不足。目前看来,浦东新区作为国家的经济特区,需要在战略上提升一个高度,即应探索一条浦东新区作为一级地方政府的全方位改革,从而不再受制于上海市政府,可以从多个部门和领域进行全方位的政府职能

转变。具体可在以下三个方面进行创新。

第一,全面建立从前置审批转向事中事后监管的新模式。精简前置审批,只保留规划选址、用地预审(用海预审)两项前置审批,其他审批事项实行并联办理,同时加强纵横联动,将工作重心从事前审批转向事中事后监管。重点聚焦信息共享、联合监管,以国际贸易"单一窗口"和企业"一口受理"为抓手着力推进。第二,建设并完善浦东新区公共信用信息服务平台。加强部门间的信息数据的共享,加强监管效能,通过整合归集浦东新区各政府部门产生的法人和自然人信用信息,形成公共信用信息交换枢纽和大数据中心。第三,优化政府机构设置和职能配置,完善行政运行机制,责任落实,权责一致,绩效管理。着力解决市场体系不完善、政府干预过多和监管不到位等问题。

(二)积极探索审批、监管、执法的适当分离

我国的市场监管保持着行政审批与市场监管合为一体的突出特征,以行政审批取代监管的矛盾比较突出,有关部门既管审批又管监管,前置性审批过多不仅压抑市场活力,也无法保证事后监管的有效性。而在现代市场经济条件下,行政审批与市场监管是两个不同性质的事物,事前的行政审批是政府的权力,需要依法界定权力清单;市场监管主要是事后监管,以法治监管为主。所以需要对整个市场监管体制进行重构和改革,以供上海自贸试验区借鉴。具体思路有以下三点。

第一,适应负面清单管理,建立以事后监管为主的新体制。对于前置性的审批尽可能做到越少越好,对于必须保留的审批事项,也需要列出负面清单,尽可能实现投资非禁即准和便利化。第二,组建综合性、权威性的市场监管机构。建议与大部门体制改革统筹考虑,尽快从国家层面调整监管权力结构,整合监管机构,组建综合性、权威性的市场监管机构。新组建的机构要作为执行机构依法设定,实行决策和执行严格分开的新体制。第三,形成政府监管与行业自律、社会监管的合力。在现代市场经济条件下,政府监管要面对无数个市场主体,如果仅仅靠政府唱"独角戏",市场监管的有效性就很难保证。这就需要充分发挥行业协会等社会组织在行业监管、企业自律中的重要作用。

（三）对贸易便利化的结果评价逐渐转向以市场主体为主

贸易便利化本质上是指简化和协调货物在国际贸易各项活动中所涉及的各种程序，以提高贸易政策透明度和降低贸易成本。从官方媒体和海关机构的角度对贸易便利化进行结果评价难免有失偏颇，因为贸易便利化的对象应该是企业，作为市场主体的企业才最清楚哪些地方的哪些贸易监管措施最为便利，而哪些地方的哪些贸易监管措施最不便利。因而，应该从市场主体的角度重新对上海自贸试验区的贸易便利化进行整体性评价。

上海于2009年8月28日首次在全国推出贸易便利化指标体系，其目的就是进一步提高贸易管理部门的行政效率，为外贸企业营造更为便捷通畅的贸易环境。该指标体系涵盖9个服务管理指标、3个效率指标以及1个成本指标。这些指标不仅将进一步增强贸易政策的透明度，也成为政府部门能否为企业提供高效、便捷服务的考核标准之一。下一步的工作方向可以在参考此指标体系的前提下做基于市场主体的贸易便利化指标体系评价，从多个方面来评价企业到底需要怎样的贸易便利化，而不是政府想当然地进行贸易便利化改革。

（四）金融改革兼顾风险防范

《中国（上海）自由贸易试验区总体方案》在深化金融制度创新部分中明确提到，在风险可控的前提下，可在试验区内对人民币资本项目可兑换、金融市场利率市场化、人民币跨境使用等方面创造条件进行先行先试。从该总体方案中可以看出风险可控对于上海自贸试验区金融制度创新的重要性。

随着上海自贸试验区实施细则的陆续落地及境内外资金流动渠道的进一步打开，对外"走出去"的步伐也进一步加快，上海自贸试验区经济将与全球经济更加紧密地融合在一起，银行提供的金融产品也有了更大的创新、组合空间。不过，创新具有两面性，其在提高市场效率的同时也会带来新的金融风险。目前金融监管部门释放出的信号是：对待金融创新的态度是支持创新，但始终关注创新带来的风险，包括如何对待风险、如何规避风险以及由谁来承担风险。因而，上海自贸试验区金融改革一直把风险防范放在最重要的位置。风险防范主要包括两个方面的做法：一是制度设计；二是信息管理系统，就是事中事后监管系统的建立。

关于制度设计，主要做到以下八个方面。第一，在管理理念上，明确提出不搞全面的、自由的可兑换，而是搞分类别、有管理的可兑换。第二，在具体的操作上有一系列宏观审慎管理的举措。第三，从总量来说，所有企业如果都是从一个方向进行跨境活动，可能造成宏观方面比较大的效应。这种效应如果对我们国家的币值稳定和金融市场的稳定有影响的话，我们在这个点就会启动宏观规模上的总量调控，启用相应的应急管理工具箱。第四，"三反体系"即"反洗钱、反恐怖融资、反逃税"监测管理体系。第五，在上海尝试建立全口径的国际收支的统计和监测框架。第六，在上海尝试建立本外币一体化的监管体系。第七，探索建立一个"长臂"管理制度。第八，上海市政府成立了金融工作的协调推进小组，由上海市政府牵头，"一行三局"一起组成一个风险管理的应急机制。

关于信息管理系统建设，就是要建立强大的信息系统、监测管理系统。这个信息系统的第一项功能是，只要在自贸试验区里的企业和金融机构的跨境活动，每一笔交易在第一时间都会在信息系统中反映出来。第二项功能是，有一套信息预警系统，让政府有可能进行真正意义上的事中事后监管。

（五）全面推动科技创新中心建设

以世界一流科技城为核心，全面推动科技创新中心建设。注重发挥科技创新在全面创新中的引领作用，优化创新空间布局，狠抓政策落实和项目落地，持续提升科技创新能力。

高密度集聚全球科技创新资源。以张江综合性国家科学中心为载体，集聚一批国家大科学设施、创新型科研机构和研发公共服务平台，引进一批国际高端研发机构、民营科技企业总部和小微创新企业，推动一批面向国际、具有创新资源配置能力的平台和载体建设，打造高度活跃的创新生态系统。

高效率转化科技创新成果。打破阻碍产学研用结合的各种瓶颈，构建以企业为主体、以市场为导向的技术创新体系，促进科技成果更快捷有效地转化为现实生产力。聚焦集成电路、生物医药、民用航空、工业机器人等重点领域，提升发展能级、促进集群发展。促进战略性新兴产业、先进制造业与现代服务业、生产性服务业融合渗透、协同发展。支持大数据、云计算、移动互联网、平台经济等发展，培育壮大"四新"（新技术、新产业、新业态、新模式）经济，加强智慧城市建设。

高强度夯实人才基础保障。落实国家、上海市和浦东新区各类人才计划，以重点产业、重点园区为载体，加快集聚更多高层次领军人才、高技能人才和高水平创新创业团队。落实上海市"人才新政20条"、浦东新区"人才创新创业14条"，推进在沪外国留学生毕业后直接留沪就业、海外人才离岸创新创业、委托社会机构遴选杰出人才等改革试点。积极探索更加开放、更加灵活、更具竞争力和吸引力的人才政策，完善人才评价和激励机制。

优化科技创新综合服务。坚持以制度创新推动科技创新，努力构建最高效的"双自联动"示范区域。加强科技金融服务，促进金融城与科技城联动，发挥国资创投引导功能，建立以创新为导向的国有企业考评机制，创新财政科技投入方式，鼓励金融机构开展投贷联动试点，用好股权托管交易中心科技创新板等多层次资本市场，支持企业上市融资。加强知识产权的运用和保护，建设面向国际的知识产权综合服务平台，建立知识产权侵权查处快速反应机制。加强配套服务，完善科技城生态景观、商业文化、市政交通等配套，提升城市功能和环境品质。推进大众创业、万众创新，引导支持新型孵化器和众创空间建设。

（六）加快发展更高层次的开放型经济

着力建设总部经济高地和民营经济高地，集聚更多金融、航运、贸易总部企业，提升资源配置能力和服务辐射能力。支持国内企业以自贸试验区为平台、以"一带一路"沿线地区为重点走出去，主动融入全球产业链、价值链，打造国内企业走出去的"桥头堡"。促进各类所有制经济共同发展，深化国资国企改革，加强中小微企业服务，鼓励民营企业依法进入更多领域。积极推动跨区域产业合作，帮助对口支援地区实施精准扶贫、精准脱贫。

建立市场配置资源新机制。促进国际国内要素有序自由流动、资源全球高效配置、国际国内市场深度融合，加快推进与开放型经济相关的体制机制改革，建立公平开放、竞争有序的现代市场体系。

形成全方位开放新格局。坚持自主开放与对等开放，加强"走出去"战略谋划，拓展开放型经济发展新空间。重点实施"一带一路"战略和长江经济带战略，推动东西双向开放，促进基础设施互联互通，扩大沿边开发开放，形成全方位开放新格局。

形成国际合作竞争新优势。巩固和扩大传统优势，加快培育竞争新优势。以创新驱动为导向，以质量效益为核心，大力营造竞争有序的市场环境、透明高效的政务环境、公平正义的法治环境和合作共赢的人文环境，加速培育产业、区位、营商环境和规则标准等综合竞争优势，不断增强创新能力，全面提升在全球价值链中的地位，促进产业转型升级。

统一内外资法律法规。修订《中华人民共和国中外合资经营企业法》《中华人民共和国中外合作经营企业法》和《中华人民共和国外资企业法》，制定新的外资基础性法律，将规范和引导境外投资者及其投资行为的内容纳入外资基础性法律。对于外资企业组织形式、经营活动等一般内容，可由统一适用于各类市场主体的法律法规加以规范的，按照内外资一致的原则，适用统一的法律法规。保持外资政策稳定、透明、可预期，营造规范的制度环境和稳定的市场环境。

完善外商投资监管体系。按照扩大开放与加强监管同步的要求，加强事中事后监管，建立外商投资信息报告制度和外商投资信息公示平台，充分发挥企业信用信息公示系统的平台作用，形成各政府部门信息共享、协同监管，社会公众参与监督的外商投资全程监管体系，提升外商投资监管的科学性、规范性和透明度。

第九章　中国（广东）自由贸易试验区建设成效与改革路向

艾德洲[*]

引言

广东是中国改革开放的先行地，也是"21世纪海上丝绸之路"的重要枢纽和探索科学发展的试验田，承担着面向世界，探索更开放、更便利的国际投资贸易规则的历史使命。在推进全球贸易分工和粤港澳合作的新形势下，为进一步深化改革开放，发挥毗邻港澳地区的优势，2015年3月中共中央政治局审议通过《中国（广东）自由贸易试验区总体方案》，决定在广东建设自贸试验区，力争将中国（广东）自由贸易试验区（以下简称"广东自贸试验区"）建设成为粤港澳深度合作示范区、"21世纪海上丝绸之路"重要枢纽和全国新一轮改革开放先行地。

《中国（广东）自由贸易试验区总体方案》明确提出了广东自贸试验区的任务和使命，即在新形势下推进改革开放，依托港澳、服务内地、面向世界，以制度创新为核心，力争经过3至5年改革试验，营造国际化、市场化、法治化营商环境，构建开放型经济新体制，实现粤港澳深度合作，形成国际经济合作竞争新优势，建成符合国际高标准的法制环境规范、投资贸易便利、辐射带动功能突出、监管安全高效的自由贸易园区。

广东自贸试验区的实施范围116.2平方千米（见图9-1），涵盖三个片

---

[*] 艾德洲，男，中山大学自贸区综合研究院副研究员，经济学博士，城市规划与设计博士后，主要从事自贸试验区产业创新理论与政策研究。

区:广州南沙新区片区60平方千米(含广州南沙保税港区7.06平方千米),深圳前海蛇口片区28.2平方千米(含深圳前海湾保税港区3.71平方千米),珠海横琴新区片区28平方千米。与上海、天津不同,为实现因地制宜、错位发展和优势互补,广东省根据三个片区各自在地理区位、产业定位和发展要素等方面的优势特点,分别制订了南沙、前海蛇口和横琴片区的建设实施方案,与《中国(广东)自由贸易试验区建设实施方案》共同形成广东自贸试验区的"1+3"建设实施方案。各自贸片区都成立了管委会,建立了独立运行机制。经过一年的开发建设,广州南沙新区片区、深圳前海蛇口片区、珠海横琴新区片区都取得了较为显著的建设成效。本章就三个片区的建设成效、存在的问题和发展路向分别进行论述。

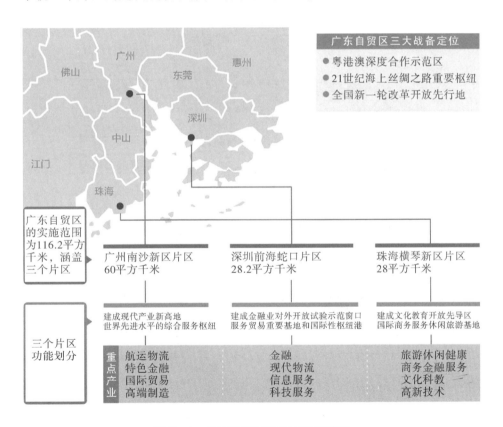

图9-1 广东自贸试验区分布示意图

一、南沙新区片区建设成效与改革路向

根据《中国（广东）自由贸易试验区建设实施方案》和《中国（广东）自由贸易试验区广州南沙新区片区建设实施方案》的具体要求，广州南沙新区片区涵盖了七个区块（见图9-2），其中海港区块15平方千米，重点建设国际航运发展合作区；明珠湾起步区区块9平方千米，重点建设金融商务发展试验区；南沙枢纽区块10平方千米，重点建设粤港澳融合发展试验区；庆盛枢纽区块8平方千米，重点建设现代服务业国际合作区；南沙湾区块5平方千米，重点建设国际科技创新合作区；蕉门河中心区区块3平方千米，重点建设境外投资综合服务区；万顷沙保税港加工制造业区块10平方千米，重点建设国际加工贸易转型升级服务区。

图9-2 南沙新区片区区块示意图

广州南沙新区片区的主要任务包括：①构建与国际投资贸易通行规则相衔接的基本制度框架；②支持广州形成国际航运中心、物流中心、贸易中心和金融服务体系融合发展格局；③强化广州在建设"21世纪海上丝绸之路"战略中的主力军作用；④营造国际化、市场化、法治化营商环境；⑤推进金融领域开放创新；⑥推动粤港澳深度合作；⑦建设现代产业新高地；⑧打造自贸试验区高品质空间载体；⑨加强面向全球招商。共九方面95项重点工作。

（一）一年来南沙新区片区建设进展

1. 经济体量快速增长

2015年是南沙"自贸试验区元年"。在自贸试验区和国家新区双区叠加发展效应的带动下，南沙共实现地区生产总值1133.1亿元、固定资产投资620.6亿元、一般公共预算收入71.3亿元、进出口总额1526亿元，其中出口总额1028亿元、合同利用外资27.9亿美元，同比分别增长13.3%、54%、13.3%、18.2%、37.5%和64.7%，主要经济指标连续8个季度增速稳居广州市各区第一位。据统计，2002年大开发之前，南沙GDP总量仅有61.7亿元。到"十二五"期末的2015年，猛增至1133.1亿元，是2002年的18.4倍；工业总产值达2864亿元，是2002年的26.5倍；固定资产投资超620.6亿元，是2002年的45.2倍；进出口总额达246.4亿美元，是2002年的21.8倍；公共财政预算收入超71.3亿元，是2002年的35.7倍。整个"十二五"期间，南沙生产总值年均增长18.3%，较上海浦东新区和天津滨海新区同期增速分别高出8.5个百分点和4.6个百分点；固定资产投资年均增长38.4%，一般公共预算收入年均增长23%，以上三项指标"十二五"期间年均增速均位列广州市首位。

南沙继续保持良好发展势头。2015年，全区新设企业7589家，同比增长320%；新增注册资本964.8亿元，同比增长255%；合同利用外资27.9亿美元，同比增长64.7%。推进重点在谈项目143个，涉及投资总额3220亿元；投资额超过500万元的在建项目371个，涉及投资总额1557亿元。仅2015年就有18个世界500强企业投资项目注册落户南沙，此外还有包括中国铁建、中国电力建设集团、华润集团在内的16个央企在穗投资项目落户南沙。全区新落户项目平均注册资本规模为1394万元，位列广州市第一。全区注册资本1到10亿元的中型项目168个，同比增长300%；注册资本超10亿元的大型项目11个，同比增长120%。

2. 制度创新工作全面开展

制度创新是自贸试验区的首要任务。挂牌一年来，南沙围绕促进投资贸易便利化积极探索，推行了一批可复制推广的制度创新经验，主要包括投资贸易便利化、事中事后监管、推进金融开放创新和深化与港澳合作四个方面的内容。

（1）投资贸易便利化改革。建立"一口受理，同步审批"的一站式服务模式、在实施企业登记注册"三证合一"的基础上实行更多证照合一、电子营业执照和全程电子化登记管理、商事主体登记窗口与银行营业网点一体化、企业帮办无偿服务模式、制定行政违法行为提示清单、"互联网+"税收服务、国地税联合办税、税务网上区域通办、税银合作"税融通"、小规模纳税人简并征期、网上申领普通发票速递免费配送、代开专用发票邮寄配送服务、创新推行"三代"手续费电子化支付、快速验放通关模式改革、互联网+易通关、加工贸易手册管理全程信息化改革、原产地管理改革、征免税证明无纸化改革、海关AEO（经认证的经营者）互认制度、自贸试验区港区一体化运作、"智检口岸"平台、创新实行检验检疫全流程无纸化、原产地签证清单管理、进口食品快速放行模式、进境动物检疫许可流程再造、检验检疫无缝对接内地"无水港"、建立检验检疫"电子证书"模式、国际中转食品监管、探索"进口食品检验前置"、国际转运自助通关新模式、企业注册登记业务"关区通办"、企业协调员制度、创新实施口岸货物中转分流新制度、入境维修"1+2+3"监管模式、支持DIT（延迟中转）业务发展、支持无水港建设、市场采购出口"南沙"模式、平行进口汽车检验监管制度、进口酒类分类管理、"先通关后查验"船舶通关零待时机制、船舶代理诚信分级管理机制。

（2）事中事后监管改革。实现"源头可溯、去向可查"，有效解决了跨境电商商品追溯难、维权难的跨境电商商品溯源平台；建立危险化学品大数据监管机制；简化程序，将船舶安全检查中要填写的五张表格进行优化，合五为一，变为一张表格，充分利用广东智慧海事监管服务平台和广州海事综合监管系统，实行智能船舶安检选船机制；船舶清污作业远程电子检查；依托"一个平台"（广东智慧海事监管服务平台），推行"两项制度"（海事诚信管理制度、安全与防污染管理告知制度），确定"三张清单"（权力清单、责任清单、负面清单），实现"四个保障"（水域航行秩序保障、口岸海事服务保障、船舶登记效能保障、游艇产业服务保障），运用海事物联网、云计算、大数据三大核心技术，实现"智慧海事"建设；法院"总对总"执行查控系统。

（3）金融创新改革。积极推动公共服务领域的支付服务向粤港澳三地银行业开放，促进金融IC卡在全省公共交通、医疗教育、生活服务等公共服务领域的应用；互联网金融跨境支付清算系统；商业银行代理企业办理外汇经常项目业务。

（4）粤港澳合作深化改革。陆路跨境快速通关，采用跨境快速通关和先入区后报关模式；按照"保障安全、合格假定、强化合作、服务自贸"的原则，创新CEPA食品检验监管模式；与港澳商会合作，以港澳商会为纽带，通过诉前信息共享、诉中联动调解和诉后执行协调制度，深化涉港澳民商事纠纷商会协调机制；聘任港澳籍人民陪审员，深化港澳籍人民陪审员参与案件审理机制。

（二）南沙新区片区改革成效与重点工作

1. 制度创新经典案例

在广东自贸试验区首批27项可复制推广的改革创新经验中，涉及南沙的多达25项。其中，由南沙首创的跨境电商监管模式，更是成为2015年国务院自由贸易试验区工作部际联席会议第二次全体会议审定的8个"自贸试验区最佳实践案例"之一。在南沙诸多制度创新实践中，跨境电商监管新模式、企业登记注册"一口受理、多证联办"和打造"智检口岸"平台对南沙的新兴业态、投资便利和贸易便利具有重大影响，是广州南沙新区片区众多制度创新实践中的标志性案例。

（1）跨境电商监管新模式。

工作内容方面：第一，对跨境电商企业和商品实行备案管理。区内电商企业开展跨境电商业务须先分别在海关、检验检疫部门申请备案。备案采取网上备案形式,并实施"一点备案,全关通用",在广州、深圳海关关区内任一业务现场完成确认的企业,即可在关区内其他业务现场开展相关业务,无须再次办理备案手续。电商企业经营的商品首次销售前,须向检验检疫部门提供商品备案信息。一般风险商品备案时只需提交商品名称、品牌、HS 编码、规格型号、原产国别、供应商名称等信息即可;出境商品备案时只需提交商品名称、HS 编码、原产国别等信息即可。同一企业已备案的商品再次出入境时无须再次备案。

第二,对电商商品出入境实施全申报管理。全申报管理是指所有入境、出境的集装箱、货物、废旧物、应检包装物等物品及交通工具等的货主、代理人、承运人或生产单位,依照检验检疫有关法律法规,在有关物品与交通工具进出境前向检验检疫机构履行申报义务。出境电商商品全申报信息包括商品信息、企业信息、订单信息、电商平台信息等;入境电商商品全申报信息包括商品信息、企业信息、电商平台信息、订单信息、支付信息、物流信息、追溯信息(如商品条码或二维码)等。入境电商商品整批入境、集中存放、按订单分批销售的,在入境前申报商品信息、企业信息;在出仓申报时提交订单信息、支付信息、物流信息、消费者个人信息以及自用承诺信息。

第三,对进口保税货物实施"先放后征"的快速通关模式。跨境电商进口试点企业在开展试点业务前,以银行保函形式向海关提交税款总担保。进口的保税货物以"跨境贸易电子商务"监管方式申报进口。保税货物进入跨境电子商务仓前,企业向跨境通关系统发送进仓清单数据。进仓清单审结后,企业凭载货单到码头办理提货手续,对货物施封后入仓。保税物品出仓运至境内转为正式进口的,企业向跨境通关系统发送电子清单数据。企业收到进境电子清单数据放行的反馈信息后,通过跨境通关系统发送装载单放行的申请。装载单放行后可开展物品实际物流配送。海关对跨境电子商务实施分类管理,探索"先放后征"模式,即海关凭担保提前放行商品,电商、物流企业定期集中代缴税款,对大部分低风险商品实施快速放行,提高通关效率。同时,制定跨境电商商品 7×24 小时放行出区操作办法,实现跨境电商商品 7×24 小时放行出区。

第四,建立跨境电商质量追溯体系。广东检验检疫局依托"智检口岸"

公共服务平台,在全国建立首个跨境电商商品质量溯源平台。所有经广东自贸试验区南沙新区片区进出口的跨境电商商品质量信息都可以登录"智检口岸"公共服务平台进行快捷查询。消费者只需输入订单号、快递单号或身份证号的任意一项,即可快速查询商品名称、数量、货号、申报原产国、生产企业、入境口岸等18项信息,实现"源头可溯、去向可查"。

第五,推动跨境电商第三方采信制度。检验检疫部门将第三方采信与质量追溯体系有机结合,使产品溯源链条延伸至国外。若CNAS(中国合格评定国家认可委员会)认证的境外第三方检验机构对商品出具质量溯源证书,则检验检疫部门给予该进口商品绿色通道,将采信的产品质量信息、数据和物流信息全面导入"智检口岸",掌握进口产品"出生证",逐步建立全球产品质量大数据库,支持消费者在线查询。

实践成果方面:第一,方便企业申报。企业在任何有互联网的地方均可实现业务网上申报、查询和备案,不需要下载任何客户端,实现24小时无纸化网上办公和"零纸张、零距离、零障碍、零门槛、零费用、零时限"的"六零申报"。

第二,检验检疫效率大幅提升。商品检验检疫办结率由以往的平均2至3天缩短为16分钟,产品合格率提升24个百分点,查验率降低90%。商品风险低、企业信誉高的货物实施现场免查验,绝大多数货柜可在1分钟内办结所有手续。

第三,实现商品"源头可溯、去向可查"。通过建立商品溯源平台,极大地方便了消费者掌握商品来源、检验检疫流程节点,了解商品质量信息,有效解决了跨境电商商品追溯难、维权难的问题,为消费者建立了一条公开、透明、便捷的跨境电商商品溯源和维权通道。截至2016年3月底,南沙片区跨境电商商品质量溯源网络查询量已超过21万次。

第四,推动跨境电商产业发展效果明显。2015年,南沙跨境电商井喷式发展,完成备案的跨境电商企业有709家,全年跨境电商批次、货值同比分别增长超过130倍和60倍,网购保税进口实现交易额13.84亿元,唯品会、京东、天猫、1号店等国内知名电商平台相继落户。其中,京东全球购自营商品的大本营已设在南沙,京东全球购南沙保税仓库的商品已覆盖全球40多个国家和地区,吸引了2000多个优质海外商家入驻。

(2) 企业登记注册"一口受理、多证联办"。

工作内容方面：南沙片区通过协调工商、质监、国税、地税、公安、人社、投促、海关、食药监等部门，在南沙区政务中心设置了"一口受理"窗口，企业只需在一个窗口递交相关材料，就可实现营业执照、《组织机构代码证》《税务登记证（地税）》《税务登记证（国税）》《社保登记证》《外商投资企业备案证明》《海关报关单位注册登记证书》《对外贸易经营者备案表》《食品经营许可证》和公章、财务章"九证两章"的并联办理。具体做法包括：由"一口受理"窗口负责"统一收件"和"统一发证"，各部门之间实行"内部流转、联合审批、限时办结"；对企业申请材料实行"容缺受理机制"，对各部门相同的申请材料企业不需要重复提供；对股东、法定代表人、委托代理人等主体资格信息，由"一口受理"窗口统一查验证明材料原件，各部门不再重复审查等。为了便利企业设立登记，南沙新区片区组建了一支高效、专业的企业帮办团队，可以为申请人提供"一口受理"全程咨询和指导服务，告知企业办理"一口受理"业务所需的申请材料和办事流程，指导申请人在线填报申请信息等；申请人也可登录网上办事大厅南沙分厅查询"一口受理"业务所需的申请材料目录和办事指南。

实践效果方面：推行"一口受理、多证联办"，企业可以在最短时间内用最便捷的方式办理企业注册和许可登记等手续，减少了企业人力、物力和时间的消耗。以外商在区内投资跨境电商企业为例，选择"一口受理、多证联办"，全流程走下来共简化了约 34 份申请材料、节省了约 25 个工作日，申请人也仅需往返两趟即可办结。

(3) 打造"智检口岸"平台。

工作内容方面：第一，创新监管理念。以诚信管理、风险管理为理念，以信息化技术为手段，通过全球质量信息大数据比对分析，逐步建立以合格假定为核心的出口监管模式、以风险管理为核心的进口监管模式，做到既实现进出口产品的快速通关，又确保产品质量安全。第二，强化"智检口岸"平台功能。运用"互联网＋"技术，打造集对外公共服务功能和对内综合业务管理功能于一体的"智检口岸"。对外公共服务功能包括标准发布、查询企业红黑名单、企业及商品备案、企业办证状态查询、个性化统计、消费者查询、消费者投诉等；对内综合业务管理功能包括风险预警、第三方采信、企业诚信管理、产品风险判别、疫情动态信息、质量大数据库比对等。"智检口岸"通过事前备案、采信第三方、事中事后监管等措施形成闭环监管,达到商品质量"源头可溯、责任可究、风险可控"。

实践效果方面:首先,方便企业办理申报业务。依托"智检口岸",企业无须安装客户端软件,在任何地点、任何时间均可通过互联网远程、免费、无纸化申报,真正实现"零纸张、零距离、零障碍、零门槛、零费用、零时限"的"六零申报",并可在线咨询或投诉、实时查询业务办理流程、实验室检验结果、进行个性化统计等。其次,大幅度降低查验比例。依托"智检口岸",检验检疫部门可进行风险评估和诚信管理,通过疫情疫病、商品质量大数据比对分析,大幅度降低查验比例,支持负面清单以外的商品快速通检。在市场采购和跨境电商等外贸新业态中,检验检疫手续由原来的平均 2 至 3 天缩短为 16 分钟,查验率降低了 90%。商品风险低、企业信誉高的实施现场免查验,绝大多数货柜可在 1 分钟内办结手续,有效提升了南沙港的竞争力,吸引了大批市场采购商家和国内知名电商平台落户南沙。

2. 重点工作方面

(1) 航运物流:一年吸引超千家企业进驻。过去一年来,南沙以建设广州三大国际战略枢纽主要承载区、打造广州"三中心一体系"核心功能为抓手,在航运物流、创新金融、融资租赁、跨境电商、总部经济等新领域迅速集聚起一大批具有代表性的企业,有力提升了国家新区和自贸试验区的产业结构和经济实力。作为建设广州国际航运中心的"主力舰",南沙全面实施《建设广州国际航运中心建设三年行动计划(2015—2017 年)》,着力推动一批重大港口基础设施建设,不断完善以南沙港为核心的集疏运体系。2015 年,南沙新开辟了 15 条国际班轮航线、10 个"无水港"业务点和 5 条穿梭巴士支线。南沙港集装箱吞吐量 1177 万标箱,货物年吞吐量已达 2.82 亿吨,单个港口排全球前 12 位。广州航运交易新的业务规模和业务领域加快拓展,国际航运中心的雏形日益显现。

2016 年,南沙将继续加大力度,重点推进南沙港区、邮轮母港综合体、江海联运码头、南沙港铁路等一批重大港航基础设施建设,加快建设南沙港铁路南沙先行段,新开辟 8 条外贸集装箱班轮航线、3 条穿梭巴士支线,新建3个"无水港"和办事处,不断拓展邮轮航线。其中,丽星邮轮以南沙为母港,已开通往来中国香港、海南、越南等地的邮轮航线,陆续还将开通往来日本的邮轮航线。绝佳的区位优势和自贸试验区创新政策,吸引了来自全球的航运物流企业纷纷在南沙注册登记。仅2015年一年,南沙新增的航运物流企业就达1066家,是广东自贸试验区获批前航运物流企业总数的3倍。大宗船舶交易、港口设备融资租赁等航运经济在南沙蓬勃兴起。

(2)融资租赁:一年引进122家融资租赁企业。2015年,南沙举办了首次融资租赁业务推介会,提出把南沙打造成为中国融资租赁"第三极"。一年来,南沙融资租赁行业实现爆发式增长。2015年9月,广州市首架以SPV(特殊目的机构/公司)形式引入的飞机落地南沙并交付使用。广州市唯一的金融租赁公司珠江金融租赁开业半年合同金额近80亿元。截至2016年2月底,落户南沙的融资租赁类企业达122家,注册资金360亿元,新增合同金额236亿元,融资规模3600亿元,企业数量和业务规模超过广州市的一半。2016年3月18日,广东自贸试验区首笔飞机租赁资产包跨境交易举行交付仪式,两架波音737-800型飞机资产包成功由境外转至南沙新区片区。至此,通过融资租赁方式落地南沙的飞机增至3架,成为南沙新区片区跨境飞机交易结构的又一大创新突破,南沙飞机租赁业务的发展取得"开门红"。

(3)现代服务业:50多家总部企业落户南沙。截至2016年2月,南沙已有4万多户各类市场主体登记在册,在总部经济、创新金融、融资租赁、跨境电商等新领域迅速集聚起一大批具有代表性的企业,包括中国铁建华南总部、中国交建国际业务总部、中铁隧道全国总部等50多家各类总部型企业,以及122家融资租赁企业、961家金融和类金融机构、709家跨境电商企业、1200多家航运服务企业,形成了高端产业集聚发展的良好态势。

(4)先进制造业:打造珠三角高端制造业基地。南沙已拥有广汽丰田、中船龙穴造船基地、东方重机等多个重量级高端制造企业,由此集聚了一大批产业链上下游企业。截至2015年年底,南沙规模以上工业产值2864亿元,同比增长8.5%。广东自贸试验区挂牌也给这些传统制造企业带来了新的增长动力。产能达22万辆整车/年的广汽丰田三期项目已开工建设,将推动形成千亿元级汽车产业集群;以中船集团龙穴造船基地为龙头,将形成千万吨级修造船及海洋工程装备基地；以东方电气、中国铁建、中国中铁等龙头企业为依托，将规划建设重型装备成套供应和高铁"走出去"基地。

（5）科技创新与创业：全方位推动科技创新与创业集聚发展。2015年，南沙财政科技经费投入同比增长68.3%，引进落户了一批重要科技平台。积极推进人才管理改革试验区建设，集聚了12名"千人计划"人才和两个广东省创新科研团队；截至2015年年底，全区孵化器面积已达38.6万平方米，在孵企业126家。全区高新技术企业数量同比增长35.7%，实现高新技术产品产值1364亿元，占工业总产值的47.6%。科技创新的人才和企业集聚工作是南沙新区片区产业转型、经济发展方式转变以及可持续发展的重要储备。在创新载体建设方面，南沙将继续推进粤港澳青年创业平台建设，联合中国香港、广州的科技服务机构、高校、企业成立粤港澳创新创业联盟。全面加强粤港（国际）科技合作，支持霍英东研究院开展青年创新工场建设，重点推进光电国际合作实验室建设，打造开放式智能制造中心。

（三）南沙新区片区现阶段存在的问题与原因分析

1. 经济发展势头快但经济规模还需进一步扩大

虽然南沙新区片区生产总值已经达到1133.1亿元，增幅达到13.3%，远超广州全市平均水平及广东全省平均水平，但是与上海浦东新区、天津滨海新区相比较，经济的总体规模还不够大。经济规模是制度创新的硬件基础，也是竞争力的重要基础。南沙新区片区还需要更加重视发展，以发展促改革，以发展的理念推动制度创新。

2. 开发建设人才集聚效应初显，但专业人才集聚效应还未显现

南沙新区片区成立一年来，从制度创新到城市建设再到区域发展都有了很大的飞跃，开发建设的人才集聚效应初显，然而由于发展时间较短，高端人才相对匮乏，专业人才集聚还未显现。南沙新区陆续发布了高层次人才创新创业政策指南和扶持办法，新区人才引进已经进入快车道，还需要一段时间的沉淀。随着专业人才在南沙不断集聚，集聚的规模效应会逐渐显现，预计需要2至3年时间，南沙专业人才集聚效应会逐步体现；4至6年时间，专业人才集聚将会成为南沙的重要动力和新增长极。

3. 营商环境初步建立，但与高水平营商环境要求还有差距

南沙新区片区国际化市场化法治化营商环境已经加快形成，但与打造高水平营商环境新高地的要求还有差距。南沙新区片区是粤港澳大湾区的几何中心，与香港、澳门相比较，南沙新区片区还需要进一步加快国际化、市场化、法治化营商环境建设，南沙新区片区可以通过借鉴香港、澳门经验和香港、澳门标准，构建对标世界级国际化大都市的国际化市场化法治化营商环境。

（四）南沙新区片区下一阶段的改革方向

1. 继续推进制度创新工作

健全宽进严管的市场准入和监管制度。完善外商投资准入前国民待遇加负面清单管理模式，全面实施面向国际和港澳的扩大开放措施。继续推进并完善一站式市场准入统一平台，升级企业登记"一口受理、多证联办"等模式，深入推进全流程"电子税务局"改革试点，推行电子营业执照改革和全程电子化登记管理，探索"证照分离"改革。对企业投资项目实行准入负面清单、行政审批清单和政府监管清单"三张清单"管理；按照"法无授权不可为、法定职责必须为"的要求，编制实施政府权责清单，明确政府权力边界。深入推进大通关体系建设。重点推进国际贸易"单一窗口"建设，进一步拓展功能，实现查验单位和经营企业互联互通，将试点范围扩展到区内港航物流企业。力争年内建立口岸管理部门"三互"工作机制。继续推进部级联席会议相关政策和金融创新政策。

2. 继续推动"三中心一体系"建设

加快建设国际航运中心、国际物流中心、国际贸易中心和创新金融服务体系，加快港口基础设施建设，建设国际航运物流集聚区，加快建设一批现代化物流配送中心，大力发展国际物流、保税物流和冷链物流。建设国际采购配送中心，开展出口采购集拼业务。建设国际中转中心，开展工程塑料DIT（延迟中转）业务。加快打造国际汽车物流综合服务枢纽及汽车进出口大通道，做大汽车整车进口业务，建设钢铁、粮食、塑料等一批交易中心，打造临港国际大宗商品交易中心和国际中转中心。争取在扩大跨境人民币资金使用、设立自由贸易账户等方面先行先试。推进新型期货交

易所等要素交易平台建设，探索构建以跨境人民币业务、航运保险、航运产业基金等为重点的航运金融服务体系。

3. 加快"21世纪海上丝绸之路"战略枢纽建设

南沙新区片区要积极探索与"21世纪海上丝绸之路"战略枢纽的沿线自贸园区建立合作机制。积极发挥航运产业基金对航运物流和"21世纪海上丝绸之路"战略枢纽沿线合作项目建设支持作用。与沿线国家、港口商会及国内外大型企业合作在南沙建设"引进来、走出去"平台。推进"21世纪海上丝绸之路"沿线港口城市联盟建设，探索建立联盟城市间的联络机制和会商机制，建设境外投资一站式综合服务平台，促进联盟城市双向投资。加强与"21世纪海上丝绸之路"战略枢纽沿线国家在检验检疫的标准、技术、互认等方面合作，推进国际互认制度。

4. 深化粤港澳合作

南沙新区片区要重点启动粤港深度合作区起步区用地平整及产业导入工作，规划建设粤港澳现代服务业集聚区，推动港澳服务业在南沙集聚发展。促进粤港澳科技联合创新，建设港澳科技成果产业化平台。全面建设粤港澳人才合作示范区，加快建设港澳青年学生实习和创新创业平台，探索设立港澳台人员社会事务服务机构。加快庆盛枢纽和南沙枢纽建设，力争南沙港铁路年内全线开工，基本完成地铁4号线南延段土建工程，争取年内启动地铁18号线、22号线建设。

5. 提升南沙新区片区国际化水平

以国际化、高端化、精细化和品质化为目标，加强城市风貌设计，重点推进自贸试验区生态廊道建设，打造自贸试验区绿色发展新名片。在此基础上，南沙新区片区要更加积极参与达沃斯论坛、博鳌亚洲论坛、广交会等高端国际交流合作平台，举办粤港澳合作高端论坛、港口国际高端论坛、自贸试验区国际高端论坛或圆桌会，提升南沙的国际影响力。加强与东南亚国家港口和商协会的交流合作，以推进与德国汉堡港合作为突破口，加强与欧盟国家的直联直通，进一步开拓北美航运市场，拓展国际发展新空间。

6. 大力发展现代服务业

南沙新区片区要重点加快发展航运服务业，吸引一批相关企业和机构落户，提升现代航运服务功能。积极发展高端商贸及专业会展，促进传统商贸与电子商务结合。加快发展专业服务和服务外包，集聚一批国内外知名专业服务机构。整合提升滨海旅游资源，加强与港澳地区邮轮旅游业合作，继续推进粤港澳游艇自由行。推动文体产业发展，积极培育文化创意产业，建设体育产业功能区。大力发展生活服务业，积极拓展新兴消费热点。推进现代金融服务区建设，强化中国银行南沙全球金融服务基地等创新型金融平台功能。制定出台融资租赁专项规划和政策，加快形成千亿级融资租赁产业集聚区。设立创业投资引导基金，发挥科技金融服务中心作用，促进科技金融深度融合。

7. 重点扶持科技创新与创业工作

为实现南沙新区片区的可持续发展，南沙新区片区还需重点完善科技创新与创业的扶持体系，充分利用国家自主创新示范区的政策优势，推动高端科技要素和功能集聚。加快明珠科技城的建设，大力发展研发设计、创业孵化、文化创业等产业，引进和建设一批重点项目。积极引入中山大学南沙生物医药与精细化工研究院，形成生物医药产业链。依托香港科技大学霍英东研究院，集聚粤港台三地高校资源，打造互联网和智能制造领域开放式智能制造中心。加快华南理工大学广州现代产业技术研究院、中国科技开发院863科技成果转化基地等孵化器建设，力争在2016年内建成孵化器面积60万平方米。大力引进高层次人才，加强高素质技能型人才的培育，构筑科技创新人才高地。重点加快国家物联网标识平台、国家超算中心南沙分中心、3D打印研究院等公共服务平台建设，促进信息化与工业化深度融合。加快建设电子信息产业园、环保产业园、航空产业园、进口消费品集散中心等一批新产业平台，培育壮大跨境电商、保税贸易、移动互联网等新业态。

二、深圳前海蛇口片区建设成效与改革路向

根据《中国（广东）自由贸易试验区建设实施方案》和《中国（广东）自由贸易试验区深圳前海蛇口片区建设实施方案》的具体内容，深圳前海蛇口片区（见图9-3）由前海区块（15平方千米）和蛇口区块（13.2

平方千米）组成，划分为三个功能区：一是前海金融商务区，即前海区块中除保税港区之外的其他区域，主要承接服务贸易功能，重点发展金融、信息服务、科技服务和专业服务，建设我国金融业对外开放试验示范窗口、亚太地区重要的生产性服务业中心；二是以前海湾保税港区为核心的深圳西部港区，重点发展港口物流、国际贸易、供应链管理与高端航运服务，承接货物贸易功能，努力打造国际性枢纽港；三是蛇口商务区，即蛇口区块中除西部港区之外的其他区域，重点发展网络信息、科技服务、文化创意等新兴服务业，与前海区块形成产业联动、优势互补。

图9-3　深圳前海蛇口片区示意图

深圳前海蛇口片区的主要任务包括：①坚持法治先行，建设中国特色社会主义法治示范区；②探索建立高标准的投资贸易规则体系，逐步建立开放型经济运行管理新模式；③推进深港服务贸易自由化，构建服务业对外开放新高地；④强化国际贸易功能集成，培育高能级产业集群和新型贸易业态；⑤建设国际枢纽港，构建"21世纪海上丝绸之路"港口链原点；⑥深化金融开放创新，建设中国金融业对外开放试验示范窗口；⑦增强区域辐射带动功能，形成自贸试验区与国家"一带一路"战略协同发展新格局;⑧创新监管服务模式,提升贸易便利化水平;⑨落实配套政策,充分发挥政策的支持和促进作用;⑩完善保障机制,确保自贸试验区建设扎实推进。共十方面71项重点工作。

(一) 一年来深圳前海蛇口片区建设进展

1. 经济体量快速增长

2015年,深圳前海蛇口片区注册企业实现增加值达1019亿元(其中前海569亿元、蛇口450亿元),增幅达45%;实现税收突破170亿元,增幅达63.61%;合同利用外资达217.78亿美元,增幅达211%,占深圳市77%;前海合作区实际利用外资22.3亿美元,占深圳市34.23%。全年完成308亿元固定资产投资,相当于前5年固定资产投资的总和,同比增长75%。全年新增企业43827家,增幅达132.8%,平均每个工作日新增186家,自贸试验区挂牌后,深圳前海蛇口片区新增注册企业达36055家,增幅达140.78%,平均每个工作日新增注册企业超过234家。其中,注册资本达5亿元及以上的企业938家、达10亿元及以上的473家,实缴资本达100亿元及以上的4家,共有53个国家和地区在深圳前海蛇口片区设立企业,累计注册外资企业2910家,注册资本合计2054.78亿元。

2. 制度创新全面开展

制度创新是自贸试验区的首要任务。挂牌一年来,深圳前海蛇口片区围绕促进投资贸易便利化、粤港澳深度合作等重点工作积极探索,推行了一批可复制推广的制度创新经验,主要包括投资贸易便利化、金融业务创新、事中事后监管、粤港澳深度合作改革共四方面制度创新成果。

(1) 投资贸易便利化改革。按照"能放则放、放管结合、分类实施、权责一致"原则,承接省市下放管理权限;完成"多证合一""一照一码"登记制度改革;外商投资实现"一口受理、多证联办";推行电子营业执照改革;商事主体电子证照卡;自贸试验区港区一体化运作;加工贸易手册管理全程信息化改革;建立"放、管、治"三位一体的跨境电商监管制度;进口食品快速放行模式;建立粮食进口"一三三"监管模式;建立原产地签证清单管理模式;建立入境维修"1+2+3"监管模式;建立检验检疫"电子证书"模式;建立第三方检验结果采信机制;实施企业注册登记改革；实施自贸试验区企业重点培育计划；推进实施"预约式"通关；实施"先装船后改配"通关改革；实施企业"主动披露"改革；打造"阳光口岸一站通"品牌；建立船舶"无疫通行"通关模式；建立"调解+仲裁"海事工作机制；税收智慧服务；国地税联合办税服务；税务网上区域通办服务；税银合作"税融通"服务；率先实行有税申报；开通微信缴税；全面推广无纸化办税；推行地税大数据风险管理；构建知识产权运营中心；首创境外投资者参与深圳碳排放权交易。

（2）金融业务创新改革。开展跨境人民币贷款业务试点，积极推动自贸试验区内企业境外发行人民币债券，扩大跨国公司资金集中运营改革范围，稳妥开展外商股权投资试点、落地实施合格境内投资者境外投资试点，创新跨境电商结算模式，前海企业跨境双向发行人民币债券取得突破，推进跨境金融资产交易中心建设，积极推动账户管理创新、资产证券化试验、首单租赁资产证券化产品落地、前海首批试点外债宏观审慎管理，取消自贸试验区主要中资银行年度新增网点计划限制，简化自贸试验区主要银行分行级以下（不含分行）机构和高管的准入方式，允许已获得离岸银行业务资格的中资商业银行授权自贸试验区分行经营离岸业务，鼓励各银行业金融机构大力支持自贸试验区业务创新，试行自贸试验区银行业特色报表监测制度，率先启动"现代服务业跨境电子支付及结算服务平台""一参一控"证券公司经营牌照取得重大突破，首创保险创客平台，在全国率先开展跨境人民币银团贷款、推动港澳保险公司将人民币保单保险资金投资前海开发建设。

（3）事中事后监管改革。自贸试验区综合行政执法改革，探索社会信用体系建设，完善地税事中事后监管，探索建立集中统一的知识产权执法体系，建立深圳前海蛇口片区重点产业知识产权快速维权机制，推进依法履行职务犯罪侦查职能，创新职务犯罪预防机制，全面加强知识产权保护，探索检察机关提起公益诉讼制度，设立新型的前海检察机关，成立中国自贸试验区仲裁合作联盟，设立"华南高科技和知识产权仲裁中心"，设立"华南（前海）海事物流仲裁中心"，实行港籍陪审员选任制度。

（4）粤港深度合作改革。设立前海深港青年梦工场（以下简称"梦工场"）青年创新创业平台；建立"前店后仓"运作模式；建立港资、港企、港货交易中心；中国港澳台和外国法律查明研究中心；内地与港澳律师事务所合伙联营试点；设立外商独资国际船舶管理企业；建立粤港检测结果互认合作机制；创新深港国际海员管理与服务；创新"前海深港人才合作"常态交流合作机制，共建全国人才管理改革试验区；创新以"飞地经济＋双港联通＋跨境金融"为特征的粤港经济外溢发展新模式。

（二）深圳前海蛇口片区改革成效与重点工作

1. 制度创新经典案例

作为经济特区，金融和立法方面的制度创新工作尤为重要，在深圳前海蛇口片区诸多制度创新实践中，首批试点外债宏观审慎管理和聚合资源打造域外法律服务公共平台较有代表性，是深圳前海蛇口片区众多制度创新实践中的经典案例。

（1）首批试点外债宏观审慎管理。

工作内容方面：2015年3月，国家外汇管理局启动了外债宏观审慎管理试点，试点的主要内容包括统一中外资企业外债管理方法，对区内非金融企业借用外债实行比例自律管理，要求外债余额不超过上年末经审计净资产的两倍，中资非金融企业办理外债签约登记时，其全部负债不超过其总资产的75%。2015年3月9日，国家外汇管理局深圳市分局和深圳市前海管理局共同举办了前海外债宏观审慎管理试点启动仪式，正式发布了前海外债宏观审慎管理试点实施细则。作为首批外债业务试点企业，前海怡亚通、首创环境、五矿供应链、华讯方舟四家试点企业与工商银行、农业银行、中国银行、招商银行、中信银行合作，共办理外债签约金额1.3亿美元。

实践成效方面：外债宏观审慎管理试点与前海跨境人民币贷款业务一起，形成本币、外币"两条腿走路"的境外融资渠道，真正实现企业与全球低成本资金"牵手"。仅到2015年9月底，深圳前海蛇口片区企业共签约借入外债5.17亿美元。随着企业数量的不断增长，将有更多的企业享受到政策红利。

（2）聚合资源打造域外法律服务公共平台。

工作内容方面：中国港澳台和外国法查明研究中心由最高人民法院、中国法学会和国家司法文明协同创新中心共同支持设立，汇聚了中国政法大学外国法查明中心、西南政法大学中国－东盟法律研究中心、法律出版社、深圳市蓝海现代法律服务发展中心（以下简称"蓝海法律中心"）等机构和研究部门的法律专家资源。中国港澳台和外国法查明研究中心承担法律查明工作的公共服务建设、推动建立"一带一路"沿线国家和地区法律库、整理完善域外法适用的案例库、建立法律查明网络信息平台等任务。

与此同时，最高人民法院还在前海法院建立了最高人民法院港澳台和外国法律查明研究基地，负责加强法院系统内部的涉外审批业务交流，开展港澳台法律查明和适用研究，完善涉外审判案例库；在蓝海法律中心设立最高人民法院港澳台和外国法律查明基地，负责依托域内外法律专家资源优势，查明港澳台和外国法律。蓝海法律中心作为一家在深圳前海蛇口片区注册的法律类民办非企业组织，在成立不到两年的时间里广泛聚合了国内外法律专家资源，建成了全国首个外国法查明平台，为自贸试验区法律查明工作的推进积累了丰富的案例和实践操作经验。

实践成效方面：蓝海法律查明平台运转良好，匹配迅速，已经成功查明香港、澳门、巴西、阿根廷、美国、开曼群岛、瑞士等国家和地区的法律。面对当事人要求查明巴西、阿根廷等南美地区的法律，平台发布信息仅两个小时，当地的专家就予以了回应，香港地区合作机构的律师也能够在24小时内给予回复，查明平台反应快、效率高的优势非常突出。

2. 重点工作方面

（1）金融行业：引进标杆金融机构，推进业务创新。入驻前海的金融持牌机构已达98家。前海微众银行成为全国第一家民营互联网银行，也成为李克强总理2015年外出考察的第一站。引进台湾玉山银行，成为深圳首家台资法人银行。前海招联消费金融有限公司落户，成为首家在《关于建立更紧密经贸关系的安排》框架下开业的消费金融公司。平安集团前海征信中心开业运行。前海金控分别与汇丰银行、东亚银行、恒生银行达成合资协议，在《关于建立更紧密经贸关系的安排》框架下成立2家港资控股的证券公司和1家基金公司。要素交易平台达19家，前海股权交易中心首创区域性股权交易中心的挂牌展示模式，深圳排放权交易所是全国唯一允许境外投资者直接参与投资的要素平台，前海金融资产交易所势头迅猛。至2015年年底，前海的注册金融企业已达31352家，注册资本金达

23943.13亿元。除银监会、证监会、保监会、公募基金等传统金融业态外，大量私募股权基金、融资租赁、商业保理、互联网金融、小额贷款、要素交易市场等新型金融业态竞相出现，其中商业保理企业占全国2/3，融资租赁企业占全国17.8%。

国内首支公募房地产信托投资基金（REITs）产品"前海万科REITs封闭式混合型基金"设立。发起成立前海股权投资母基金，1亿元扶持前海梦工场创业企业。广东自贸试验区首单租赁资产证券化产品"德润租赁支持专项计划"挂牌交易。

（2）粤港澳合作：大型港资企业入驻。实施惠港"万千百十"工程，明确前海1/3的土地面积向港企提供，开通港企"直通车"，为港人港企提供高效便捷的服务，汇丰、恒生、东亚、嘉里、周大福、港铁、金银业贸易场等一批标志性企业落户，前海香港商会正式成立，港货中心一期建成营业，注册港资企业达2783家，对前海增加值的贡献率超过20%。5家粤港合伙联营律师事务所（全国共7家）落户广东自贸试验区。为吸引香港科技创新与创业人才前海集聚，在港举办有1000名政商各界人士参加的促进深港合作政策宣讲会；全年接待6300多名香港大中学生和青年代表参观考察；268名香港大学生在前海管理局及入区企业实习；52个香港创新创业团队进驻梦工场，其中留英归港青年陈升团队，在梦工场创业不到一年，即获首轮融资5000万元，在香港引起较大反响。与全国港澳研究会建立战略合作关系。

（3）"一带一路"战略：积极探索园区合作模式。支持招商局、中兴通讯、中集等重点企业在"一带一路"沿线国家投资布局，积极推动与印度尼西亚等国家商建自贸园区或产业园区。招商局集团先后启动科伦坡码头、澳大利亚纽卡斯尔港口、白俄罗斯中白工业园和收购土耳其Kumport码头项目，旗下码头网络已覆盖全球五大洲16个国家和地区的29个港口。与印度古吉拉特邦签订共建智慧城市合作备忘录；成功与英国大使馆合作开展"中国繁荣战略项目基金"项目；与伦敦金融城叶雅伦市长共同举办前海人民币国际化论坛；与英属维尔京群岛合作举办发展论坛；接待印度尼西亚斗争民主党总主席、前总统梅加瓦蒂来访，苏加诺之家（印度尼西亚-中国合作中心）落户前海；参加国家创新与发展战略研究会主办的"读懂中国"国际会议，与迪拜经济委员会、爱尔兰投资发展局、英中发展协会、以色列高科技协会分别签署合作备忘录。全年共接待澳大利亚执政党自由党全国主席阿尔斯通、汇丰集团董事会主席Douglas Flint（范智廉）和行政总裁欧智华等全体董事会成员、新加坡教育部长王瑞杰、"一带一路"外交官考察团、新西兰驻华大使等49批次高端访问团组，990余人次。

（4）营商环境方面：法制化与国际化发展。深圳前海蛇口片区组织起草《广东自贸试验区深圳前海蛇口片区条例》，修订《深圳经济特区前海深港现代服务业合作区条例》，研究制定《建设前海中国特色社会主义法治示范区实施纲要》，在全国率先探索涉港澳台和外国法律查明与适用机制，"中国港澳台和外国法律查明研究中心""最高人民法院港澳台和外国法律查明研究基地"和"最高人民法院港澳台和外国法律查明基地"三大国家级域外法查明机构落户前海。前海合作区人民法院挂牌成立，被纳入全国综合性改革示范法院试点；建立全国领先的多元化商事纠纷解决机制全国，组建全国唯一的自贸试验区仲裁联盟并常态化运作，成立自贸试验区金融仲裁中心、华南（前海）海事物流仲裁中心和华南高科技知识产权仲裁中心，国际仲裁院已吸纳来自50个国家或地区的870名仲裁员，其中有146名来自中国香港，占比达到17%，外籍仲裁员占比达到40.6%，最高人民法院第一巡回法庭也将永久落户前海。

深圳前海蛇口片区研究起草《建设国际人才自由港工作方案》，提出"六自由一保障"38条创新举措；持续实施境外人才个人所得税补贴政策，2015年向71名境外人才补贴个税近2000万元，同比增长3倍多。争取公安部门支持，降低前海商务签注门槛，并通过办理口岸签证备案登记，为入区企业邀请外籍人才提供落地签证的便利。挂牌成立前海人才服务联盟、前海服务业离岸创新创业基地、前海香港大学生实习基地、中国人才网站联盟等。在工程建设领域进一步扩大对香港专业人士开放，推动香港专业人士前来求职从业。

（三）深圳前海蛇口片区现阶段存在的问题与原因分析

1. 专业人才服务领域开放明显滞后

专业人才服务领域CEPA已经有较为明确的规定，然而由于标准和规范不统一，专业人才服务的开放不具备执业基础。深圳前海蛇口片区对检验检疫等专业服务行业的标准和规范认证的相关工作已经开展了一段时间，然而作为粤港澳深度合作的重要内容，专业人才服务领域的深度合作还需要经过一段时间的磨合和沉淀。专业人才服务作为金融等服务业的核心竞争力，应得到更多的重视，加快改革步伐。

2. 立法工作相对滞后

前海合作区的人员出入境管理、人民币自由兑换、外汇资本项目管制、金融市场开放、司法管辖权等问题涉及中央事权，仅靠各部委、各部门间协调缺乏法律依据，具有随意性。自贸试验区成立时间短，工作涉及面广，各部门协调工作较多，作为特区，具有立法权。深圳前海蛇口片区要充分发挥特区立法权优势，针对前海合作区的权限和运行模式做更深度的立法工作。

3. 土地储备不足成为发展掣肘

深圳前海蛇口片区规划面积为28.2平方千米，与广州南沙新区片区相比，深圳前海蛇口片区已经完成了高强度开发，土地价值不断提升，可利用土地资源极其匮乏。与深圳前海蛇口片区连接紧密的后海和宝安中心区区块可用于建设土地几近饱和。土地招拍挂价格连续打破深圳土地成交价格单价记录，楼面地价甚至超过每平方米5万元。土地储备不足已经成为深圳前海蛇口片区发展的掣肘。

（四）深圳前海蛇口片区下一阶段的改革方向

1. 加强腹地建设，推动区域协同发展

综合考虑以上原因，深圳前海蛇口片区的实施方案明确提出了区域国际化、经济金融化（虚拟化）的目标。然而近年来香港区域竞争力下滑和诸多问题，已经显现出区域国际化和经济金融化（虚拟化）的潜在隐患。深圳前海蛇口片区作为改革和开发的窗口，还需要经济腹地和制造业腹地的强大支撑。在深圳已经完成土地国有化的背景下，产业用地供应作为区域协调发展的需求之一，难以得到政策的全面倾斜和保障，产业用地等土地资源匮乏几乎只能通过腹地进一步延伸才能得到解决。这就对莞深一体化和深汕一体化提出了更高的要求。

莞深一体化和深汕一体化要两手抓。东莞作为经济强市，完全从属于深圳的发展思路并不现实，综合考虑地缘等一系列因素，东莞适合承接深圳相关产业的溢出，惠州和汕尾更适合承载深圳相关产业的主动转移。然而，由于大亚湾的环评问题，深圳市政府应尽早高度重视深汕合作区的建设和发展，并且应当尽快落实深圳市政府主导的相关产业转移，形成深圳能够主导的莞深和深汕产业转移一体两翼格局，为深圳前海蛇口片区提供可主导的制造业腹地和产业基础。

2. 加快国际化建设步伐

加快推进前海综合规划编制工作，借鉴国际一流城市中心区建设经验，充分利用前海的滨海景观，统筹规划空间布局、生态保护和城市设计，大力提升空间品质，着力塑造特色鲜明的城市风貌，努力把前海打造成规划一流、设施完善、生态和谐的现代化国际化先进城市标志区。

3. 加速基础设施建设，有针对性地推进房地产供给侧改革

抓紧推进填海及软基处理施工。同时，将高标准建设交通基础设施，积极推进沿江高速、南坪二期、西部疏港通道、地铁1号线及5号线等九大工程项目的建设，加快形成符合中心区建设要求、具有较强辐射力的现代化综合交通体系，进一步强化前海的区域交通枢纽地位。在此基础上，深圳市政府应当尽快推出政府储备用地，提高轨道交通沿线等土地利用和开发性强度，加大保障房建设力度，合理选址，缩短建设周期，推行差别化的信贷政策，使创新创业政策、科技创新企业和创业者不会受到信贷政策调整的波及；着力解决产业用地、刚需者和高层次人才的住房问题。

三、珠海横琴新区片区建设成效与改革路向

根据《中国（广东）自由贸易试验区建设实施方案》和珠海横琴新区片区建设实施方案的具体内容，珠海横琴新区片区（见图9-4）由临澳区块、休闲旅游区块、文创区块、科技研发区块、高新技术区块组成，重点发展旅游休闲健康、商务金融服务、文化科教和高新技术等产业，建设文化教育开放先导区和国际商务服务休闲旅游基地，打造促进澳门经济适度多元发展新载体。以制度创新为核心，营造兼具港澳特色与内地特点、对

接高标准国际投资贸易规则的国际化、市场化、法治化营商环境,支持澳门建设"一中心一平台"(世界旅游休闲中心和中国与葡语系国家经贸合作服务平台),促进港澳地区长期繁荣发展,扩大对葡萄牙语系、西班牙语系国家的开放合作。

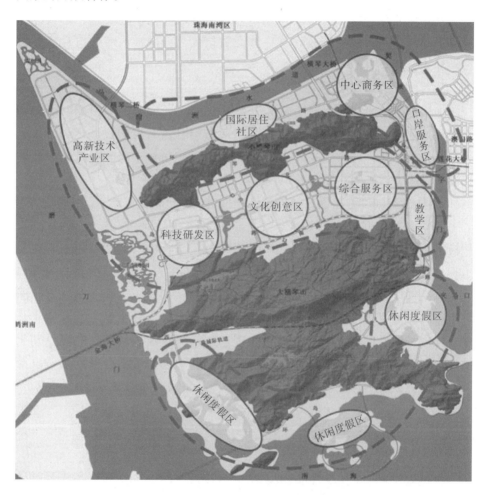

图9-4　珠海横琴新区区块示意图

珠海横琴新区片区的主要任务包括:①构建国际化、市场化、法治化营商环境;②深入推进粤港澳服务贸易自由化;③强化国际贸易功能集成;④深化金融领域开放创新;⑤增强自贸试验区辐射带动功能。共五方面61

项重点工作。

（一）一年来珠海横琴新区片区建设进展

1. 经济体量逐步提升

2015年，珠海横琴新区片区实现地区生产总值92.5亿元、公共预算收入37.8亿元、固定资产投资289.8亿元、实际利用外资4.3亿美元，分别同比增长36.9%、39.7%、17%和65.7%。截至2015年12月底，横琴累计注册市场主体15728家，企业注册资本总额超过6500亿元，其中2015年共注册8660家，是2009年至2014年总和的1.2倍。其中在横琴登记、注册的港澳企业1238家，2015年新登记、注册澳资企业866家，是2009年至2014年注册澳资企业的2.3倍。已引进和在谈世界500强企业52家，国内500强投资项目76家，82个重点项目总投资超过3200亿元。全区有各类总部企业858家。

2. 制度创新工作全面开展

制度创新是自贸试验区的首要任务。挂牌一年来，珠海横琴新区片区围绕促进投资贸易便利化、粤港澳深度合作等重点工作积极探索，推行了一批可复制推广的制度创新经验。其中投资贸易便利化改革、事中事后监管改革、金融业务创新改革、深化对澳合作四个方面制度创新成果，具体内容如下。

（1）投资贸易便利化改革。完成权责清单的初步编制；实现商事登记"一口受理、同步审批"的一站式服务；实现企业营业执照、法人代码证、税务登记证"三证合一""一照一码"；首发"商事主体电子证照卡"，率先将"大数据管理""互联网＋"理念融入企业登记与服务全流程；推行电子办税服务厅；设立综合执法局；横琴口岸率先启动"一机一台"通关新模式，整合优化了监管资源，实现了信息共享；率先推出"三个零"政府服务，即企业足不出户"零跑动"就能办理各类事项，对企业服务"零收费"，对企业"零罚款"。

（2）事中事后监管改革。创新"大物管＋大综合＋大法管"城市治理模式，融入"互联网＋"和"公民治理"理念，推出全国首个城市智能管家"横琴管家"App平台，支持公众参与社会治理；全国首批设立的横琴国际知识产权交易中心挂牌；创建横琴稀贵商品交易中心；设立横琴自贸试验区进口商品直销体验中心。

（3）金融业务创新改革。横琴跨境人民币贷款政策获批，横琴首获境外放款上浮额度下放区内办理创新政策，莲花大桥穿梭巴士受理跨境金融IC卡，实施银行网点企业登记注册导办服务，成立横琴稀贵商品交易中心，成立国际知识产权交易中心，推动民营融资租赁事业的发展。

（4）深化对澳合作。制定对港澳负面短清单，比国家自贸试验区外商投资准入负面清单缩短30%；制定并发布政府部门权力清单；完善与港澳交流合作机制，与澳门特区政府建立金融、通关、基础设施三条直线沟通机制；建立与澳门全国人大代表、政协委员及工商界社团的定期沟通交流机制；建立横琴和澳门消费维权合作机制；"横琴卡"上市首发，率先实现移动通信澳门、横琴两地一体化；横琴、澳门青年创业谷正式启用。

（二）珠海横琴新区片区改革成效与重点工作

1. 制度创新经典案例

珠海横琴新区片区首创的政府智能化监管服务模式，成为2015年国务院自由贸易试验区工作部际联席会议第二次全体会议审定的8个"自贸试验区最佳实践案例"之一。在珠海横琴新区诸多制度创新实践中，政府智能化监管服务模式较有代表性，是珠海横琴新区片区众多制度创新实践中的经典案例。

工作内容方面：第一，推出商事主体电子证照卡，为企业提供便利化政务服务。按照深化商事登记制度改革的要求，由珠海横琴新区片区管委会牵头，区内工商、国税、地税、质监、商务、建设、人行、海关、检验检疫等多部门参与，提出政府智能化监管与服务的理念，并颁布实施《广东横琴自贸试验区商事主体电子证照卡管理试行办法》，在全国率先推出商事主体电子证照卡。商事主体电子证照卡是以营业执照信息为基础，集合企业其他登记、许可、备案、资质认证等证照基础信息的可读写标准电子介质。商事主体电子证照卡业经国家密码管理局认证，是可作为数字证书使用的企业电子身份证。商事主体可持卡在横琴片区工商、税务、质监、海关、检验检疫等部门办理审批、许可、备案等业务；相关签约银行等金融机构通过审查电子证照卡，可快速审核企业身份，为企业办理相关金融服务业务。截至 2015 年 10 月 20 日，已发放 330 多张商事主体电子证照卡。

与此同时，横琴新区片区还选取工行、建行、中行、农行、横琴村镇银行、中信、浦发 7 家银行的 23 个网点开展商事登记银行导办服务，即授权银行网点设立营业执照自助办理系统，由银行指导投资者上网办理营业执照，并同意银行使用其在横琴的网点作为商事主体集中注册地址，进一步提升注册的便利化程度。

第二，制定市场违法经营行为提示清单，为企业提供清晰的事前指导服务。针对市场监管规则庞杂、市场监管压力巨大以及监管力量相对薄弱等问题，由横琴新区片区工商局牵头，首创性地在工商行政管理领域引入清单管理模式，于 2015 年 5 月 22 日发布横琴新区市场违法经营行为（工商行政管理类）提示清单（以下简称"提示清单"），为企业提供清晰的事前指导服务。首先，梳理涉及工商监管职能的违法经营行为的法律、法规和规章。由横琴新区工商局组织专业团队，根据国家信息中心法律法规数据库、广东省工商局业务系统数据库，全面梳理出涉及工商监管职能的违法经营行为的法律、法规和规章，并按国民经济 20 个门类、96 个类别及 15 个市场主体类型分别进行筛选、梳理、核查，列出 1748 种违法经营行为。其次，开发提示清单查询软件，将 1748 种违法经营行为分门别类建成数据库，设计"行业查询""关键字查询""横琴企业所得税优惠目录查询"三种查询方式。针对查询结果数量较多不易精准定位的问题，对查询结果按"违反注册登记规定""违反不正当竞争规定""违反商标管理规定""违反产品质量规定""违反广告管理规定""违反消费者权益保护规定"和"违反其他法律规定"七大类进行分类显示，并设定了在结果中进行二次查询的功能，企业可根据自身类型选择查询方式。最后，发布提示清单并及时更新维护。在通过专家评审和听取企业意见后，正式发布提示清单。同时，横琴新区片区工商局安排专人跟踪法律法规的修订，及时更新提示清单。

实践效果方面：通过实施商事主体证照卡和提示清单，建立政府智能化监管服务模式，一方面为企业提供信息化、便利化、清晰化的政务服务，另一方面整合政府各部门信息资源，为推动商事登记制度改革和加强事中事后监管提供有力支撑。第一，节约企业办事成本。通过实施商事主体电子证照卡,至少可以为企业节省1/3的办事时间。例如,过去企业招投标至少需要一个星期时间来准备大量企业资质证明文件,办理"电子身份证"后,企业免去了重复准备和提交资质文件的烦琐手续,审核单位也节省了重复审核相关文件的时间,金融机构也可通过审查企业电子证照卡,快速审核企业身份,为企业提供便捷的金融服务。使用电子证照卡后,不再需要携带大堆的纸质材料。电子证照卡可以在办事大厅办理,也可以在银行网点办理,真正实现了就近办理。第二,促进企业放心经营。提示清单发布后,企业可根据自身类型将适用的法律条文"一次查尽、精准显示、一表导出、长期受用",足不出户、不需成本即可获取一份"私人定制"法律清单,对照提示清单明晰经营的"雷区"和"红线",有力地促进了企业自觉依法经营。珠海原妙医学科技有限公司相关负责人一语道出了企业的心声,"以前由于弄不清楚哪些经营行为是违法的,导致企业在经营上放不开手脚,担心导致不必要的违法成本。有了提示清单,就等于有了一位免费的、权威的'法律顾问',足不出户、不需成本即可获取一份为所属行业定制的'专属清单',可以吃下'定心丸',放胆投资、放心经营"。第三,有利于加强事中事后监管。通过实施商事主体电子证照卡和制定提示清单,有利于整合各监管部门的信息资源,建立市场监管大数据平台;通过提示清单明晰经营的"雷区"和"红线",引导企业守法经营,减轻监管压力;同时,提示清单亮出了工商监管执法的权力家底,划出工商监管执法的权力"边界",使公众对工商部门的执法依据和执法边界一目了然,有效推动了工商执法的公开透明,化解了执法过程中不必要的猜疑和误解,密切政企、政群、政民关系,有利于推动市场监管和谐发展。

2. 重点工作方面

(1)金融行业:突出金融创新。横琴新区片区已引进金融类企业1667家,注册资本总额1778亿元,管理资产约1.5万亿元,聚集创新性金融要素交易平台11家。推动金融交易平台创新,广东金融资产交易中心累计交易量突破4007亿元。横琴稀贵商品交易中心自2015年5月21日开业以来,交易量已突破170亿元。横琴国际知识产权交易中心是全国首个知识产权运营特色试点平台。实现跨境金融创新。港澳居民跨境住房按揭业务累计收汇超过1.5亿美元,企业申请备案的跨境人民币贷款业务超过25.6亿元。

全国率先开展跨境车辆保险业务。莲花大桥穿梭巴士受理跨境金融IC卡。金融产业蓬勃发展。广东首家民营资本发起设立的横琴华通金融租赁有限公司于2015年10月26日正式开业，注册资本20亿元人民币，标志着广东省第二张金融租赁牌照正式落地横琴。

（2）粤港澳合作：深化对澳合作。与澳门沟通机制进一步健全。与澳门特区政府建立金融、通关、基础设施等多条直线沟通机制以及推动横琴新区片区建设珠澳合作机制，特邀澳门中联办、广东省港澳办代表参加，下设法律合作、投资贸易、文化旅游、教育卫生、口岸通关、金融创新、跨境工程七个专项工作组，负责具体协调。成功召开第一次领导小组会议。建立与澳门两会代表及工商界社团定期沟通交流机制。与澳门特区政府共同筹划建设集养老、居住、教育、医疗等综合功能于一体的"澳门新街坊"。横琴已与澳门方面就项目选址、土地面积、开发模式等内容进行了多次沟通。全岛开发尤其是涉及土地出让、产业建设、资本参与、城市基础设施等资源开发，同等条件下优先支持澳门投资项目，人才公寓等公共资源优先满足澳门企业和从业人员需求。与澳门要素流动更加便捷。实现横琴口岸24小时通关。率先在横琴口岸启动"一机一台"改革，创新关检合作和通关模式，提升通关效率30%，方便珠澳人员往来。实行澳门小商品简化归类，集中申报、分批出境，推动货物贸易便利化。积极落实《珠海口岸查验机制创新试点方案》《珠海口岸查验机制创新试点工作实施方案》，争取对内地、澳门居民探索实施"进境查验，出境监控"的单向检查试点，促进快速通关。澳门单牌车便利进出横琴政策即将落地。港澳游艇"自驾游"取得积极进展。制定横琴片区港澳及境外高层次人才认定办法，争取扩大人才来往港澳"一签多行"实施范围，实现粤港澳服务人员职业资格互认，推进粤港澳服务业管理标准和规则相衔接。在全国首发移动通信和上网资费大幅降低的"横琴卡"，积极争取在横琴开展使用澳门元小额消费政策试点。

（3）科技创新与创业：青年创业谷与中医药创新联盟。横琴片区启动横琴澳门青年创业谷项目，鼓励和帮助澳门年轻人在横琴创业，首期3万平方米，350个项目申请中已有112家港澳企业入驻，入驻项目发展态势良好。企业注册资本超过4500万元。设立澳门青年创业扶持基金，对澳门青年创客在横琴创业予以全方位扶持。开设北京大学创业训练营粤港澳台创客特训班。着力推动国际互联网创新创业方向，引进国家网信办规划的国家级"互联网+"创新创业基地正在进行前期规划，拟投资50～100亿元，将构建珠澳大数据服务平台，带动相关产业快速发展。该项目已入选国家发改委第三批专项资金支持项目范围。在此基础上，横琴新区片区设立初始规模为100亿元的产业引导扶持基金。

为推动粤澳合作中医药科技产业园，国家中医药现代化科技产业创新联盟于2015年9月22日正式成立。中国中医科学院在横琴设立中医药国际创新中心，设立起步规模为10亿元的中医药健康产业发展母基金。陆续有32家企业进驻商业孵化中心，与广药集团、奇正实业等开展战略合作，扎实推进国家中医药现代化科技产业创新联盟项目。

（4）旅游休闲业：世界旅游休闲中心。长隆国际海洋度假区2014年3月开业，截至2015年12月底已累计接待游客超过2500万人次，其投资500亿元、占地300公顷的第二个主题公园项目已经动工建设。长隆横琴湾酒店荣获"2015全球领先主题酒店奖"。珠海WTA超级精英赛（国际女子网球赛）已于2015年11月在横琴国际网球中心成功举办，并将连续五年在横琴举办。第二届中国国际马戏节2015年11月在横琴成功举办。香港嘉华集团将在横琴兴建世界级的体育休闲项目，总投资额超过百亿余元，以体育、文化、旅游及休闲度假作为核心内容，通过建设有特色、高水平、亲近自然体育旅游休闲设施，运用国际、国内体育明星资源，打造世界级的品牌及国际知名的体育度假地标。世界一流的麻省总医院中国医院项目落户横琴，前期工作正抓紧推进。总投资达30亿元的法拉帝游艇（亚太）中心项目在珠海横琴新区片区正式开工奠基。

（5）"一带一路"：与葡语系国家经贸合作方面。为支持澳门建设"一中心一平台"（世界旅游休闲中心和中国与葡语系国家经贸合作服务平台），促进港澳地区长期繁荣发展，扩大对葡萄牙语系、西班牙语系国家开放合作。联手澳门，系统谋划，制订《建设中国-拉美国家经贸合作重要平台（广东）工作方案》。在横琴成功举办第九届中拉企业家高峰会推介会，组团出席2015年10月中旬在墨西哥举行的第九届中拉企业家峰会，与哥伦比亚中国商业投资工商会、乌拉圭美洲特区商业科技产业园签署了合作协议。

发挥自贸试验区展示展销功能，与澳门葡语系国家商品集散中心互动，设立巴西、葡萄牙、安哥拉、莫桑比克等葡语国家特色商品直销中心，已汇聚 3000 多种原装进口商品，将逐步拓展成为拉美国家商品展示展销平台和集散中心。在此基础上，推动创建中拉电子商务产业基地。以跨境电子商务为主体，着力拓展与拉美国家的货物及服务贸易，构建中拉企业投资、商贸、物流交易结算中心，发展面向拉美国家的跨境电子商务第三方平台和互联网商贸业集聚区，积极推动创建拉美商品国际交易中心及中拉电子商务产业基地。

（三）珠海横琴新区片区现阶段存在的问题与原因分析

1. 产业基础差、多元化发展受限

横琴新区产业基础较差，产业多元化的广度和现代产业发展的深度都严重不足。在产业与创业互动不顺畅的情况下，科技创新与创业的发展的瓶颈会越发凸显。产业基础差也使得金融发展缺乏载体基础，金融的发展瓶颈已经有所显现。发展旅游和旅游金融能够使得珠海横琴新区片区有显著的发展特色，但产业基础的单薄也使得横琴在总量和多元化发展方面严重受限。从经济总量看，珠海横琴新区片区的 GDP 水平也远远滞后于广东自贸试验区其他片区。珠海横琴新区片区规划面积 28 平方千米，与澳门特别行政区的距离和通行优势甚至超过深圳前海蛇口片区与香港的距离和通行优势。珠海横琴新区片区与澳门主岛甚至已经达到同城发展的地缘距离。为实现珠海横琴新区片区与澳门主岛的高规格协同规划建设，珠海横琴新区片区应当以国际化的营商环境和世界一流的旅游资源吸引更多世界级总部企业入驻珠海横琴新区片区。依托珠海横琴新区片区对外开放优势和毗邻澳门的地缘优势，对新区内土地进行有计划的高强度开发，建设世界一流的总部企业集聚区，以横琴的发展推动澳门的多元化发展转型。

2. 基础设施发展滞后

综观广东自贸试验区的三大片区，仅珠海横琴新区片区属于既远离市中心区域又无轨道交通接驳的发展区域。轨道交通具有通行效率高，能够引导发展的一系列优点，轨道交通也是城市发达程度的重要体现。珠海横琴新区片区风景、环境、地缘等优势明显，然而作为区域发展的动力，轨

道交通引导的 TOD（以公共交通为导向的开发）发展模式的缺失也为珠海横琴新区片区其他行业集聚发展制造了瓶颈。并且横琴新区的机场和码头配套严重不足，横琴新区与珠海机场、珠海北站等交通枢纽的路面通行距离较远。现代城市气息对人口和企业具有显著的集聚作用。仅仅依靠制度创新和特色行业难以吸附大量澳门人口融入横琴新区，旅游人口和旅游行业的发展对区域的总量提升和常驻人口集聚难以产生显著贡献，基础设施建设的严重不足，会导致横琴新区对澳门居民和澳门企业的吸引力被严重削弱。

（四）珠海横琴新区片区下一阶段的改革方向

1. 横琴新区片区要加强与珠海主城区的协同发展

横琴新区片区位于横琴岛，横琴与珠海其他区域仅能通过横琴大桥和广澳高速相连，横琴新区片区与珠海主城区的陆上距离较远，使得横琴新区片区与珠海主城区产生了相对分离发展的效果。珠海横琴新区片区与澳门特别行政区的通行便利度甚至超过了横琴新区片区与珠海其他区域的通行便利度，横琴新区片区与珠海主城区的通行便利度就更差了。虽然横琴新区片区与澳门行政区之间的往来相对便利，但是由于专业认证、商品贸易认证等一系列跨境问题的原因，横琴新区片区的建设发展更需要珠海的力量，横琴新区片区应当加强与珠海其他区域的协同发展。在财政和土地规划可承担的情况下，建议珠海政府参照福田交通枢纽，建设连接澳门、横琴区、珠海主城区的轨道交通线路，规划横琴轨道交通枢纽，以 TOD 的方式和集约用地的原则，高强度开发轨道交通沿线土地，促进横琴世界级总部企业集聚区建设，实现澳门、横琴新区片区和珠海主城区的协同发展。

2. 文化创意产业需加强与旅游产业的互动

旅游产业和旅游金融是珠海横琴新区片区需要重点发展的行业之一。为提升产业互动和产业协同发展效应，实现产业合作和规模效应，珠海横琴澳门青年创业谷除了重点发展征信产业外，还需要重点发展文化创意产业。文化创意产业是旅游产业的关联产业，并且文化创意产业的低能耗、高附加值特点也适合珠海横琴新区片区的发展理念。澳门的"一中心一平台"建设也具有显著的旅游文化特色。文化创意产业也是在现代产业基础较差和制造业发展严重不足的情况下，较为适合澳门产业基础的配套产业，是澳门产业多元化和横琴产业多元化的重要选择。珠海横琴新区片区要构建文化创意产业和旅游产业的深度合作平台，形成良好的沟通机制，以商品定制服务开创文化创意产业和旅游产业的协同发展格局。以文化创意产业为突破口，与征信产业携手，共同推动澳门产业多元化发展和横琴产业多元化发展。

结语

总的来说，为实现因地制宜、错位发展和优势互补，广东自贸试验区在"1+3"建设实施方案的基础上，建立了各片区独立运行机制，然而通过三个片区的对比分析发现，广东自贸试验区在行政体制改革和投资便利化方面整体成效显著，广州南沙新区片区在贸易便利化方面较为突出，深圳前海蛇口片区在金融创新方面成果显著，珠海横琴新区片区在商事制度改革方面成效明显。一年来，在全面推广上海自贸试验区35项可复制改革试点经验基础上，形成"广东自贸试验区首批60条创新经验"，其中27项经广东省政府常务会议和广东省委全面深化改革领导小组审议通过，已印发全省复制推广；17个制度创新案例经广东省政府同意，已印发各地级以上市、省直相关部门参考借鉴。同时，向国务院自贸试验区工作部际联席会议第二次全体会议提供在全国复制推广的改革经验和创新案例。会议审议通过的拟向全国复制推广的21项改革试点经验中，有一半源自广东自贸试验区。由于发展时间短、全球贸易形势复杂、改革触及深水区等原因，广东自贸试验区的改革创新也存在着短板和不尽如人意之处，主要包括广东自贸试验区存在金融创新深度不够、粤港澳深度合作进展缓慢、"一带一路"沿线国家"走出去"步伐缓慢、政策扶持力度不均、重复建设和同质化现象严重等问题。这也是广东自贸试验区进一步深化改革的重点和下一步的工作重点。

首先，在金融创新方面，国家还未对广东自贸试验区放开自由贸易账户权限，人民币结算功能受限，这使得广东自贸试验区的金融创新多以业务创新为主。受到汇兑风险的影响，广东自贸试验区对境外贷款的实际需求较为有限。为抵销汇率波动情况下境外资金对国内金融市场的冲击，资产证券化、外商股权投资和合格境内投资者境外投资等业务发展受到管制和额度限制。以上问题导致广东自贸试验区金融创新深度不够。对此，广东自贸试验区应当向国家申请获得更大的金融创新权限和支持力度，力争在 2016 年取得自由贸易账户试点，并获得更大的创新产品额度。

其次，在粤港澳深度合作方面，检验检疫标准互认等工作虽然得到了一定的重视，但是专业人士执业认证等相关认证不通的问题依然存在。港澳青年和港澳专业人士来内地创业和就业的比例还很低。粤港澳产业合作也还仅仅停留在表面的"交往型"合作的范畴，并未产生"肌体内生"的效果，代际产出和代际合作极为鲜见。对此，广东自贸试验区要从代际产出和代际合作入手，加强政策宣传和经营辅导，吸引更多港澳青年和港澳专业人士来内地就业创新，鼓励港澳企业在内地生根发芽，鼓励港澳专业人士等高层次人才在内地安家落户，参与内地发展和政府决策咨询制定过程。

再次，在向"一带一路"沿线国家"走出去"方面，虽然广东自贸试验区与伊朗格什姆自贸试验区已经签署了谅解备忘录，但是广东自贸试验区企业向"21 世纪海上丝绸之路"国家"走出去"的步伐还十分缓慢。一方面是因为"21 世纪海上丝绸之路"国家的投资存在较大的不确定性风险，另一方面是因为"走出去"企业面临着风俗、气候、文化差异等问题。在企业经营不确定性较大，且文化差异普遍存在的情况下，"走出去"的步伐必然受到影响。对此，广东自贸试验区不仅应做好"引导型基金"等扶持工作，更要做好"走出去"企业经营辅导等工作，完善政府"走出去"企业支持体系，解决"走出去"企业在现实中遇到的困难，为企业树立信心，推动企业向"一带一路"沿线国家"走出去"工作。

最后，在税收和立法方面，深圳前海蛇口片区、珠海横琴新区片区相对广州南沙新区片区都具有明显的优势。2016 年全国两会期间，原广州市长陈建华指出国家明确深圳前海蛇口片区和珠海横琴新区片区对符合准入条件的企业减按 15% 的税率征收企业所得税，而广州南沙新区片区执行的是国内 25% 的企业所得税税率。在这种相对不利的情况下，广州南沙新区片区的制度创新和招商引资依然取得了丰硕的成绩。然而，随着改革创新的不断深化，"先天不平等"对片区发展的影响会更加显著。在航运中心建设方面，虽然"1+3"建设实施方案有侧重点安排，但是深圳蛇口和广州南沙的航运中心建设或多或少地出现了同质化发展和内部竞争问题。在同质化和内部竞争出现的情况下，"先天不平等"会直接影响片区发展的积极性。对此，广东自贸试验区要更加重视错位发展和优势互补问题，向国家申请将南沙新区航运中心地位提升到国家战略水平，并赋予南沙新区更优惠的税收政策和财政支持。

附表：

表9-1 广东自贸试验区首批60条创新经验

	所属门类	内容
1	投资贸易便利化	下放省市管理权限
2		"三证合一""一照一码"登记制度改革
3		企业登记注册"一口受理、多证联办"
4		推行电子营业执照改革
5		商事主体电子证照卡
6		商事主体登记窗口与银行营业网点一体化
7		部分海关和报检业务"全城通办"
8		取消《户外广告登记证》
9		自贸试验区港区一体化运作
10		陆路跨境快速通关
11		海关监管查验流程再造（快速验放机制）
12		国际转运自助通关新模式
13		政府支付查验服务费用
14		加工贸易手册管理全程信息化改革
15		关检"一机一台、合作查验、分别处置"通关制度
16		建立"放、管、治"三位一体的跨境电商监管制度
17		跨境电商商品溯源平台
18		无缝对接内地"无水港"
19		"智检口岸"平台

续上表

	所属门类	内容
20		市场采购出口"南沙"模式
21		进口食品快速放行模式
22		国际中转食品监管
23		建立粮食进口"一三三"监管模式
24		进口酒类分类管理
25		创新进口保健食品原料监管模式
26		平行进口汽车检验监管制度
27		建立原产地签证清单管理模式
28		建立入境维修"1+2+3"监管模式
29		建立检验检疫"电子证书"模式
30		建立第三方检验结果采信机制
31	粤港澳深度合作	进境动物检疫许可流程再造
32		粤港澳青年创业基地
33		建立"前店后仓"运作模式
34		建立港资港企港货交易中心
35		创新 CEPA 食品检验监管模式
36		中国港澳台和外国法律查明研究中心
37		内地与港澳律师事务所合伙联营试点
38		设立外商独资国际船舶管理企业
39		建立粤港澳检测结果互认合作机制
40		澳门含肉类传统食品入境便捷管理
41		粤澳保险机构相互提供跨境车险服务
42		创新深港国际海员管理与服务
43		发布"前海卡""横琴卡"

续上表

	所属门类	内容
44	业务创新	推进跨境人民币贷款业务试点
45		推进跨境支付工具创新
46		银行类保险兼业代理机构监管改革
47		资产证券化试验
48		首单租赁资产证券化产品落地
49		前海首批试点外债宏观审慎管理
50		税收智慧服务
51		国地税联合办税服务
52		税务网上区域通办服务
53		税银合作"税融通"服务
54		小规模纳税人简并征期
55		网上申领发票速递免费配送服务
56		类似案件类似判决引入法庭辩论
57	事中事后监管	自贸试验区综合行政执法改革
58		探索社会信用体系建设
59		市场监管信息平台
60		制定行政违法行为提示清单

注：本表来源于广东省十二届人大四次会议专题通报材料，制度创新条目的具体内容请参看广东自贸试验区首批60条创新经验内容展示。

第十章 中国（天津）自由贸易试验区建设成效与改革路向

刘恩专　封　骁[*]

引言

在成功设立中国（上海）自由贸易试验区之后，2014年年底国务院决定依托现有新区与园区，在广东、天津、福建特定区域再设三个自由贸易试验区，以上海自贸试验区试点内容为主体，结合地方特点充实新的试点内容，推动实施新一轮高水平对外开放。2014年12月28日第十二届全国人民代表大会常务委员会第十二次会议通过《关于授权国务院在中国（广东）自由贸易试验区、中国（天津）自由贸易试验区、中国（福建）自由贸易试验区以及中国（上海）自由贸易试验区扩展区域暂时调整有关法律规定的行政审批的决定》。2015年4月20日，国务院分别印发通知，批准《中国（广东）自由贸易试验区总体方案》《中国（天津）自由贸易试验区总体方案》《中国（福建）自由贸易试验区总体方案》和《进一步深化中国（上海）自由贸易试验区改革开放方案》，继上海之后，广东、天津、福建三省市的自贸试验区正式挂牌。

中国（天津）自由贸易试验区（以下简称"天津自贸试验区"）作为中国北方第一个自由贸易试验区，肩负着为国家试制度、为地方谋发展的

---

[*] 刘恩专，男，天津财经大学教授，博士生导师，天津市自由贸易区研究院执行院长，主要从事国际贸易理论与政策、跨国公司与FDI、世界自由贸易港区等的研究与教学工作；封骁，女，天津财经大学珠江学院讲师，天津市自由贸易区研究院助理研究员。

历史使命。天津自贸试验区分布示意图如图10-1所示。自挂牌以来,天津自贸试验区发挥了制度创新新高地、转型升级新引擎、开放经济新动力、区域协同新平台、"一带一路"新支点的积极作用,在政府服务、促进投资与贸易便利化、金融开放、促进创新要素集聚与流动和事中事后监管五个方面实现了制度层面的创新突破,也积累了一系列可复制、可推广的创新经验。在天津自贸试验区运行一年之际,对其运行绩效进行回顾、总结和评估,推动天津形成符合自身发展需求的制度环境,进一步扩大制度创新的效应,探索自身经验的复制推广路径,并提出相应的风险防范措施,是顺利推进自贸试验区战略实施的关键,具有重要的现实意义。

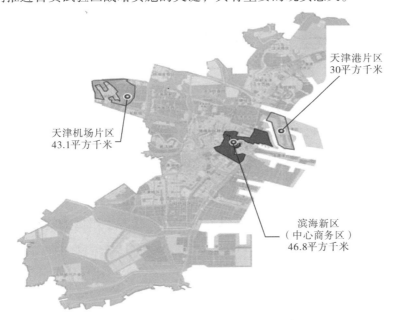

图10-1 天津自贸试验区分布示意图

一、天津自贸试验区发展基础和建设进展

(一)天津自贸试验区发展基础

天津自贸试验区规划面积119.9平方千米,涵盖天津港东疆片区、天津

机场片区和滨海新区中心商务片区三个片区。其中，天津港东疆片区早在2006年8月国务院下发《国务院关于设立天津东疆保税港区的批复》后就已开始进行保税港区的建设规划，并于2007年12月实现了天津东疆保税港区的一期封关运行。2008年3月国务院批复的《天津滨海新区综合配套改革试验总体方案》明确表示，天津东疆保税港区在"条件成熟时，进行建立自由贸易港区的改革探索"，并提出了对口岸管理体制、外贸外资体制进行改革创新，为天津自贸试验区的建设奠定了政策基础。2011年5月，国务院正式批复《天津北方国际航运中心核心功能区建设方案》，确定了以天津东疆保税港区为建设北方国际航运中心的核心载体，开展国际船舶登记制度、国际航运税收政策、航运金融和租赁业务的政策创新试点，并且在相关领域的财税政策方面给予非常具体的支持，例如，国际航运、物流仓储、航运保险三项营业税免征，租赁公司购买飞机纳入国家批量采购计划，减按征收进口环节增值税等。2013年5月，《天津东疆保税港区国际船舶登记制度创新试点方案》获交通运输部批复同意，天津东疆保税港成为中国第一个实施国际船舶登记的船籍港，在保障安全的前提下，有选择性地放宽船公司准入条件，在登记条件、船员配备、登记种类等方面进行了创新探索。

2013年1月，上海市率先规划建立"上海浦东自由贸易园区"，天津市人民政府于同年7月成立"东疆自由贸易试验区"建设领导小组，进行《天津东疆自由贸易试验区总体方案》的起草工作并上报国务院有关部委，与此同时启动自贸试验区的载体东疆二岛的规划。2013年9月，上海自贸试验区正式挂牌，同年12月国务院总理李克强在天津滨海新区考察时提出"希望天津作为中国北方最重要的港口城市，在新一轮改革开放中争当领军者、排头兵，积极探索促进投资和服务贸易便利化综合改革试验"。带着总理的期冀，天津市人民政府派代表团赴上海学习自贸试验区经验，在随后开幕的中共天津市委十届四次全体会议上，"大力推进投资与服务贸易便利化综合改革和创新，建立贸易自由、投资便利、金融服务完善、高端产业聚集、法制运行规范、监管透明高效、辐射带动效应明显的综合改革创新区"成为天津市2014年的工作重点。

在这一阶段，更多地区加入对自贸试验区的争夺中，自贸试验区申报进入胶着状态。为了避免重演开发区遍地开花的热潮，申报工作一度被叫停,直至 2014 年 10 月召开的中央全面深化改革领导小组第六次会议上,习近平总书记部署上海自贸试验区经验推广工作,第二批自贸试验区的局面逐渐明朗。2014 年 12 月 28 日,第十二届全国人民代表大会常务委员会第十二次会议决定增设广东、天津、福建三个自由贸易试验区,并扩展上海自贸试验区区域范围。自此,天津自贸试验区正式确立。2015 年 4 月 20 日,国务院正式印发《中国(天津)自由贸易试验区总体方案》,对天津自贸试验区的战略定位和发展目标做出了进一步的说明,并从五个方面明确了天津自贸试验区的主要任务:加快政府职能转变,扩大投资领域开放,推动贸易转型升级,深化金融领域开放创新,推动实施京津冀协同发展战略,五大任务共包含 16 项具体措施,详见表 10 – 1。

表 10 – 1　天津自贸试验区主要任务和具体措施

主　要　任　务	具　体　措　施
加快政府职能转变	①深化行政体制改革
	②提高行政管理效能
扩大投资领域开放	③降低投资准入门槛
	④改革外商投资管理模式
	⑤构建对外投资合作服务平台
推动贸易转型升级	⑥完善国际贸易服务功能
	⑦增强国际航运服务功能
	⑧创新通关监管服务模式
深化金融领域开放创新	⑨推进金融制度创新
	⑩增强金融服务功能
	⑪提升租赁业发展水平
	⑫建立健全金融风险防控体系
推动实施京津冀协同发展战略	⑬增强口岸服务辐射功能
	⑭促进区域产业转型升级
	⑮推动区域金融市场一体化
	⑯构筑服务区域发展的科技创新和人才高地

资料来源:根据《中国(天津)自由贸易试验区总体方案》整理。

2015年4月21日,天津自贸试验区正式挂牌,同日公布并开始执行《中国(天津)自由贸易试验区管理办法》。天津港东疆片区、天津机场片区和滨海新区中心商务片区围绕落实《中国(天津)自由贸易试验区总体方案》,针对片区特点和定位分别编制了各自的实施方案,包括发展思路目标、区域空间布局、产业发展重点、具体任务措施和保障机制,于2015年6月审议通过。2015年12月,在第二批设立的三个自贸试验区中,天津市率先出台地方性法规《中国(天津)自由贸易试验区条例》,从管理体制、投资开放、贸易便利、金融创新、服务京津冀协同发展、营商环境等方面对自贸试验区建设进行了全面的规范,使天津自贸试验区建设"有法可依"。

(二)天津自贸试验区一年以来的建设进展

天津自贸试验区挂牌一年来,坚持制度试验与创新发展同步推进,取得显著成就。各个片区按照目标定位,根据自身发展的侧重点和优势,在贸易投资便利化、金融创新、融资租赁、现代服务业等方面不断发力,打出了天津自贸试验区的组合拳。

自2015年1月1日至12月31日,天津自贸试验区新登记市场主体14105户,同比增长118.55%,注册资本(金)3890.57亿元,同比增长221.8%。其中,内资企业12375户,同比增长158.62%;注册资本(金)2491.42亿元,同比增长219.25%。外商投资企业657户,同比增长192%;注册资本(金)1398.05亿元,同比增长197.84%。个体工商户1073户,申报资金1.1亿元,同比增长57.14%。

1. 滨海新区中心商务片区金融和现代服务业发展势头良好

按照《中国(天津)自由贸易试验区总体方案》,滨海新区中心商务片区的定位是重点发展以金融创新为主的现代服务业。围绕这一定位,2015年滨海新区中心商务片区已累计引进各类现代服务业企业5811家,其中,注册资金5000万元以上企业686家。特别是天津自贸试验区挂牌以来,累计新增注册企业4280家,这其中包括一大批金融领军企业,例如,金城银行,注册资本30亿元,是我国北方唯一一家获批设立的民营银行;中信金融租赁,注册资本40亿元,是目前落户滨海新区中心商务片区规模最大的金融租赁公司；天弘基金管理有限公司，是目前国内规模最大的基金公司；诺安瑞德境外投资基金，注册资金6亿元，是天津首家获批QDLP试点的股权投资基金；中传科金基金管理公司，是天津首个QFLP试点项目；等等。

此外，保利投资、嘉实基金、海航集团、新兴重工、国储能源、中信集团、中车集团、国寿投资、华融资产、IDG投资、中科招商、搜房网、京东金融、腾讯、蚂蚁金服、北大新一代信息技术研究院等旗下一批优质项目落户滨海新区中心商务片区。截至目前，滨海新区中心商务片区各类现代服务业已突破9000家，金融类企业近800家，2015年实现地区生产总值150亿元，较2014年翻一番。

2. 天津机场片区（空港经济区）坚持"联动"开展，打造先进制造业聚集区

2015年是天津自贸试验区的开局之年。天津机场片区按照自贸试验区管委会部署，制订了《天津机场片区实施方案》，确立依托"双港联动""双自联动""内外联动"和对接京津冀协同发展战略的指导思想，明确了促进先进制造业聚集、加速现代服务业发展、深化金融业发展、形成京津冀协同发展支撑平台和加快政府职能转变五大任务、23条具体措施。目前，"一中心、一基金、四专项"支持体系等13项任务已完成，建设智能制造应用研发基地等16项任务已有阶段性成果，推进跨境电子商务发展等41项任务全面开展工作，进展显著。

在自贸试验区建设的强大引擎助推下，保税区经济取得快速发展。2015年全年完成地区生产总值1530亿元，增长13.9%；工业总产值突破2000亿元，达到2049.2亿元，增长11.1%；固定资产投资392亿元，增长15.3%；一般公共预算收入111.4亿元，增长4.7%；限额以上商品销售总额4769.1亿元，增长18.1%；社会消费品零售额262.1亿元，增长11.1%；进出口总额156亿美元，其中出口额44.7亿美元，增长15.4%。

3. 天津港东疆片区成为融资租赁的"中国中心"

早在天津自贸试验区成立之前，东疆保税港区就在我国开放区域率先探索了融资租赁发展模式，推动了融资租赁业务在天津的聚集与繁荣发展。借助自贸试验区金融改革和贸易监管模式创新的优势，天津港东疆片区融资租赁业取得了新的发展，已经初步形成金融租赁、内资租赁、外资租赁

多元发展的局面。自挂牌以来,天津港东疆片区已注册企业2763家,注册资本金1607.3亿元,仅8个月的时间,企业数量和注册资本金均超过2012—2014年三年的总和。在注册数量呈现爆发式增长的同时,企业投资规模也有了大幅度提升。2015年全年,天津港东疆片区注册超亿元企业441家(包括超10亿元企业29家),5000万元至1亿元企业296家,超千万元企业共占1—12月总企业数的60.2%,3000万美元以上的外资企业280家,数量均达到2008—2014年同类企业数量的总和。

2015年天津港东疆片区共新增租赁公司599家,新增注册资本金达886亿元。截至目前,天津港东疆片区共注册租赁公司1449家,累计注册资本金达1317.6亿元。航空航运租赁产业继续领先,2015年共完成147架飞机、6艘国际航运船舶的租赁业务,租赁资产累计达70.4亿美元;天津港东疆片区共完成600架飞机的租赁业务,11台发动机、80艘国际航运船舶、8座海上石油钻井平台的租赁业务,飞机、船舶、海工设备租赁资产累计总额达358亿美元。

4. 理念创新引领"五化"建设

天津自贸试验区秉持创新理念,不断推进行政高效化、投资贸易便利化、金融国际化、京津冀发展协同化和营商环境法治化"五化"建设。目前,这里已建立统一的行政审批机构,审批效率提高75%;创新通关监管方式,平均通关时间由原来的1~2天缩短到2个小时;落实"金改30条"政策,启动投融资便利化、利率市场化和人民币跨境使用改革试点;实施京津冀海关区域通关一体化改革,整体通关物流成本减少近30%;出台《中国(天津)自由贸易试验区条例》,从管理体制、投资开放、贸易便利、营商环境等方面为自贸试验区的发展提供了法制保障。

二、天津自贸试验区制度创新成效

《中国(天津)自由贸易试验区总体方案》对天津自贸试验区的战略定位是以制度创新为核心任务的,在创新过程中积累可复制可推广的经验,反哺其他区域。围绕这一核心任务,天津自贸试验区挂牌之初,就推出了首批共122项制度创新清单,涉及政府服务、投资与贸易便利化、金融改革创新、要素集聚与流动、事中事后监管五个方面；2015年10月，又推出了第二批制度创新清单，包括政府服务和监管创新、投资便利化、贸易便利化、金融开放创新四个方面53项任务，两批清单合计共包含175项任务举措。截至2015年年底，175项制度创新举措有123项落地实施，占总量的70%，并梳理出多项可以在京津冀以及全国范围内复制推广的改革经验和创新实践案例，在全国第二批自贸试验区中为国家贡献了40%以上拟在全国复制推广的改革经验。

（一）政府服务和监管创新

1. "十个一"扩大简政放权

天津自2014年就探索形成了"六个一"行政管理体制，天津自贸试验区成立后，围绕简政放权，建设适应国际化、市场化、法治化要求和贸易投资便利化需求的服务体系，天津再推出"四个一"新举措，形成了简政放权"十个一"管理新体系。

（1）一份清单管边界。全面取消非行政许可事项，向社会公布行政许可事项目录（权力清单），将行政许可权力置于社会监督之下，规范政府权力运行，做到"法无授权不可为"。同时公布政府部门责任清单，明确部门的具体职责事项，做到"法定职责必须为"。

（2）一颗印章管审批。成立统一的行政许可服务机构，将企业设立、贸易服务、资质资格等审批事项全部纳入自贸试验区行政服务中心办理。将企业设立所需的工商营业执照、国税登记证、地税登记证、组织机构代码证、企业公章这"四证一章"整合为"一证一章"，做到一天办结。

（3）一个部门管市场。整合工商、食药、质监等市场监管职能，成立统一的市场和质量监督管理机构，率先建立大部门管理体制，集中行使市场监管权，监管部门每年组织确定抽查计划，制定适用统一的表格，检查结果各个行政执法部门共享。

（4）一支队伍管执法。深化综合执法体制改革，整合执法力量，建立集中统一、快捷高效的基层执法体制，集中行使文化、水务、卫生、劳动保障、环境保护等多方面的行政处罚权，规范执法程序，健全执法机制，解决多头执法，填补执法空白等。

（5）一个平台管信用。立足于加强事中事后监管，建立统一市场主体信用信息公示和监管平台，健全信用风险等级分类监管机制，记录企业及从业人员的信用信息，公示企业的年度报告，披露严重违法等企业名单，行政机关依据风险等级、监管职能和法律法规规定的其他分类，对市场主体实施分类监管。

（6）一份单卡管通关。完善京津冀通关一体化机制，建立区域海关信息互换、监管互认、执法互助工作机制。

（7）一套系统管廉政。运用"制度加科技"手段，建立从标准到程序、从外部监管到系统监管的完整体系。完善审计监督"一张网"，推动审计监督常态化和关口前移，强化对公共资源交易、财政资金使用、土地规划审批、工程建设项目的实时监管，从源头上防治腐败。

（8）一个号码管服务。整合与群众生活密切相关的各类服务热线号码，构建便捷高效的统一服务平台，提供一站式政策咨询、社会管理、公共服务和投诉举报服务。

（9）一张"绿卡"管引才。建立人才"绿卡"制度，简化居留、出入境、落户、医疗、保险、住房、子女入学等审批流程和手续，让高端人才一张"绿卡"办成事。

（10）一套标准管质量。借鉴国际惯例和通行做法，探索建立全程追溯产品质量体系，设立以物品编码管理为手段的产品质量信用信息平台，形成"来源可查、去向可追、责任可究"的信息链条，推进质量诚信体系建设。

2. 自贸试验区内行政审批流程优化

天津自贸试验区内建成了互联互通的行政许可网上办事大厅，天津港东疆片区、天津机场片区、滨海新区中心商务片区的服务大厅均可统一受理自贸试验区所有行政许可服务事项，自贸试验区承接了241项市级审批权限，行政许可事项、服务事项均可在网上办理，三个片区采用一份目录、一套系统、一个流程、一样的标准，任何一家企业在三个片区申报事项都是一样方便。此外，建立了综合受理"单一窗口"，涉及多部门的统一许可事项实行一张表单受理，审批全流程便利化服务，审批效率得到了极大的提高。

3. 许可经营项目筹建登记制度

天津市场和质量监督管理委员会制定了《关于中国（天津）自由贸易试验区内企业登记管理规定》，对国家法律和行政法规仍保留为照前审批的事项，除银行、非银行金融机构、民用枪支（弹药）制造、民用爆炸物品生产等30多项涉及国家安全、公民生命财产安全的其他项目外，全部实行筹建登记。申请人在取得前置审批文件、证件前，可凭承诺申请经营范围为"××项目筹建"的营业执照，便利企业准入。

4. 创新知识产权保护和服务机制

2015年11月，华北知识产权运营中心、天津市滨海新区知识产权保护服务中心和天津仲裁委员会知识产权国际仲裁中心在天津自贸试验区中心商务区挂牌运行，探索形成与国际接轨的知识产权保护和运用服务体系，发展知识产权跨境交易、知识产权投融资及保险、风险投资、信托等金融服务，加强知识产权保护和服务，完善知识产权纠纷调解和维权援助机制。

5. 完善监管制度和法治化营商环境

在自贸试验区内，建立信用风险分类监管制度，实行区域监管信息共享联动，完善企业年度报告公示制度、经营异常名录制度、企业信用信息公示制度，建立境外投资合作风险防控机制、金融风险防控机制和社会参与市场监管新模式。

此外，天津市滨海新区人民法院设立了自贸试验区法庭，成立了自贸试验区国际仲裁中心，天津市高级人民法院出台了对商业保理、融资租赁等发展的司法解释，发挥了司法裁判对金融创新的规范保障引领作用。

（二）投资与贸易便利化创新

1. 创新外商投资准入管理机制，推动投资便利化

对外资实行了准入前国民待遇加负面清单管理模式是上海自贸试验区最重要的经验复制和推广，天津自贸试验区所使用的2015年四大自贸试验区公用版负面清单将特别管理措施缩减为122项，进一步减少和取消了对外商投资者的准入限制，针对制造业、金融业等行业的开放程度不断提高。此外，注重负面清单的透明度，详细列明负面清单限制条件，梳理和取消一批准入后限制性规定；加强负面清单的前瞻性，与中美双边投资协定

(简称"中美BIT")谈判负面清单做好衔接。

2015年4月,天津市人民政府颁布《中国(天津)自由贸易试验区外商投资项目备案管理办法》,对负面清单之外领域实施外商投资项目备案制,使投资便利化程度得到了提高。2015年,天津自贸试验区新设立外商投资企业657家,95%通过备案设立;全市55%新增外商投资企业落户自贸试验区,44%实际到位外资,注册资金总额占全市外资注册资金总额的82%。

2. 建立国际贸易"单一窗口",推动贸易便利化

2015年7月,天津率先启动国际贸易"单一窗口",海关、检验检疫、海事、商务四个口岸部门和九个海港服务模块全都纳入平台,申报人通过单一平台一点登录、一次性递交满足口岸监管部门要求的标准化单证和信息,相关管理部门通过这一平台共享信息并将处理结果统一通过互联网反馈企业,实现了免费报关和港口服务,为进出口企业节省开支。

3. 海关与检验检疫制度创新,推动通关、通检便利化

天津海关分三批从四个方面出台了29项具体措施支持自贸试验区建设:第一,从提升自贸试验区辐射作用的角度,实施保税货物自行运输制度,节约企业货物的流转时间和成本,实施统一备案清单制度,使企业申报更加简捷规范;第二,从促进贸易便利化的角度,实施"批次进出、集中申报"制度缩短通关时间,实施集中汇总征税制度,享受先放行货物、后定期向海关自主缴纳税款的便利;第三,从促进贸易转型升级的角度,实施境内外维修制度、保税展示交易制度、期货保税交割制度等,支持贸易新业态发展;第四,从打造良好营商环境、优化监管机制的角度,实施认证企业(AEO)优惠措施清单制度,推进AEO海关互认,使自贸试验区企业享受更大的通关便利,实施引入社会中介机构辅助开展海关保税监管和企业稽查,形成第三方社会中介对海关和企业之间公平、公正关系的有效保障。

天津检验检疫局同样是从自贸试验区成立起,出台了三批40项检验检疫便利化措施。在创新审批模式方面,实行"一口受理",简化特殊物品审批手续,从逐批审批原则调整为一次审批、分批核销。在创新监管模式方面,实行检验检疫分线监督管理模式,一般货物"一线"只检疫不检验,最大限度地放开;"二线"重点检验,管得住、放得快。在深化京津冀检验检疫一体化建设方面,一是实施京津冀检验检疫"通报、通检、通放",区域内检验检疫机构实行监管互认;二是完善天津口岸直通模式,对符合条件的进口货物,在口岸实施集装箱箱体消毒以后直接运抵目的地,由目的地检验检疫机构实施后续监管,对符合条件的出口货物,经产地检验检疫合格后,在天津口岸直接放行,不再进行查验;三是优化内地无水港区布局,支持内地地区在条件具备时申请设立海关特殊监管区和保税监管场所,完善以天津港为出海口的保税物流网络。海关、检验检疫的一系列便利化措施,大幅提高了口岸通关、通检效率。

4. 促进新型贸易业态蓬勃发展

(1) 创新跨境电子商务运营模式。2015年10月,天津获批全国跨境电商试点城市和综合试验区,天津自贸试验区的三个片区在跨境电商业务开展上实现了诸多突破:天津跨境电商信息化综合服务平台已建设完成并于2016年3月上线;在海外备货仓模式的基础上,探索开始"B-B-C海运备货""B-C海运直邮"进口和"集中出口"跨境电商业务;完善与电子商务相适应的海关监管、检验检疫、退税、跨境支付、物流等支撑系统。

(2) 创新保税展示交易、进口商品直营模式。天津自贸试验区挂牌后,天津港东疆片区通过贸易便利化方面的创新举措使得众多进口商品通过东疆进入国内市场,利用这一优势,天津港东疆片区推广在海关特殊监管区域内设立保税展示交易平台,通过"电子围网"等方式创新海关监管模式,放大进口商品的保税展示交易功能。目前,天津港东疆片区已设立进口商品直营中心26家,覆盖了京津冀和山东、内蒙古、甘肃、青海、云南等全国多个省市,发挥了自贸试验区政策外溢、辐射带动作用。

(3) 平行进口汽车试点全面展开。天津自贸试验区自2015年10月获批平行进口汽车试点后,积极推进平行进口汽车发展。探索建立与平行进口汽车相适应的海关监管、质量检测、售后服务等配套支持体系。设立1亿元专项资金,对符合资金支持条件的试点平台给予一次性100万元的补贴,对试点企业给予一次性50万元的补贴,目前已有30家试点企业、5家试点平台在天津自贸试验区正式开展平行进口汽车业务。

(4) 扩大期货保税交割品种和试点范围。开展期货保税交割业务的区域由天津东疆保税港区扩大至自贸试验区内所有特殊区域，期货保税交割品种由单一品种扩大至允许开展期货保税交割的其他品种，助力天津期货贸易的发展，促进大宗商品定价机制的形成。

（5）实施境外旅客购物离境退税政策。实施境外旅客购物离境退税政策，在天津市确定了34家退税商店，中国银行在天津滨海国际机场提供24小时离境退税服务，并将加强与北京合作，探索京津离境退税一体化试点，为全国离境退税互联互通积累经验。

5. 探索促进绿色贸易的国际合作制度

在《中国（天津）自由贸易试验区总体方案》中，把建设亚太经合组织（APEC）绿色供应链合作网络天津示范中心（以下简称"示范中心"）、探索建立绿色供应链管理体系、鼓励开展绿色贸易等作为重要任务，积极探索绿色投资贸易便利化发展路径，人与自然和谐发展的绿色生产、生活方式。2015年6月，示范中心在天津自贸试验区正式挂牌成立，以自贸试验区为基地，天津市颁布《APEC绿色供应链合作网络天津示范中心建设方案》，成立天津市绿色供应链标准化技术委员会，通过开展绿色供应链标准体系研究、绿色标准制修订工作，为绿色生活和绿色消费提供引领，为企业绿色生产、绿色管理、绿色评价提供支持，为政府绿色监管提供依据，进而推动国家低碳、绿色、可持续发展。同时，建立APEC绿色商品优惠关税国际贸易合作模式，在绿色商品检验、通关及税收等方面进行制度创新，建设绿色供应链大数据中心，大力发展绿色金融，构建绿色低碳权益离岸交易市场。

（三）金融领域开放与创新

根据京津冀协同发展纲要对天津的城市定位，天津要成为金融创新运营示范区，可以说，天津自贸试验区金融领域的开放与创新是最具有挑战性的一项重要国家使命。天津金融业的业态和体量规模都与上海不同，在航运金融、融资租赁等方面有优势，具有服务于实体经济的特色。为此，天津自贸试验区积极和国家金融监管部门沟通，央行出台了《中国人民银行关于金融支持中国（天津）自由贸易试验区建设的指导意见》，即"金改30条"，内容囊括了上海自贸试验区两批金融改革政策除国际金融中心相关政策之外的全部内容,在此基础上增加了融资租赁、京津冀协同发展等方面的天津特色政策支持。以此为契机,天津自贸试验区在金融制度创新体系建设方面基本形成了以扩大人民币跨境使用、深化外汇管理改革、扩大金融机构和业务开放、提升租赁业发展水平为重点,以做好金融风险防控工作为基础,以推动京津冀区域金融市场一体化为发展方向的金融制度创新内容,并设立了我国四大自贸试验区中特有的租赁登记流转平台。

1. **扩大人民币跨境使用**

天津自贸试验区内企业和金融机构逐步扩大从境外借用人民币资金规模,支持区内企业和金融机构在境外发行人民币债券,募集资金可调回区内使用;支持区内企业境外母公司或子公司在境内发行人民币债券,募集资金根据需要在境内外使用,为人民币"走出去"创造条件。放宽自贸试验区内跨国企业集团开展双向人民币资金池业务条件。创新面向国际的人民币金融产品,扩大境外人民币境内投资金融产品的范围,拓宽境外人民币投资回流渠道。支持在自贸试验区内依托金融基础设施平台,开展人民币计价的金融资产、股权、产权、航运等要素交易,面向自贸试验区和境外投资者提供人民币计价的交割和结算服务。

2. **深化外汇管理改革**

天津自贸试验区采取了与上海自贸试验区不同的路径,依托现有账户体系,通过自由贸易账户和其他风险可控的方式,不断提升资本项下各项目可兑换程度。统筹研究进一步扩大个人可兑换限额;统一自贸试验区内外资企业外债政策,按照外债宏观审慎管理原则,实行外债资金意愿结汇;逐步扩大自贸试验区内企业借用境外中长期国际商业贷款专用额度;允许自贸试验区内金融机构开展人民币与外汇衍生品交易;放宽跨国公司开展外汇资金集中运营管理条件。

3. **提高跨境投资便利化**

支持自贸试验区内合格投资者双向投资境内外证券期货市场。逐步放宽对外投资的外汇管制。积极推进合格境内个人投资者境外投资试点,允许符合条件的个人开展境外实业投资、不动产投资和金融类投资。支持自贸试验区内股权投资基金人民币境外投资。鼓励外资股权投资、创业投资管理机构发起管理人民币股权投资和创业投资基金。推动自贸试验区内证券期货机构开展跨境经纪、跨境资产管理等业务。拓展期货保税交割试点品种和仓单质押融资功能。支持境外企业通过自贸试验区参与特定品种期货交易，允许保险机构开展境外投资试点。

4. 开放银行业准入

允许符合条件的外国金融机构设立外商独资银行，符合条件的外国金融机构与中国公司、企业出资共同设立中外合资银行；推动金融服务业对符合条件的民营资本开放，允许具备条件的民间资本发起设立中小型银行等金融机构；试点设立有限牌照银行。

5. 扩大商业保理发展试点

扩大商业保理试点区域范围，积极争取自贸试验区内保理公司享受优惠的外汇管理政策。推动商业保理公司加入国际性保理组织，开展国际保理业务；支持银行与商业保理公司合作发展保理业务；支持保险公司开发适用的保理项下信用保险产品。

6. 拓宽保险业服务领域

支持保险公司在自贸试验区设立分支机构，开展人民币跨境再保险业务。探索建立以财政支持为保障，以商业保险为平台，以多层次风险分担为机制的巨灾保险制度体系。吸引中外资保险公司来天津设立保险法人机构及分支机构，试点设立外资专业养老保险机构，探索建立科技保险机构，以农业保险为突破口，探索设立相互保险、专属自保等新型保险组织。

7. 重点发展融资租赁业

支持设立融资租赁产业基金和融资租赁股权投资基金。支持金融租赁总部机构做大做强，巩固天津市金融租赁公司在全国的行业领先地位。积极推动完善租赁公司和租赁资产的税收政策。支持租赁公司利用自贸试验区政策加快发展，创新与各类金融服务机构合作模式，不断拓宽融资渠道。支持租赁公司充分利用物联网、云计算、大数据等技术，提升金融服务和管理水平。积极发展离岸租赁、保税租赁、联合租赁等创新业务，探索开展融资租赁与风险投资相结合的风险租赁业务。通过风险补偿、奖励、贴息、出口信用保险等政策工具，引导租赁公司加大对产业转型升级、外贸进出口、中小微企业等重点领域的支持力度，鼓励通过融资租赁方式购买和提供公共服务；健全完善工作协调机制，推动租赁公司接入金融信用信息基础数据库；加快制定促进融资租赁业发展的指导意见，建立统一共享的综合信息统计分析体系，搭建"专家＋管家"式综合服务平台，构建租赁业创新服务基地，健全完善法律保障体系。

8. 发展航运金融

鼓励金融机构创新港口基础设施建设融资、船舶（飞机）抵押融资和船舶（飞机）出口买方信贷等金融产品；利用飞机租赁基金和航空、航运产业投资基金，不断满足航运业发展的融资需求；支持具有离岸业务资质的商业银行在自贸试验区内扩大相关离岸业务；加快设立航运保险公司；完善飞机保险、航空运输保险和海上工程保险等保险服务；探索建立航运要素交易平台。

9. 创新自贸试验区内金融监管

建立健全自贸试验区金融监管协调机制，探索功能监管。精简行政审批项目，简化事前准入事项，加强事中事后分析评估和事后备案管理。根据国家对天津自贸试验区改革试点的授权，在合法合规的前提下，监管机构对入区的金融机构逐步放宽准入条件，减少行政审批环节，区内金融业务准入和高级管理人员资质实行备案制。

（四）促进创新要素聚集与流动

1. 探索建立国际化人才特区

按照国际通行做法，探索人才评价方法，实施更加积极的创新人才引进政策，吸引领军科学家、企业家、归国创业人员等高端人才。创新人才落户、发展和激励机制，加强人才保障，对符合引才条件的高端人才，纳入"一张'绿卡'管引才"政策范围，在户籍、购房、就医、子女入学等方面给予支持。建立自贸试验区人才信息库，将自贸试验区各类经营管理人员、专业技术人员分类纳入信息库，收集人才供求信息，掌握人才需求类型和短缺情况，有针对性地引进、推荐优质人才。放宽国外人力资源机构入区投资比例限制，简化外国专家在天津停留的相关手续，创新外籍人员税收服务措施，给予高端外籍专家永久居留权。

2. 创新科技成果转化促进机制

建立与国家新兴产业引导基金和国家科技成果转化基金的合作机制，

联合国内外优秀股权投资机构共同成立创投基金。开展科技成果使用、处置和收益管理改革试点，科技型企业股权激励先行先试。设立京津冀科技成果转化交易市场和京津冀科研院所、重点实验室、工程（技术）研究中心的服务联盟，从而更好地服务区域创新要素的融合互通。

3. 探索建立 APEC 绿色供应链管理机制

建设 APEC 绿色供应链合作网络天津示范中心，构建绿色供应链综合电子信息服务平台，打造绿色供应链评价标准体系，制定天津自贸试验区绿色供应链产品清单，加快与"APEC 绿色商品清单"对接，鼓励开展绿色贸易。

三、天津自贸试验区的发展亮点

在落实制度创新的过程中，天津自贸试验区针对自身特点和主要任务，在市场监管、京津冀协同发展、融资租赁等方面积极探索、先行先试，取得了重要的阶段性成果，积累了一系列可在京津冀地区乃至全国复制推广的经验。

（一）重视事中事后监管——以信用风险分类为依托的市场监管制度

天津自贸试验区依托市场主体信用信息公示系统和市场主体联合监管平台，建立市场主体信用风险分类管理、市场监管随机抽查联合检查制度，强化对市场主体的信用约束，推进市场监管制度化、规范化、程序化，政府在转变职能、简政放权的基础上着重加强事中事后监管。

1. 建立市场主体信用信息公示系统

天津市人民政府出台了《天津市市场主体信用信息公示管理暂行办法》，建立市场主体信用信息公示系统，将各类市场主体纳入公示，全市56个市级行政部门在系统中归集本部门职能下所产生的信用信息，包括行政许可、行政处罚、业绩情况等4000余项信息指标，建立严格的信息管理机制，确保各类信息归集的全面性、及时性和准确性。

2. 实施信用风险分类管理

2015年5月,天津市人民政府出台了《天津市市场主体信用风险分类暂行办法》和《天津市市场监管随机抽查联合检查暂行办法》,依托市场主体信用信息公示系统,利用市场主体联合监管平台对市场主体实施信用风险分类管理,建立信用风险分类标准。根据系统所归集的市场主体的信用信息,将市场主体信用风险自动分为"良好""警示""失信""严重失信"四个类别,通过市场主体信用信息公示平台面向社会公示。

3. 实施随机抽查联合检查制度,加强市场动态监管

对等级为"良好"的市场主体,各行政执法部门实行以"双随机"抽查为重点的日常监督检查制度,将"警示""失信""严重失信"的企业列为各部门重点监督检查对象。

市场主体信用风险分类管理制度的建立,实现了信息公示与信用约束的基本功能,提高了政府事中事后监管的效率和水平。目前,市场主体信用信息平台累计归集公示数据信息达715.5万条,其中主体登记信息464.6万条,行政备案信息224.3万条,行政许可信息22.6万条,行政处罚信息2968条,业绩情况信息3.7万条,其他信用信息589条。公示系统网站累计访问量已达4488.9万人次,累计查询次数17.2万人次,成为社会公众、银行、信用管理咨询机构了解市场主体信用状况的重要渠道。

(二) 服务京津冀协同发展

天津自贸试验区从设立伊始便被赋予了服务京津冀、助推京津冀协同发展的功能,它是京津冀协同发展的新引擎,也是京津冀地区共同对外开放的平台,在天津自贸试验区先行先试的改革创新经验将在京津冀地区率先复制推广。

针对京津冀协同发展,天津自贸试验区已推出服务京津冀协同发展八项举措,包括增强天津口岸功能提高区域服务水平、复制推广进口商品保税展示交易模式、支持企业利用自贸账户开展境内外融资、发挥融资租赁优势助推产业转型升级、为企业"走出去"搭建高水平服务平台、与北京市服务业扩大开放综合试点对比互补试验、支持河北省探索建设自由贸易园区、增加信息沟通加强人员往来共享改革红利。

《天津自贸试验区服务京津冀协同发展工作方案》也在紧锣密鼓进行中，将重点实施"1631"工程，即建立"一个机制"，由国家商务部牵头，组织天津、北京、河北三省市建立具体工作协商机制，开展天津自贸试验区服务京津冀协同发展顶层设计；实施"六个推动"，即推动天津自贸试验区行政管理体制改革、投资体制改革、贸易便利化及贸易方式创新、金融开放创新经验在京津冀区域率先复制推广，与北京服务业扩大开放试点开展对比试验、互补试验；促进"三个一体化"，即促进通关服务和口岸物流一体化、金融服务和监管一体化、区域要素资源配置一体化；落实"一批项目"，即梳理整理出一批项目，以项目为抓手推动天津自贸试验区更好地服务京津冀协同发展。

目前，京津冀区域检验检疫已实现一体化，三地区检验检疫局加强协作，共同实施，通过改革现有通关模式、监管模式和业务流程，打造以"三通""两直""四放""五统一"和"无纸化"等为主要内容的检验检疫一体化新模式，促进通关便利化。

1. 全力打造"三通"，加快实现"三互"

"三通"即通报、通检、通放。通报是指京津冀区域内符合条件的进出口企业可自主选择报检地点，实施多点受理、集中审单；通检是指在属地化监管的基础上，检验检疫机构互认检测结果；通放是指进出口企业可自主选择办理签证、放行手续的检验检疫机构。天津自贸试验区挂牌后，根据京津冀检验检疫信息化建设实际，将信息化支持和业务流程再造相结合，在尚未实现全国数据大集中、跨直属局共享数据的情况下，实现了京津冀区域内企业可自主选择入境货物的口岸报检查验放行模式、属地报检查验模式。

2. 全面实施"两直"，便利企业通关

"两直"即出口直放和进口直通。对区域内生产的出口货物，除散装商品、危险化工品及包装等少数商品之外，经产地检验检疫合格后直接放行，除按产地局要求进行必要的风险监控措施外，天津口岸不再进行查验，直接出具"通关单"。对实施一体化的进口货物，在天津口岸实施必要的检疫处理后，直接运到北京、河北实施检验检疫和监管。

3. 推进"五统一",力求一体成效

一是统一审单规范。建立了集中审单一体化工作规范,汇总了京津冀地区报检单审核规范和布控比例,统一发布预警规则,实现了风险防控措施的统一实施。二是统一业务规范。建立了京津冀地区对口业务部门的会商机制,统一规范了出入境特殊物品检疫监管程序,进口工业品验证监管程序,进出口食品检验监管,进口汽车、棉花等重点商品的口岸内地工作流程以及行政处罚自由裁量基本原则。三是统一风险防控。以"一地发现,三地知情,共同铲除,集体防范"为目标,建立并实施了统一的京津冀海陆空一体化口岸公共卫生安全防控体系、动植物疫情监测体系和重大动植物疫情应急预案、食品检验检疫信息通报机制和工业品风险预警及应急处置机制。四是统一信用管理。建立诚信企业管理措施区域通报机制,京津冀地区相互交换了250家AA级、A级和D级企业名单,一地评定的企业诚信等级适用三地管理。五是统一统计规则。统一确认和规范了"两直""三通"和"无纸化"等多种业务模式下的统计项目、统计口径、统计标准,实施分段统计、统一汇总、相互验证,确保业务统计数据可追溯、可比对、可应用。

4. 依托风险评估,实施"四放"模式

"四放"即申报放行、验证放行、抽样放行和监管放行,是建立在风险分析和分类管理基础上的信用管理。通过模式创新和流程再造,针对不同的监管对象和产品特点,实行不同的放行模式,并力求加大申报放行、验证放行、抽样放行等快速放行比例。

检验检疫一体化实施以来,截至2015年9月30日,京津冀地区共完成检验检疫76.2万批,涉及货值1259.7亿美元。京津冀地区共实施出口直放11.2万批,为企业节省通关物流时间约170万小时,节省各项通关成本约2000万元;共实现进口直通货物1.1万批,金额约37.3亿美元,其中电子转检5273批,为企业节省快递、仓储、滞箱费等约190万元;共受理无纸化报检105.6万批次,天津口岸实施出口无纸化比例达95%。据试点外贸企业测算,非法检货物从电子申报到放行最快1小时内完成,可省去材料准备、传递等时间1.4天;法检货物从报检到放行由原来2~3天,最快可缩短到6.5小时,口岸通关效率提升了75%,惠及企业2万余家。

(三) 融资租赁

融资租赁是天津自贸试验区金融业发展的绝对亮点。2015年天津港东疆片区共新增租赁公司599家，新增注册资本金达886亿元；截至目前，天津港东疆片区共注册租赁公司1449家，累计注册资本金达1317.6亿元。航空航运租赁产业继续领先，2015年共完成147架飞机、6艘国际航运船舶的租赁业务，租赁资产累计达70.4亿美元；截至目前，天津港东疆片区共完成600架飞机租赁业务，11台发动机、80艘国际航运船舶、8座海上石油钻井平台的租赁业务，飞机、船舶、海工设备租赁资产累计总额达358亿美元，在天津港东疆片区完成的飞机租赁业务约占全国比重的90%，而海工装备租赁业务的比重则占到全国比重的100%。

中国进行融资租赁探索初期形成的保税租赁、单一项目公司租赁、离岸租赁、出口租赁、联合租赁等近30种全国领先的创新业务模式，以及租赁飞机资产交易、带租约的飞机项目公司股权转让、大飞机资产租赁交易"交付监管"、国际租赁结构的优化完善、境内租赁公司与境外国家级出口信贷机构直接融资等进阶模式的创新实践全部诞生于天津港东疆片区。

目前，中国金融租赁登记流转平台和中国融资租赁资产登记流转平台已在天津开始筹建，两个平台将对全国范围内融资租赁企业开放，约4万亿元租赁资产将可以在两个平台上进行登记，全国范围内不同金融租赁企业间可进行交易流转，形成新的租赁交易市场。

四、天津自贸试验区发展面临的问题与挑战

(一) 处理好自贸试验区制度试验与创新发展的关系问题

天津自贸试验区的"制度试验"承载国家使命，只有进行制度改革才能有发展空间，制度试验的过程就是制度创新的过程，会为国家和区域创新发展带来强大的动力。天津自贸试验区的"创新发展"是基于制度试验与创新的发展，为国家制度改革提供试验的空间。因此，二者之间的关系是相辅相成、相互作用的。自贸试验区的创新发展必然会要求制度变革和

试验，而制度变革和试验是区域发展的动力源，必将推动自贸试验区创新发展的深入和前进。自贸试验区的创新发展是制度试验的载体，如同制度创新的试验田，自贸试验区在创新发展的过程中不断地对新制度进行尝试、修订和完善，在制度试验下得到更大的发展，而自贸试验区的深入发展又进一步依赖于制度的持续试验与创新。

天津自贸试验区在初创首年为国家提供了大量可复制、可推广的制度创新经验，而区域创新发展方面仍存在较多的空间，体现自贸试验区核心功能的外向型经济发展存在结构性矛盾，主要表现在：在新增市场主体中，外商投资高端制造业和现代服务业项目少，特别是外资制造业项目储备不足；对外贸易主体结构性矛盾依然存在，尚未形成以技术、品牌、质量、服务为核心竞争力的综合贸易优势，特别是新型贸易方式和贸易主体发展的引领作用发挥不够；"走出去"联合联动效应有待进一步释放，民营企业境外投资普遍存在融资能力差、国际化人才短缺、风险控制机制不健全等问题。

自贸试验区行政管理体制创新问题。在行政管理方式上，天津自贸试验区采用和上海自贸试验区类似的管委会方式，并赋予管委会以较大的行政审批权限和灵活性。虽然天津自贸试验区的三个片区均位于滨海新区界内，但不同于上海自贸试验区管委会与上海浦东新区政府合署办公，天津自贸试验区管委会与滨海新区政府彼此独立。相对于上海市的合署办公，天津自贸试验区与滨海新区以及其他功能区（如天津经济技术开发区）之间的关系无疑要复杂许多，利益博弈和协调成本明显增大。因此，它们之间的协同和沟通将成为制约和影响天津自贸试验区发挥促进作用的最大潜在制约因素。

（二）继续以服务国家重大战略为使命，把服务"一带一路"与京津冀协同发展战略的举措落到实处

（1）加大国际航运核心区建设力度，使天津自贸试验区成为欧亚大陆和太平洋海陆联运枢纽。由于天津自贸试验区位于渤海湾内部，偏离北太平洋航运主航线，其相较于韩国仁川、新万金、光阳、釜山等自由经济区，以及中国台湾地区的"六海一空"自由经济示范区而言，在航运物流，特

别是转口港竞争中面临挑战。然而,由于天津自贸试验区依托京津冀、环渤海、三北地区以及中北亚等经济腹地,特别是随着"一带一路"战略的实施以及欧亚大陆桥陆运的展开,其具备了成为欧亚大陆和北太平洋海陆联运枢纽的潜在有利条件。天津自贸试验区要在"一带一路"战略引领下,进一步强化与中国北方以及欧亚大陆的联系,充分发挥接近欧亚大陆腹地的优势,促进航运物流业的发展,并带动国际贸易、金融及现代服务业的相应发展。

(2)开展天津自贸试验区服务京津冀协同发展顶层设计。制订《天津自贸试验区服务京津冀协同发展工作方案》,实施服务京津冀协同发展的"1631"工程。其中,"1"即建立"一个机制",由国家商务部牵头,组织天津、北京、河北三省市,建立具体工作协商机制,开展天津自贸试验区服务京津冀协同发展顶层设计;"6"是指实施"六个推动",就是推动天津自贸试验区行政管理体制改革、投资体制改革、贸易便利化及贸易方式创新、金融开放创新经验在京津冀区域率先复制推广,与北京服务业扩大开放试点开展对比试验、互补试验;"3"是指促进"三个一体化",就是促进通关服务和口岸物流一体化、金融服务和监管一体化、区域要素资源配置一体化;"1"则指落实"一批项目",就是梳理整理出一批项目,以项目为抓手推动天津自贸试验区更好地服务京津冀协同发展。

(三)加快与国际贸易投资新规则接轨的速度,使之成为国家自由贸易区(FTA)战略的先行区

目前,美国等西方国家主导的国际贸易投资新规则体系已经基本成型,自贸试验区要更加主动适应挑战。在世界贸易组织框架下,由于服务贸易谈判难以取得进展,在货物贸易格局中中国处于相对有利地位。《跨太平洋伙伴关系协定》(TPP)和《跨大西洋贸易与投资伙伴协定》(TTIP)贸易谈判力图在服务贸易等相互开放领域取得进展,以促进成员国建立涵盖货物和投资、服务贸易以及知识产权交易等领域的巨型自由贸易区。在这种背景下,我国必须更加主动地加大投资政策改革,扩大服务业开放,提高服务业的国际竞争力。为此,2015年年底国务院发布了《关于加快实施自由贸易区战略的若干意见》,目标任务是,近期:加快正在进行的自由贸易

区谈判进程，在条件具备的情况下逐步提升已有自贸试验区的自由化水平，积极推动与我国周边大部分国家和地区建立自贸试验区，使我国与自由贸易伙伴的贸易额占我国对外贸易总额的比重达到或超过多数发达国家和新兴经济体水平；中长期：形成包括邻近国家和地区、涵盖"一带一路"沿线国家以及辐射五大洲重要国家的全球自由贸易区网络，使我国大部分对外贸易、双向投资实现自由化和便利化。

继续深化自贸试验区改革创新，是建设全球自由贸易区网络的保障体系的核心。天津自贸试验区要更加主动适应我国经济发展新趋势和国际经贸规则新变化，成为以开放促改革、促发展的试验田。可以把对外自由贸易区谈判中具有共性的难点、焦点问题，在自贸试验区内先行先试，通过在局部地区进行压力测试，积累防控和化解风险的经验，探索最佳开放模式，为对外谈判提供实践依据。从天津自贸试验区的区位和发展优势出发，它要成为中韩、中澳以及中新自贸试验区的先行区，优先开展与这些国家的货物和服务贸易合作，提升贸易自由化与便利化的水平，推动相互间的投资关系，应对国际竞争的挑战。

（四）发挥开放区域联动效应，以自贸试验区为核心区逐步实行"境内关外"海关监管模式

天津自贸试验区所处的滨海新区特殊开放区域模式众多，包括国家级的开发区、保税区、保税港区、高新区等，要率先实现区域整合、联动。自贸试验区片区之间及其与其他开发开放区域的合作与联动发展，始终是影响天津自贸试验区发展的一个体制性问题，需要借鉴世界自由贸易港区的管理模式，进行体制机制变革，整合区域开发开放资源，同时解决国家级经济技术开发区建设面临的发展瓶颈、开放载体公共服务平台建设水平不高等问题。为此，要从整合和扩大海关特殊监管区域入手，参照国外自由贸易港区模式，逐步实行"境内关外"海关监管，使其在与韩国、新加坡等国家有关贸易自由化与便利化、金融国际化及生产一体化的竞争方面，具有相同或类似的地位。

同时，要积极建立海外营销网络和海外自贸分区。除了利用现代通信技术联系之外，天津自贸试验区可在世界主要港口、贸易伙伴国建立固定

办事机构,建立起国际招商推介机制,在条件允许的情况下建立天津自贸试验区海外自贸分区。

此外,在致力于"境内关外"海关监管模式改革的同时,要注重以企业导向的贸易便利化为核心,保持自贸试验区对商务和价值增值活动的持久吸引力。以企业需求为导向的贸易便利化安排,利于形成简化、协调、透明、灵活、稳定的商务环境,不仅会给企业以直接的财务利益,而且能够带来极大的商业灵活性和业务创新机会,企业可以利用自贸试验区做出多种灵活的国际营销安排,开展基于全球价值链的国际生产与分销业务。

(五)发挥融资租赁业优势,深化配套制度改革,推动贸易方式转型

融资租赁是天津自贸试验区的优势,要积极与国际领先区域接轨,把自贸试验区尤其是天津港东疆片区建成"东方爱尔兰"。为此,要在法律、融资、监管和专业服务等方面深化配套制度改革,打造融资租赁业完整产业链条,保持飞机、船舶和海工租赁的行业龙头地位,在医疗器械、轨道交通、电力等大型设备领域形成新优势,在租赁出口方面实现提升,推进国家租赁创新示范区建设。要积极推进贸易方式转型,建设中国北方重要跨境电商海港口岸,认真研究并切实推动平行进口汽车创新政策落地,加速进口商品直营中心布点,重点瞄准世界500强、中国500强和民营500强中的外贸龙头企业,展开有针对性的招商。同时,着重关注"互联网+"对航运物流业的影响,跟踪航运交易服务、航运金融保险服务、航运信息服务等业态与互联网融合的趋势。

(六)深化自贸试验区行政体制改革,使之逐渐享有较独立的行政权力

具有较大的行政审批权和管理的自主性,是自贸试验区独特的体制优势。在目前条件下,天津自贸试验区不可能享有我国港澳地区的高度自治权,更没有类似英国海外属地的政治自治地位,因此天津自贸试验区不会像这些自由港一样享受较独立的政治经济地位,实行全面的自由经济政策。尽管如此,天津自贸试验区可以通过立法享有较高的行政权力和行政级别,

以保持较之周边地区自由和特殊的经济政策。随着滨海新区行政体制改革的进一步推进，以及自贸试验区管理体系和治理机制的不断完善，天津自贸试验区应逐步修订法律法规，赋予自贸试验区更大的权利，充分实现"自贸试验区的事，自贸试验区办"。

（七）创新管理手段，实现贸易投资便利化机制与风险管理体系的充分兼容

当前，国际安全问题日益凸显，给自贸试验区贸易投资便利化改革带来挑战，客观上对推行新的贸易投资便利化等措施构成一定障碍，某些情况下为了保证贸易安全甚至可能放弃一些贸易便利化安排。在自贸试验区内，贸易安全、风险管理与便利化当然也是对立统一的，任何偏颇从长期来看都不利于国际贸易的发展。为此，天津自贸试验区应按照强化风险管理的原则，尝试走出一条兼顾贸易投资安全与便利化的道路，在为企业提供贸易便利化措施的同时，围绕提升供应链管理效率，不断创新监管手段，完善以"经认证的经营者"（authorized economic operator，AEO）制度为基础的诚信体系建设，在确保监管质量的基础上加速货物通关速度，提高企业全球供应链竞争力，为自由贸易园区（FTZ）出口贸易高速增长创造良好的制度条件。

第十一章 中国（福建）自由贸易试验区建设成效与改革路向

黄茂兴[*]

引言

2015年4月，国务院分别批准福建、广东、天津自贸试验区总体方案以及上海自贸试验区深化改革开放方案，我国自贸试验区建设进入了2.0时代。根据《中国（福建）自由贸易试验区总体方案》，福建自贸试验区包括平潭片区43平方千米，厦门片区43.78平方千米（含象屿保税区0.6平方千米、象屿保税物流园区0.7平方千米、厦门海沧保税港区9.51平方千米），福州片区31.26平方千米（含福州保税区0.6平方千米、福州出口加工区1.14平方千米、福州保税港区9.26平方千米）。福建自贸试验区分布示意图如图11-1所示。

根据《中国（福建）自由贸易试验区总体方案》的要求，福建自贸试验区应充分发挥对台优势，率先推进与台湾地区投资贸易自由化进程，把自贸试验区建设成为深化两岸经济合作的示范区；充分发挥对外开放前沿优势，建设"21世纪海上丝绸之路"核心区，打造面向"21世纪海上丝绸之路"沿线国家和地区开放合作新高地。

福建自贸试验区挂牌一年来，在推进体制机制创新、营造国际化市场化法治化营商环境、加快政府职能转变等方面取得了较大成效，同时在推动福建科学发展和跨越发展上具有重大意义。现就福建自贸试验区自挂牌

---

[*] 黄茂兴，男，福建师范大学经济学院副院长（主持工作），福建师范大学福建自贸区综合研究院院长，教授，博士生导师，主要从事区域经济学、自贸区制度创新研究。

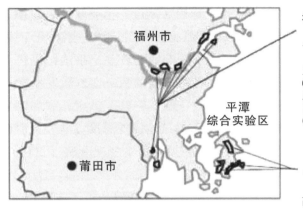

福州片区（31.26平方千米）
　　福州经济技术开发区22平方千米，含福州保税区0.6平方千米（已全区封关）和福州出口加工区1.14平方千米（已封关面积0.436平方千米）。马江—快安版区、长安片区、南台岛区、区。福州保税港区9.26平方千米（已封关面积2.34平方千米）。

平潭区（43平方千米）
　　港口经贸区块16平方千米、高新技术产业区块15平方千米、旅游休闲区块12平方千米。

厦门片区（43.78平方千米）
　　两岸贸易中心核心区19.37平方千米，含象屿保税区0.6平方千米（已全区封关）、象屿保税物流园区0.7平方千米（已封关面积0.26平方千米）、东南国际航运中心海沧港区24.41平方千米，含厦门海沧保税港区9.51平方千米。

图 11-1　福建自贸试验区分布示意图

以来的实施成效、存在问题和面临挑战进行全面深入的探讨，提出未来发展的创新突破之处和重要发力点，着力推动福建自贸试验区又好又快发展。

一、福建自贸试验区挂牌以来的建设进展情况

　　福建自贸试验区自挂牌以来，围绕着投资管理体制改革、贸易自由化、金融开放创新、政府职能转变等方面的要求，制定了福建自贸试验区总体方案重点试验任务分解表以及三个片区实施方案，确定了若干重点试验任务和试验项目，推出了一系列创新举措并逐步复制推广。总的来看，福建自贸试验区建设进展顺利、成效初显。

（一）逐步深化商事制度改革，创新政府管理方式

　　福建自贸试验区自设立以来，商事制度改革在现有基础上不断深化，

包括实行商事主体名称"自主查重、自主选用"制度、企业联络地址登记制度、企业设立实行"一表申报"制度、企业注册实行"一照一码"登记制度等，大大减少了行政审批程序，简化了企业注册登记手续，便利了市场主体，而且将进一步激发大众创业、万众创新的积极性，激发投资和创业的活力。

首先，在负面清单管理模式上，《自由贸易试验区外商投资准入特别管理措施（负面清单）》《自由贸易试验区外商投资备案管理办法（试行）》和《自由贸易试验区外商投资国家安全审查试行办法》于2015年5月8日正式实施。《自由贸易试验区外商投资准入特别管理措施（负面清单）》依据《国民经济行业分类》共划分为15个门类、50个条目、122项特别管理措施。在自贸试验区，对外商投资实行准入前国民待遇加负面清单管理模式，在负面清单之外的领域，外商投资企业设立、变更由审批改为备案。外商投资企业名称预核准后，通过"一口受理"平台，在线填报外商投资企业设立备案申报表及备案申报承诺书即可受理。同时，外商投资企业注册登记取消商务部门的前置审批，设立备案可在企业营业执照签发前或投资实施之日起30日内申报。由行政核准制改为备案制，简化了投资手续，促进了企业和个人的投资自主决策。

其次，在事中事后管理模式上，从"重审批、轻监管"转为"宽准入、严监管"的模式，通过建立安全审查机制、反垄断审查机制、企业年度报告公示制度、信用管理体系、综合执法体系和部门监管信息共享机制等，实现了"三个创新"，即健全自贸试验区市场竞争秩序检测体，对市场竞争率先进行评估，对市场运行情况进行检测，发布不公平竞争行为的预警信息；根据有关市场主体举报投诉，依据法律法规规定，对含有不公平竞争内容的自贸试验区规范性文件提出修改建议；突出对台特色，加强对台、对外交流。同时，积极推动自贸试验区内监管信息互通、互换和共享，推进行政执法与刑事司法工作上的衔接，形成协同监管合力，极大地提高政府服务管理水平。

（二）逐步推进贸易便利化，贸易成本大幅度降低

福建自贸试验区在复制和推广上海自贸试验区海关监管创新制度、深

化通关一体化改革、落实"三互"提高通关效率、创新加工贸易监管制度、创新企业管理制度、推进海关税收征管方式改革、试行企业"主动披露"制度等八项措施的基础上，实施了一系列贸易便利化措施，通过简化程序、增强透明、统一标准、完善规范、减少限制，大大降低了国际贸易活动中的交易成本，促进了货物、服务的自由流动。

首先，在通关便利化方面，进一步简化了原产地证书管理，其中通过简化无纸化通关的随附单证，简化统一进出境备案清单，简化《内地与香港关于建立更紧密经贸关系的安排》（CEPA）及《海峡两岸经济合作框架协议》（ECFA）项下货物进口原产地证书提交需求，数据进行联网对碰，减少了证书报送海关总署的审批环节，节约了证书寄送的成本及在途时间（平均节省1~2天），优化了核查流程，缩短了核查实效，提高了通关效率，截至2015年11月，已为自贸试验区出口企业签发原产地证书4.76万份，涉及货值20亿美元，为企业获国外关税减免1亿美元①；通过放宽ECFA项下海运集装箱货物直接运输判定标准，货物经第三方中转，无法提交相关证明文件时，海关可利用验核集装箱号及封志号的方式判定经第三方中转货物是否符合直接运输要求，实践证明每票货物至少减少通关时间1~2天，节省通关成本8%左右，截至2015年11月，已经办理报关单612票、货值2790.51万美元，为企业减免税款2874.97万元；通过实施"先进区，后报关""批次进出、集中申报""集中汇总征税、区内自行运输"等举措，实现了物畅其流；通过对诚信企业实行"自主报税、自助通关、自动审放、重点稽核"等通关作业模式，采取"自动审放，重点复核"的审单作业程序，实现由企及物的差别化管理。通关便利化后最直接的效果体现在货物进出口通关时间明显减少，据统计，进口平均通关时间较区外减少41.3%，出口平均通关时间较区外减少36.8%。②

其次，在监管模式方面，结合企业的个性化需求，仓储企业实施"系统联网、库位管理、实时核注"的联网监管模式和"工单式核销"作业模

---

① 福建自贸试验区办公室：我省自贸试验区积极推进对台贸易便利化，http://www.fjftz.gov.cn/article/index/aid/2607.html，2016年1月4日。
② 专家建言福建自贸试验区：实现海关权力和企业权利的正确归位，http://fj.people.com.cn/n/2015/0120/c181466-23621490.html，2015年1月20日。

式等,通过信息化系统、物联网平台、新技术、新应用和先进管理,做好安全风险管控。推出了创新跨境电子商务高效便捷监管模式、台湾渔船自捕水产品申报时免予提供台湾地区主管部门出具的卫生证书、对中国-东盟水产品交易所进境水产品采取"统一申报、集中查验、分批核放"模式。其中,台湾渔船自捕入境水产品在向检验检疫局申报时,允许其免于提交台湾地区主管部门出具的卫生证书,最大限度地简化手续,促进两岸水产品扩大贸易。厦门海关加强与台湾地区海关机构的对接,开展货物通关、贸易统计、原产地证书核查、"经认证的经营者"(AEO)互认等方面的合作,逐步实现信息互换、监管互认、执法互助。①

最后,部门合作不断深化。厦门、福州海关和福建、厦门检验检疫部门不断深化合作,自2015年开始全面启动关检合作"三个一"通关模式,对部分依法需要报关报检的进出口货物,海关和检验检疫部门实行"一次申报、一次查验、一次放行",极大地简化了通关手续。积极推进"信息互换、执法互助、监管互认",合力创新口岸管理机制,为自贸试验区建设"清障"提速。

（三）扩大金融领域开放创新,打造两岸金融合作新平台

作为自贸试验区创新服务的重要内容,如何扩大两岸金融领域的合作空间,积极对接台湾地区金融业,从而为打造两岸金融合作的新舞台提供新的动力和元素,这是福建自贸试验区深入发展的重要"驱动力"。

首先,出台一系列金融政策,扩大金融领域开放创新。福建自贸试验区的金融开放立足于复制上海自贸试验区金融开放的经验,着眼于两岸金融开放与合作。为了更好地服务于福建自贸试验区的建设,福建出台了一系列金融政策。一是在自贸试验区内试行资本项目限额内可兑换,符合条件的区内机构在限额内自主开展直接投资、并购、债务工具等交易。二是统一内外资企业外债政策,支持自贸试验区内企业、银行按照相关规定从境外借入本外币资金,企业借入的外币资金可结汇使用。三是由银行直接

---

① 福建自贸试验区办公室:我省自贸试验区积极推进对台贸易便利化,http://www.fjftz.gov.cn/article/index/aid/2607.html,2016年1月4日。

审核办理境内直接投资项下外汇登记和境外直接投资项下外汇登记。实施外商投资企业外汇资本金意愿结汇，进一步提高对外放款比例。四是支持跨国公司本外币资金集中运营管理。跨国公司根据自身经营和管理需要，可在集团境内外成员企业之间开展跨境双向资金归集和集中收付业务。五是支持自贸试验区内法人金融机构和企业按规定在境外发行人民币和外币债券，所筹资金根据需要用于自贸试验区建设。六是自贸试验区内企业的境外母公司按国家有关规定可在境内发行人民币债券。七是允许设立跨境人民币投资基金，开展跨境人民币双向投资业务等。八是推动自贸试验区内企业扩大跨境贸易与投资人民币结算业务。九是鼓励台湾地区的银行向自贸试验区内企业或项目发放跨境人民币贷款。十是自贸试验区内银行可遵循"了解你的客户""了解你的业务"和尽职审查的原则，为区内主体办理经常项目购付汇和收结汇业务。

其次，各个片区都提出各具特色的金融创新任务，携手打造两岸金融合作新平台。福州片区致力于建设两岸服务贸易与金融创新合作示范区。目前，南台岛区已经储备了一批涉及人民币双向资金池等业务的金融创新项目，已有金融机构与相关企业对接，仓山区还在每年不低于 5000 万元的自贸试验区产业扶持资金里设立金融产业专项发展基金，以扶持在发展中有金融创新举措的自贸试验区企业。厦门片区在总体方案中提出的 91 项试点任务清单中，有三分之一与金融业务有关，旨在降低台资金融机构准入和业务门槛，建立与自贸试验区相适应的账户管理体系；完善人民币涉外账户管理模式，简化人民币涉外账户分类；简化试验区内经常项目收结汇、购付汇单证审核；建立自贸试验区金融改革创新与两岸金融中心建设联动机制。中国银行福建自贸试验区平潭片区分行成为自贸试验区时代首家更名的分行级金融机构，全力助推"实验区＋自贸试验区"建设，同时平潭片区还提出了支持海峡股权交易中心（以下简称"海交中心"）扩展业务范围，为台商投资企业提供综合的金融服务。平潭对台小额商品交易市场内设立中潭国际贸易有限公司外币代兑点，两岸合资的中山银行正在筹划中。厦门片区已有 19 家企业签约对台湾地区跨境贷款金额 20.05 亿元，备案金额 3.15 亿元，提款金额 2.41 亿元。已有 67 对厦门和境外银行机构签订人民币代理清算协议，开设了 67 个账户，其中台湾地区 41 个，累计已清算445.5亿元。中国建设银行、中国农业银行、平安银行三家银行的总行已分别在厦门成立对台人民币清算中心。①

最后,各类金融机构逐步创新业务,降低企业融资成本。截至目前,福建省内多家银行均已在自贸试验区内成功发放跨境贷款,中国农业银行福建省分行、中国银行福建省分行、中国建设银行福建省分行三家银行已为12家企业办理了跨境人民币贷款22.86亿元,综合融资成本比境内低1.5个百分点,帮助企业节约融资成本3429万元。中国建设银行、中国农业银行、平安银行三家银行的总行已分别在厦门成立对台清算中心。台湾地区24家银行已与厦门16家银行签订人民币代理清算协议并开设40个人民币代理清算账户,累计清算人民币357亿元。同时,自贸试验区内企业也开始了境外直贷模式,东南汽车开创了福建省内企业直接利用人民币"境外直贷"的先例。

(四)新型贸易业态发展提速,推动商贸业加快转型升级

福建自贸试验区的建设方案中着重突出了要积极培育新型贸易业态,福建自贸试验区挂牌以来,福建省有关部门陆续制定出台重点业态招商扶持政策,其中融资租赁、商业保理、旅游业、闽台物流业、整车进口、海产品交易、保税展示交易、跨境电商、转口贸易九项相关政策已出台,闽台医疗医药业、高端制造业、专业服务等相关政策正在研究制定。② 跨境电子商务、保税展示交易、保税维修、融资租赁等贸易新型业态发展提速。

首先,在跨境电子商务方面,福建省出台了加快电子商务发展的九条措施,提出打造闽货自营电子商务平台、推动闽货网上市场建设、加快商贸服务业线上线下深度融合等措施。截至2015年9月底,福建自贸试验区已引进跨境电商企业580多家。福州片区跨境电商产业园一期已有50多家企业入驻,万国国际商城电商平台已招商入驻300家企业,海峡会展中心智贸城已引进20多家电商企业,利嘉国际商业城引进16家跨境电商企业;美

---

① 福建自贸试验区办公室:我省自贸试验区深化对台交流合作,http://www.fjftz.gov.cn/article/index/aid/2491.html,2015年12月21日。
② 福建自贸试验区办公室:我省自贸试验区着力培育发展功能,http://www.fjftz.gov.cn/article/index/aid/2458.html,2015年12月15日。

国零售巨头好市多（COSTCO）在福州经济技术开发区正式营业，并与中国电信合作建立起 30 家便利展示店。厦门片区开通跨境电商出口统一版，"直购进口"平台正式上线运行；跨境电商产业园采用业内最先进的通关分拣设备，保障货物快速通关；推出"分送集报、分段担保"创新举措，助力跨境电商业务发展。①

其次，在保税展示交易和保税维修方面，福建自贸试验区厦门片区内的象屿保税区启动保税料件交易试点，这意味着加工贸易企业剩余的保税料件可在这里自由交易。这是全国海关系统首次正式开展此项业务，待制度成熟后有望在其他海关特殊监管区复制推广。同时，结合跨境电子商务的需要，福建自贸试验区在海关特殊监管区内设立跨境电商保税展示交易平台。福州海关 2015 年发布了《关于在中国（福建）自由贸易试验区福州片区的海关特殊监管区域和平潭综合实验区开展保税展示交易业务相关事宜的公告》。2015 年 6 月 29 日，厦门海关以"修理物品＋保税仓库"为模式，正式实施集中报关、无纸通关、随报随审即审即放、客带货快速通关验放等便捷举措，为航空维修业"量身定制"服务措施。福州片区利嘉保税商品直销中心已有 42 家企业入驻并签订租赁合同，闽江世纪城保税展示交易中心项目于 2015 年 12 月开业。厦门片区已有 9 个项目开业。平潭片区有 5 家企业开设跨境电商线下 O2O 体验店并进行试营业，拟与海峡跨境电商园区挂牌同步正式开业。

最后，在融资租赁方面，厦门象屿保税区首架保税融资租赁飞机顺利落户厦航，厦门成为全国第三个开展保税飞机融资租赁业务的城市，这是厦门金融改革创新的重大举措。厦门还将吸引周边地区大型企业进驻，拓展中小企业融资渠道，金融服务实体经济功能将更加显现，市场前景广阔，从而有利于厦门打造区域性融资租赁业集聚区。目前，福建自贸试验区已引进外资融资租赁企业 58 家。其中，福州片区 7 家，注册资金 2.09 亿美元；厦门片区 44 家，已引进 13 架飞机，境外融资 8 亿多美元，厦门金圆融资租赁有限公司开展人民币跨境融资业务，发放从海外融资 3200 万元的跨

---

① 福建自贸试验区办公室：福建自贸试验区重点业态发展顺利，http://www.fjftz.gov.cn/article/index/aid/2113.html, 2015 年 11 月 3 日。

境人民币贷款；平潭片区7家，注册资金1.51亿美元。

(五) 自贸试验区虹吸效应显著，吸收外资集聚效应明显

在全国经济下行压力加大的背景下，福建自贸试验区的改革引领效应进一步放大，吸引的合同外资、对外投资均同比增长2倍以上。向机制要活力、以创新换红利，成为福建自贸试验区铿锵向前的主步调。

首先，各类市场主体高度青睐自贸试验区，入驻企业大幅度提升。福建自贸试验区自挂牌以来，初步形成了"大众创业、万众创新"的良好氛围，各类市场主体高度青睐自贸试验区，入驻企业大幅度提升，虹吸效应显著。自2015年4月21日挂牌起至2015年11月30日，福建自贸试验区共新增企业9990户，注册资本2052.68亿元，分别同比增长4.17倍、11.16倍。

其次，自贸试验区外资领域涵盖范围广，吸收外资集聚效应突显。外商投资领域涵盖跨境电子商务、融资租赁、商业保理、服务外包、金融服务、高新技术等行业。在新增企业中，外资企业713户，注册资本364.72亿元，分别同比增长5.2倍、20.47倍。从产业分布来看，新增企业中第三产业企业9476户，占比95%，其中外资企业683户。

二、福建自贸试验区挂牌以来的改革成效与亮点

(一) 改革创新成果显著，多项成果为全国首创

福建自贸试验区自挂牌以来已经陆续公布了六批自贸试验区改革创新成果。第一批公布了31项改革创新成果，其中18项为全国首创。第二批公布了27项改革创新成果，其中8项为全国首创。第三批公布了9项改革创新成果，其中4项为全国首创，3项率先开放。第四批中共有7项是全国首次举措。第五批公布的23项创新举措中，全国首创7项，其中复制并拓展11项，复制5项。第六批公布了17项创新举措，其中，全国首创3项，复制并拓展6项，复制8项。再加上新近的2项首创，总的说来，截至2015年12月底，自2015年4月21日挂牌以来，福建自贸试验区立足改革创新，

目前已有49项创新举措为全国首创。

（二）创新成果主要集中于贸易监管类，金融创新成果相对较少

从前三批创新成果中可以看出，目前创新领域涵盖投资管理、贸易监管、金融创新以及其他（如人才引进、建筑工程等）。总的来看，贸易监管类的创新成果最为显著，第一批公布的18项全国首创的创新成果中有8项是贸易监管类的，第二批创新成果中有7项是贸易监管类的，第三批创新成果中有4项是贸易监管类的，第四批中有4项是贸易监管类的，第五批中有11项是贸易监管类的。而金融类的创新较少，仅仅包含大力支持发展融资租赁、商业保理等非银行金融业务和对台离岸业务，创新融资租赁企业对台跨境人民币贷款业务和"银税互动"助力小微企业融资，说明金融领域的创新难度较大。从创新的部门来看，主要集中于海关、检验检疫、管委会、工商局、税务局等。

（三）加快对台合作先行先试，不断创新闽台深度合作措施

福建自贸试验区建设充分发挥对台特色，主要体现在积极探索两岸产业合作新模式，在ECFA框架下扩大对台服务贸易开放，推动闽台货物贸易自由，推动两岸金融合作先行先试，推动两岸往来更加便利。其中，两岸在通关合作上的突破主要体现在信息互传、监管互认以及快速验放上；闽台的交流合作更加紧密，台湾地区居民出入境更加便利，服务业合作更加便利；两岸的金融合作也在不断地拓展等方面。福建自贸试验区自挂牌以来，在涉台领域先后推出了一系列务实有效的举措，其中多项属于国内首创，在前五批创新举措中"台味十足"。例如，在第一批18项全国首创措施中有12项是对台的；第二批8项全国首创措施中有5项是对台的；第三批9项改革措施中有3项是对台率先开放的；第四批创新举措中福州海关推出的"台车入闽一体化快速通关模式"、平潭片区推出的"加强与台湾的旅游合作，率先与台湾相关骑行协会合作推出领骑证培训，推广台湾骑行旅游文化"均体现出对台特色；第五批中创新厦金客轮检疫管理，创新融资租赁企业对台跨境人民币贷款业务，来厦非福建省籍人员赴金门游延伸至澎湖游，两岸海上客运航线"客带货"也充分体现出明显的对台特征。

（四）创新成果逐步得到复制推广，带动示范效应显著增强

目前第一批首创措施在经过总结和评估后，正分阶段地向自贸试验区内、福建省内进行复制推广，未来还将进一步在全国复制推广，起到了很好的示范带动效应。2015年5月，《福建省人民政府关于推广福建自贸试验区首批可复制创新成果的通知》中明确提出在福建省复制推广的改革事项有4项，在福建自贸试验区内复制推广的改革事项有10项，在福建省海关特殊监管区域复制推广的改革事项有2项，在厦门大嶝对台小额商品交易市场复制推广的事项有2项；并且形成了"福建自贸试验区首批创新成果复制推广任务分工表"，确保各项改革创新成果的落实到位。除此之外，第二批12项改革创新成果也开始在福建省内其他区域推广。被推广的改革创新成果包括市场竞争秩序监测体系、企业信用分类管理、口岸通关"一关通"模式、取消出口货物纸质进场章、建设两岸青年创客创新创业基地、推行税控发票网上申领系统和简化CEPA、ECFA货物进口原产地证书提交需求，以及放宽优惠贸易安排项下海运集装箱货物直接运输判定标准、创新跨境电子商务高效便捷监管模式、试点海运快件进出境业务、出入境船舶检疫全程无纸化、融资租赁海关监管制度等。其中，福州海关首创推出的"简化CEPA以及ECFA下货物进口原产地证书提交需求"及"放宽ECFA项下海运集装箱货物直接运输判定标准"两项支持福建自贸试验区发展的措施获海关总署批准，在上海、天津、广东三个自贸试验区复制推广，这是第二批自贸试验区挂牌以来海关总署首次发文予以推广的海关创新举措。第五批创新成果中复制并拓展了11项，复制5项，其中土地出让在线办理模式、税收风险控制管理、税务任务管理与服务回访系统已经在福建全省推广。

三、福建自贸试验区发展面临的困难与挑战

福建自贸试验区自设立以来，取得了一系列创新成果，在全省乃至全国都产生了积极影响。建立福建自贸试验区是党中央、国务院做出的重大决策，对福建来说，自贸试验区的建设不仅带来了种种机遇，也因福建自

身所存在的一些问题而面临种种挑战，主要表现在以下几个方面。

（一）产业基础较为薄弱

近年来，福建在经济发展上取得了一定的成绩，但与其他发达省份相比，仍有较大差距。从经济总量上看，2013年福建地区生产总值为21759.64亿元，是广东地区生产总值的35%，无论从全社会固定资产投资、社会消费品零售总额，还是从商品出口总额指标看，福建经济发展水平都远远低于广东；从地方财政收入看，2013年福建地方财政收入为2119.45亿元，略高于天津，但与广东差距较大（2013年福建与天津、广东经济指标比较见表11-1）。造成如此大差距的原因包括：一是福建作为沿海省份，山多耕地少，交通基础设施建设严重滞后，这在很大程度影响了福建的经济发展。二是福建工业化进程缓慢，第三产业发展相对滞后，经济增长更多依靠的是第二产业的带动。三是福建省内城市的辐射带动作用不强，地区发展严重不平衡。以三大片区产业发展为例，平潭片区的产业基础最为薄弱，尽管前期投入较多的固定资产投资，出台了诸多优惠政策，但对台湾地区企业的吸引力并不足，这与平潭片区缺乏成熟的产业布局有很大关系。

表11-1 2013年福建与天津、广东经济指标比较

指标	福建				天津	广东
	全省	福州	厦门	平潭		
地区生产总值（亿元）	21759.64	4678.49	3018.16	155.39	14370.16	62163.97
工业化率	43.45%	35.36%	40.16%	5.43%	46.48%	44.12%
地方公共财政收入（亿元）	2119.45	453.97	500.56	13.40	2079.07	7081.47
全社会固定资产投资（亿元）	15245.24	3834.22	1337.26	335.71	10121.21	22828.65
社会消费品零售总额（亿元）	8275.34	2681.72	974.51	46.53	4470.43	25453.93
出口商品总额（亿美元）	1064.74	195.23	523.43	—	490.25	6363.64

续上表

指标	福建				天津	广东
	全省	福州	厦门	平潭		
实际利用外商直接投资金额（亿美元）	66.79	14.31	18.72	—	168.29	249.52
台资（万美元）	42464.00	—	—	—	42356.00	12324.00

数据来源：《福建统计年鉴2014》《广东统计年鉴2014》《天津统计年鉴2014》。

（二）同质化现象严重

福建自贸试验区设立以后，三大片区不断推出各种创新举措，从政府管理方式、海关监管、金融监管等多个方面出发，寻求政策突破，但各种政策举措之间存在一定的同质化问题，"创新潮""改革潮"等都是同质化现象的直接表现。首先，自贸试验区政策创新内容趋同。目前，福建自贸试验区的建设在部分领域的创新与上海存在较大程度的趋同，比如金融监管、负面清单管理、投资管理等。其次，各片区发展定位存在交叉。对台是福建自贸试验区建设的特色，三大片区的战略定位都强调了对台合作，但在实际操作过程中容易造成资源的抢夺和重复建设。因此，就目前情况而言，积极复制和推广上海自贸试验区的成功经验，虽有利于福建自贸试验区的初期建设，但从长远来看，需从本地需求出发，结合福建自身特色，避免政策"跟风"，各片区要根据自身发展特点和需要，避免同质竞争。

（三）吸引台资、外资力度不足

福建和广东是最早实行改革开放及设立经济特区的省份，但福建吸引外资的强度远不及广东。2013年福建实际利用外商直接投资数额为66.79亿美元，广东实际利用外商直接投资额达到249.52亿美元，两者相差甚远。与天津相比，福建实际利用外资规模也较小。以台资为例，2013年福建实际利用台资数额为42464万美元，略高于天津，但天津在自贸试验区政策、京津冀协同发展等战略机遇的叠加下，物流优势明显，对台资吸引力度大大增强，台湾地区的高端制造业、现代服务业相继落户天津，这对福建自贸试验区的建设无疑构成了巨大的挑战。

(四) 专业型人才较为匮乏

人才是推进自贸试验区改革创新的关键,福建自贸试验区建设涉及财税金融、港口物流、国际贸易、法律等相关专业人才,目前这类专业人才缺口较大。自贸试验区日益注重专业化服务、一体化经营,涵盖了对管理、技术、服务人才的巨大需求。而福建人力资本现状不足以满足自贸试验区建设对人才的需求,劳动力转移和人才外流使得人力资本原本就稀缺的福建,在自贸试验区专业型、复合型人才供给方面更加困难。自贸试验区建设对政府服务人员、企业从业人员的技能提出了更高更细的要求,需要相应的人才队伍做保障,但目前福建人才队伍的数量和素质无法满足自贸试验区发展需要,导致自贸试验区建设遇到新的瓶颈。

四、加快福建自贸试验区创新发展的着力方向

(一) 投资贸易便利化的创新方向

福建自贸试验区必须紧扣自贸试验区内机构和企业的现实需求,积极扶持公共服务平台建设,创新支持服务外包业务,推进与"海丝"沿线国家贸易投资自由化。

1. 积极扶持公共服务平台建设

加快研究和出台相关扶持政策与措施,统筹海关、国检、国税、商务等相关部门给予相应的配套政策,积极扶持公共服务平台建设。一是加快构建务实高效的政务平台。整合行政审批平台、便民服务平台,推进行政审批智能化、信息化,抓紧开发投用行政服务自助终端系统,完善自贸试验区范围内行政审批电子政务建设,推进文件电子证照试点工作。二是建立对外投资合作一站式服务平台。加强境外投资事后管理和服务,完善境外资产和人员安全风险预警和应急保障体系。三是建设跨境电商平台。采取政府政策导向、企业市场运作的方式,加快跨境电商平台建设,实现统一监管、统一申报、统一结算、统一退税等一站式服务。

2. 创新支持服务外包业务

发挥福建自贸试验区的独特优势，加快服务外包产业跨越发展。一是加强服务外包人才引进和培养。围绕国际服务外包重点领域，广泛吸引海内外中高级技术和管理人才。加强自贸试验区服务外包企业人才培训，组织重点企业骨干人才、国际服务外包高校教学科研骨干赴境内外先进企业进行实训。二是明确福建自贸试验区服务外包产业重点领域。以信息技术外包和供应链管理、研发设计等业务流程外包，以及飞机维修业务外包为重点，通过重点支持园区配套基础设施建设，引导国际服务外包业务向园区集聚发展，实现自贸试验区服务外包产业跨越发展。

3. 积极扶持跨境电商快速发展

顺应福建自贸试验区贸易投资自由化趋势，着力打造跨境电子商务贸易生态圈，支持跨境仓储物流拓展建设，提升跨境电子商务网上支付能力，探索制定跨境电商进出口商品检验检疫监管规范，探索一次申报、分批核销、集中口岸验放以及对电商企业实施诚信管理、差别化监管等便利化措施，促进跨境电商快速通关通检，加快建设在线通关、结汇、退税申报等应用系统，不断提升跨境电商竞争优势。积极研究建立适应跨境电子商务发展的口岸监管机制，争取在优化跨境电子商务一体化通关管理模式、建立跨境电子商务企业信用管理体系和零售进出口贸易统计等方面先行先试。完善跨境电子商务检验检疫监管制度和业务管理系统，推行新型检验检疫监管模式。研究跨境电子商务进口第三方检测结果采信及保税备货商品便利化进境检验流程。

4. 推进与"海丝"沿线国家贸易投资自由化

福建是海上丝绸之路的重要起点和发祥地，历史渊源深厚，人文优势突出，基础条件扎实。因此，福建自贸试验区应将融入"海丝"战略作为自贸试验区方案设计的一条主线，拓展与"海丝"沿线国家和地区的交流合作。一是建设与"海丝"沿线国家和地区的贸易门户。建立"21世纪海上丝绸之路"沿线国家和地区商品展示、销售、采购中心。鼓励企业建设面向"海丝"沿线国家的跨境电子商务海外仓储配送基地，支持企业利用第三方电子商务平台开拓市场。二是探索与"海丝"沿线国家关检合作。争取国家支持，在海关、检验检疫、认证认可、标准计量、统计信息等方面与"海丝"沿线国家开展合作试点,探索建立与沿线国家口岸部门查验结果互认机制,探索我国与沿线国家和地区互联互通监管合作新模式,提高贸易便利化水平。三是打造与"海丝"沿线国家和地区的国际交往平台。探索建立沿线港口城市间的联络机制和会商机制。与"海丝"沿线国家合作,探索建立海洋资源交易所、海洋生物产业基地、科技研发中心等产业合作平台。四是促进中国-东盟水产品交易所海产品内销便利化,培育形成全球水产品交易的一个重要集散地。

(二)对台服务贸易自由化的创新方向

福建以其独特的地理方位和政策上的优惠与台湾地区有着密切的经贸往来交流。长期以来,闽台两地经济合作、人文交往推动着两地经济社会的快速发展。因此,"对台"始终是福建相对于其他三大自贸试验区而言打出的最亮的牌之一。

1. 先行先试推进服务行业管理标准和规则衔接

借鉴台湾地区服务行业协会管理机制,探索与台湾地区行业管理标准和规范相衔接,强化行业自律。探索与台湾地区在货运代理、货物运输等方面的规范和标准对接,推动台湾地区国际航运高端产业向福建延伸和拓展。针对与台湾地区市场监管执法标准差异问题,研究制定与台湾地区市场经营行为差异化责任豁免目录。推动跨境数字证书在政务、商务领域的应用。

2. 整合滨海休闲旅游资源,探索推动平潭茶叶、瓷器展示交易中心建设,加快平潭国际旅游岛建设

加强闽台旅游合作,加快平潭国际旅游岛建设,要从以下三方面入手:一是突出"海峡旅游"品牌。要避免以往旅游目的地产品开发中政府主导营销带来的盲目性、低效性和高成本性,要联合创设产品研发基地、创意中心、推广展示平台等主打"海峡旅游"品牌的产品营销机构,成立营销风险投资基金、创业发展基金,培育一批有特色、有影响、有效益的旅游精品。二是突出福建特色旅游产品。福建有两种产品最具特色:茶叶和瓷器。茶叶方面,福建已有上千年历史的茶文化,茶类的创制要数福建最多,安溪铁观音、武夷岩茶、茉莉花茶、白茶等品种纷呈,品茶的技艺也数福建最奇。陶瓷方面,福建陶瓷特别是德化陶瓷一直是中国重要的对外贸易

品，与丝绸、茶叶一道享誉世界，为制瓷技术的传播和中外文化交流做出了贡献。因此，建议加大财政扶持力度，推动平潭茶叶、瓷器展示交易中心建设，加快形成具有福建特色的旅游商品展示交易中心。三是加快平潭国际旅游岛建设。加快平潭旅游产业转型升级，推行国际通行的旅游服务标准，开发特色旅游产品，拓展文化体育竞技功能，建设休闲度假旅游目的地。推动平潭实施部分国家旅游团入境免签政策，对台湾居民实施更加便利的入出境制度。

3. 发挥台湾地区文化创意产业创新优势，打造两岸文化产业合作新空间

加强闽台两地文化创意产业合作，引导台湾地区文化创意产业入驻福建自贸试验区，加快形成两岸文化创意产业园。首先应该从两岸的地域和文化特色出发，妥善规划，谋求差异化关联定位，关注以传统文化为核心的创意，借助两岸同源同根文化底蕴，设计有关联性的文化创意产品。在两岸创意业者的互动上，需要在相同文化背景下，结合当前台湾地区文化创意产业转移特点，深入研究福建文化创意产业现状，着重布局区域急需的、产业关联度高的、知识密集度高的文化创意产业领域，有效运用台湾地区文化创意企业所带来的知识和技术外溢效应。

4. 积极打造台湾果蔬集散地、海产品集散地和两岸物流业中转基地，加快建设海峡两岸贸易集散中心

福建自贸试验区按照"高起点、快启动、早见效"的要求，打造集商品、服务、技术、信息及金融支付于一身，融贸易经济、电子交易、会展经济、综合物流为一体的贸易集散中心。两岸贸易集散中心将携手两岸及全球贸易主体，用好、用足各类贸易政策，在市场准入和贸易便利化方面先行先试，整合大宗商品交易市场，建立大宗商品交易促进机制，积极帮助企业争取各类经营资质。展开招商推介工作，努力吸引一批贸易商、厂商、社团入驻，尤其重点拓展台湾地区重要商会社团入驻，着力打造贸易体制创新试验区和两岸国际贸易合作示范区，做大做强国际贸易，从而推动台湾果蔬集散地、海产品集散地和两岸物流业中转基地三个集散中心愿景实现。

5. 加快建立两岸青年创业创新创客交流、辅导及就业咨询平台，构建专业化的创业孵化器产业集群

要充分了解两岸青年的思想观念与价值诉求，深刻探究两岸青年的相

似之处与相异节点。目前，两岸和平发展进入深水区，两岸文化交流面临困境。充分利用福建自贸试验区这一平台，吸引台湾青年到福建自贸试验区创业创新。加快建立两岸青年创业创新创客交流、辅导及就业咨询平台，成立两岸青年创业专项基金，设立两岸青年创业园，构建专业化的创业孵化器产业集群。

（三）金融服务开放的创新方向

福建自贸试验区要充分获取金融开放创新的制度红利，加速福建跨境资金通道和资本市场平台的建设发展，形成具有广泛影响力和辐射力的两岸区域金融中心，从已有的条件出发，突出特色，紧扣区内机构和企业的现实需求，准确把握发展的"时间窗口"，实现创新突破。

1. 加快释放改革红利，助推新型金融机构集聚突破

金融机构是推进自贸试验区金融创新的重要主体。在我国现有的金融监管框架下，由于银行、证券、保险等机构的系统重要性，其业务创新一般较为稳健。相对而言，新型金融机构在我国尚处于成长期，自贸试验区为其带来了很大的制度红利。上海自贸试验区运行一年后，区内新设各类金融机构453家，金融信息服务公司296家，投资和资产管理公司2179家，占全部新设金融机构的97%。因此，福建自贸试验区应着力推动新型金融机构集聚，丰富区内金融服务主体与功能。结合福建的具体情况，现阶段应重点引入股权投资类企业（含创业投资基金、私募股权投资基金、股权投资管理机构等）、资产管理类机构和消费金融公司。这三类机构的主要功能有两个：一是快速构建投融资通道，二是有效推动生产、消费和财富管理转型升级。

股权投资类企业是跨境投融资的主要通道和产融结合的重要节点。近年来，上海、深圳等地借由各类型跨境投资通道试点，大力营造股权投资发展的政策环境，吸引大量国内外知名投资机构落户。福建自贸试验区也应充分释放制度红利，通过股权投资类企业加快募集境内人民币资金和境外离岸人民币或外币资金，着力提升资金流通道的竞争力。除简化行政审批、放宽准入条件、便利资金汇兑、拓展投资范围等自贸试验区基本政策创新外，还应进一步加大引资支持力度，通过设立自贸试验区金融发展专项资金,对股权投资基金和股权投资管理机构在开办、投资、经营等各环节提供一定的奖励和补贴,尽快形成股权投资类机构的集聚。2015年7月3日,厦门市发布了《中国(福建)自由贸易试验区厦门片区股权投资类企业发展办法》,建议参照其框架,统筹福建省市区各级财政,研究形成适用于福建自贸试验区各片区的统一管理办法,使财政资金的引导支持效用最大化。此外,还应积极推动自贸试验区内商业银行,特别是地方中小银行开展股权投资基金托管业务,为股权投资配套相应的授信额度,进一步加速产融结合,加快地方中小银行业务转型升级。

资产管理类机构以资产管理、财富管理、投资咨询为主要业务,不仅是资金集聚的重要平台,更重要的是其能够充分利用自贸试验区提供的跨境多市场渠道和平台,为企业、居民乃至政府部门提供包括投资方案设计、风险分析、市场预测等在内的专业化综合投资管理服务,对福建自贸试验区打造跨境投融资一体化金融平台具有重要的现实意义。近年来,在监管层制度配套加快完善的背景下,我国资产管理行业进入高速发展阶段。从目前我国资产管理业的组织结构和商业模式来说,福建自贸试验区可重点引进信托公司、证券公司资产管理机构(子公司)、基金子公司,探索推动国有资产管理公司与境内外具有品牌优势和资源优势的机构成立合资资产管理公司,快速打通境内外人民币资金与资产的通道。同时,应密切关注监管层对商业银行资产管理部门法人化的政策进展①,推动地方性银行加速发展资产管理业务,在自贸试验区内设立独立核算的资产管理业务单元。

消费金融公司是我国民间资本进入金融业的主要途径之一。② 目前,我国监管部门对消费金融公司的创设采取"一地一家"的原则,福建只有泉州一地属于设立消费金融试点公司的16个城市之一。因此,自贸试验区是福建消费金融业发展的一个重要突破口,应大力支持符合条件的发起人,特别是民营资本在自贸试验区内申设综合型或专业型消费金融公司,可开展面向个人的耐用消费品贷款和一般用途个人消费贷款、信贷资产转让、

---

① 2014年2月,交通银行在上海自贸试验区设立资产管理业务中心,按照自贸试验区相关规定,该中心实施独立核算及独立税收,这距离真正意义上的银行资管独立法人仅一步之遥。

② 2013年9月,中国银监会对《消费金融公司试点管理办法》进行了修改,允许民间资本发起设立消费金融公司。

同业拆借、发行金融债、固定收益类证券投资业务、代理销售与消费贷款相关的保险产品以及与消费金融相关的咨询、代理业务等。此外，自贸试验区对金融机构跨境融资便利化的各项支持措施同样适用于消费金融公司，为其获取境外低成本资金创造了条件，并进而有效降低消费者的贷款成本。

2. 加快联通资本市场，推动闽台跨境金融业务突破

从现实基础来看，福建自贸试验区实现两岸资本市场联通的主要突破口就是要尽快做大做强海交中心。在《福建省人民政府办公厅关于推进海峡股权交易中心建设的若干意见》的基础上，加速推动海交中心开展对台业务创新，在卖方和买方两个方向上落地一些实质性突破。

在卖方端，目前除内资企业外，在海交中心挂牌的还有在大陆注册经营的台资企业，应尽快出台具体实施细则允许符合条件的在台注册企业和私募股权基金挂牌交易，在海交中心发行人民币股票、债券和基金份额融资。进一步加强与台湾柜台买卖中心的深入合作，探索推动已在该市场挂牌的台企到海交中心实现两地挂牌交易，真正将其建设成为"面向两岸台资企业的股权交易市场"。同时，卖方端的扩容也为境内外投资机构在福建本地资本市场进行人民币资产配置提供了更大的空间和更多的选择，将有效提升福建自贸试验区作为跨境资金流通道的竞争力。

在买方端，应加大力度吸引符合条件的台资或闽台合资机构投资海交中心挂牌交易的企业股票、债券、基金和其他各类产品。特别是对照四个自贸试验区的总体方案，福建是唯一允许台资金融机构以人民币合格境外机构投资者（RQFII）方式投资自贸试验区内资本市场的[①]，应多渠道加快推动台湾地区资产管理机构创设 RQFII 基金，打造在台资金回流的新通道，并创造条件鼓励其投资海交中心挂牌交易的各类金融工具。

此外，为推动海交中心加速扩容，应充分发挥已在福建自贸试验区和福建省内落地的台资商业银行、证券公司等金融机构的作用，积极推动其开展承销、咨询、托管等相关业务。创造便利条件吸收台湾地区金融机构成为海交中心的战略会员、推荐机构会员和投资会员。对积极参与海交中心

[①] 截至目前，我国 RQFII 试点地区包括中国香港地区、加拿大、澳大利亚、英国、法国、德国、韩国、卡塔尔、瑞士、新加坡、卢森堡、智利等 12 个国家和地区。

产品发行、投资的台湾企业、机构和其他各类主体可参照相关政策给予适当奖励。

3. 精准定位、创新服务，突破国际化金融人才瓶颈

为引导和推动福建自贸试验区金融创新发展和集聚，应在福建省人民政府《关于加强中国（福建）自由贸易试验区人才工作的十四条措施》的基础上，根据金融业人才引进和发展的专门需求，研究制定引进高层次国际金融人才的具体办法，抓住自贸试验区发展机遇，尽快补齐福建金融创新发展的国际化人才短板。研究设立"国际金融人才服务中心"，为区内各金融机构引进的各类型国际金融人才一站式办理各项行政和公共事务，切实提高服务质量和效率。推动地方性金融机构密切关注监管层的创新动态，积极做好自贸试验区创新业务的前期人才招募和储备工作，鼓励其通过国内外专业猎头机构寻求具有丰富从业经验的国际化金融人才，按照其年薪标准的一定比例给予一次性补助。借鉴深圳前海的经验[①]，对引进的国际金融人才以财政补贴方式给予一定比例的个人所得税返还。除各类补贴、奖励、扶持政策外，还应积极营造有利于金融人才集聚的良好工作、生活和文化软环境，探索在城市中心区或副中心区建设金融人才公寓等类型的国际金融人才社区，配套精细化、个性化的公共服务、文化设施和商业机构，配置一定比例懂外语的服务人员，切实提升软环境对国际金融人才的吸引力。

除引进人才外，还须着力提升本地金融从业人员的国际化业务能力。探索由各金融行业协会牵头，整合金融机构、政府部门、高校、研究机构、资深金融专家等多样化资源，建设福建国际金融人才培训基地，形成国际金融业务定期培训机制，积极培养本地国际金融人才，结合自贸试验区金融开放创新需求，重点培训产品设计、产品研发、投资组合管理人才和风险管理人员。打破"外来的和尚会念经"的习惯思维，经由金融机构申报，每年度在配额内对从事国际金融业务的核心和关键性人才给予一定的奖励，切实留住熟悉福建市场和客户、业务开拓能力强的本地人才。

---

① 参见 2012 年 12 月制定的《深圳前海深港现代服务业合作区境外高端人才和紧缺人才个人所得税财政补贴暂行办法》。

(四) 平潭国际旅游岛建设的创新方向

平潭承载着多项国家战略，集国家综合实验区、自由港和国际旅游岛以及福建自贸试验区平潭片区于一身。诸多政策的叠加无非一个目的：打开政策空间，推动平潭在开放开发上实现跨越式发展，打造新时期开放开发的样板。综合考虑平潭的先天条件及对多项政策叠加的充分利用，以推进国际旅游岛建设的创新突破为抓手，是实现平潭片区战略目标较理想的路径。

1. 整合滨海休闲游乐资源，打造海洋特色文体竞技基地

平潭有着丰富的滨海旅游资源，目前许多区域都已经或正在开发和营运，但基本上还处于零散经营、各自为政的状态，未能形成整体效应。在推进国际旅游岛建设过程中，首先应当整合滨海休闲游乐资源，形成规模效应。一是完善现有旅游资源的衔接融通，提升游乐体验。在对各个景区进行深度开发并提升经营的规范程度后，通过规划与整合，连点成线，连线成面，再配合全岛的景观改造、优化，实现各景区之间自然和谐的衔接，做到单个景区有亮点，景区衔接不单调，全岛景观成规模的效果，在"点—线—面"的衔接方面实现无缝和无障碍游览。要处理好各景区与周边景点及服务的交通关系，提供多种可选择的交通方式。要努力改变目前景点与景点之间无法实现步行、交通不便利的现状，进行科学的城市路网规划，同时开辟方便游客、本地居民休闲漫步的道路，用绿廊、绿道、步行道、林荫道把景点和城市特色街区串联起来，打造真正适合休闲和旅游的空间。二是推动自然景观与民俗体验的融合，着力开发原生态小岛群旅游。平潭片区内有丰富的小海岛资源，保留着原生态的海岛自然景观，许多岛上还有少数民族聚居或散居，可通过规划设计重点小岛的航线开发，把小岛有机地联系起来，形成独具特色的小海岛原生态景观与少数民族民俗文化游。三是建设海洋文化博物馆及海洋文化艺术品展示交易中心。突出原生态海岛露天博物馆的主题，建设海洋生态和文化馆群、原生态露天展示型博物馆。推进文化和旅游的融合，深入挖掘壳丘头文化、南岛语族文化和古沉船文化，建设海洋文化艺术品交易中心，实现文化旅游的互联互通，进一步打造国际化平台。四是构建海洋健身及竞技、艺术活动平台。平潭滨海资源丰富，开发海洋健身与竞技项目有着巨大的潜力。一方面，继续举办平潭国际自行车公开赛、马拉松比赛、国际风筝冲浪赛、两岸沙雕文化节等经典旅游项目和重要节事活动，通过加大组织和宣传力度，扩大这些活动与项目的国际影响力；另一方面，可考察和开发潜水、冲浪、赛艇健身与竞技项目，做大滑沙等休闲游乐项目的规模等。

2. 建设大型免税购物天堂，打造中国台湾地区及东南亚特色产品集散中心

平潭作为综合实验区、自由港和国际旅游岛、两岸共同家园和自贸试验区等多个国家战略的承载者，其具有功能定位的特殊性、两岸模式融合创新的唯一性以及相较于国内其他地区的不可比性，因此中共中央赋予平潭包括"一线"免保税、"二线"退税、选择性关税、企业所得税减按15%征收、营业税免征、平潭对台贸易市场免税、台湾居民个税补贴等一系列特殊优惠政策，打造了独具特色的近台涉台政策通道，在中共中央清理规范税收等优惠政策的大环境下，更突显了"优中更优""特中更特"的政策含金量。平潭应用好用足这些政策，加大力度建设具有国际影响力的大型免税购物天堂，并融合自贸试验区和"海丝"的核心区优势，打造对台和对东南亚特色产品集散中心。

一方面，借鉴中国香港地区的经验和做法，努力把平潭建设成国际免税购物天堂。强化保税、免税和退税政策的合理安排，在保持原有的保税展示、境外游客离岛退税等政策的基础上，争取条件扩大免税购物区规模，尤其是要争取把更多的台湾商品纳入免税区内。目前实行的对台小额商品交易市场免税政策，对进入台湾小商品市场的人员按每人每日6000元予以免税（包括关税、进口环节增值税、消费税），所覆盖的品类包括粮油食品类、土产畜产类、纺织服装类、工艺品类、轻工业品类和医药品类六大类，力争在此基础上进一步扩大免税品类范围，扩大台湾商品入区的优势，并在此基础上逐步扩大至"海丝"沿线国家商品及世界其他国家与地区的商品，力争最终达成与中国香港地区相似的全品类购物免税政策，增强对国际游客的吸引力，努力打造购物游新亮点。

另一方面，畅通出入境管道，承接中国台湾地区及东南亚蔬果等特色产品集散。福建省在自贸试验区和"海丝"核心区的叠加中迎来发展的空前机遇，作为福建自贸试验区三个片区之一，平潭在突出对台特色的同时，也应融入与"海丝"核心区的对接。在集中资源打通对台货物及服务贸易通道的同时，充分发挥对台通道的辐射作用，联结"海丝"沿线国家，疏通中国台湾地区及东南亚特色产品流入我国的集中通道。这要重点做好两个方面的工作：一是争取中国台湾地区和东南亚特色产品经由平潭入境的优惠政策；二是拓展内地的广阔市场空间，构建完善的中国台湾地区及东南亚特色产品营销网络。

3. 建设两岸"共同家园"和旅游集散地，提升平潭旅游品牌影响力

平潭国际旅游岛建设要承载并实现多个国家战略目标，必须深入发掘自身独特的优势，打造出亮眼的平潭名片，在国际市场上形成强大的平潭旅游品牌影响力，要达到此目标，凸显平潭对台和旅游两大特色必不可少。

（1）全面细化两岸民众"共同家园"建设的战略安排，真正实现平潭与台湾的完美融合。

首先，要着力建设台湾同胞宜居宜业的家园环境。"共同家园"要让台湾同胞有一种认同感、归属感，这就需要在打造宜居宜业上下功夫。当务之急需要做以下四个方面的事情：一是大力推进便利于台湾同胞在平潭的出入、创业、就业等创新制度和政策的全面落地，消除台湾同胞宜业障碍因素。同时，尽快出台保护台企、台商及台湾同胞利益的地方性法规。二是在加速城市化的过程中做好宜居环境规划。当前，平潭的城市化水平仍然很低，基本上处于大规模基础设施建设的初创阶段。未来平潭能否发展成为两岸民众共同生活的家园，这在很大程度上取决于平潭的城市最终发展水平，取决于它是否有吸引台湾民众的独特优势。而在快速提升城市化水平的过程中，要把基于先天优势的优良生态环境的规划作为平潭的独特优势之一。三是努力推进文教融合，注入丰富的台湾元素。在平潭的城市发展规划中，注入丰富的台湾元素是不可避免的，这也是平潭与内地其他城市的重要区别所在。牵手两岸，文教先行。两岸民众和谐共处的全新的文化教育生态是"共同家园"的重要组成部分，是实现两岸民众零距离沟通，增强台湾民众两岸文化认同、民族认同及国家认同的最重要载体。台湾民间文化以闽南文化为母体，因此可发挥闽南文化的桥梁作用，增强平潭的闽南文化氛围，尝试引入台湾民俗节庆活动。要充分利用平潭的有利条件、发展定位及全新的社会架构来建设新型的两岸文化教育互动模式，

实现两岸文化教育的全方位接轨与融合。四是努力提升"共同家园"建设过程的台湾同胞参与度。只有两岸携手共建,才能创造出宜居宜业的城市。可以汲取两岸的专长,中国台湾地区在规划、经营、管理等方面有比较丰富的经验,而中国大陆在建设速度、效益方面有优势,因此要在规划、经营、管理方面让更多台湾人民参与进来。平潭开放开发的最大特点是要实行共同规划、共同开发、共同经营、共同管理、共同受益,探索"五个共同"新模式。要多渠道开辟台湾同胞参与建设方式,尤其要吸引台湾的年轻人加入进来,把平潭打造成台湾同胞的"第二生活圈"。

其次,努力加强两岸民间合作,提升两岸民众的共同语言和共同记忆。平潭开放开发要坚持多层面、多形式、多主体对接台湾,不仅对接大财团、大企业,更要注重对接台湾中小企业、普通民众。民间社会可以在两岸和平发展进程中发挥独特的作用。平潭的最大特色就是在"小政府,大社会"的制度环境下,让两岸的民间社会力量充分展现创造力,形成具有世界先进水平的社会管理模式、经济体制、法律制度等,为两岸合作交流提供样板。目前,不少台湾人士对平潭存在误解,这就需要进一步深化两岸民间合作,让台湾人民自己来看一看,多沟通、多了解,误解也就消除了。

最后,加大对台宣传力度,吸引台胞尤其是青年群体入境。要充分利用台湾民众熟悉并易于接受的媒体和方式来加强传播。电视是中国台湾地区的民众获取中国大陆信息以及各种旅游相关资讯的最主要途径,可通过加强与台湾地区有影响力的电视媒体的合作,扩大信息的覆盖面和影响力。互联网传播也是一个重要途径,尤其是在青年群体中可产生广泛的影响,但在传播过程中要关注文化的差异性。中国台湾地区使用的文字和中国大陆相同,使用互联网可以很方便地传递信息,要注意的是一些细微的差异,除了中国台湾地区使用繁体字、中国大陆使用简体字外,两地在表现习惯、喜好上也存在不少差异。因此,与中国台湾地区共同合作开展网络信息传播,往往能收到事半功倍的效果。近年来,休闲度假旅游正在成为台湾出境游的主流,这种趋势在台湾青年群体以及女性群体中表现尤为明显,因此平潭可结合自身国际休闲旅游目的地的目标加大宣传,提升对台的旅游吸引力。要大力消除台湾游客赴平潭的隐性阻碍因素。食品安全问题、治安问题、空气污染等都可称为隐性阻碍因素,这固然是现实问题的反映,但也存在媒体夸大和渲染的成分。要改变这种印象,远非各地旅游部门的推广传播所能胜任的,需要国家主管部门的统一协调,有针对性地围绕中国大陆形象开展多种传播活动。因此,未来在开展美丽平潭之旅的传播时,要努力塑造安全、美丽的中国大陆这一形象。

(2)着眼旅游大发展的格局,打造旅游集散中心,大幅提升旅游产业发展水平。

要打造两岸及国际旅游集散中心,除了要加快实施平潭旅游景区配套服务设施整体提升工程,还应着眼平潭未来旅游大发展格局,打造境内外及国际旅游的成熟通道,实现平潭旅游业上中下游产业链的整合与完善,大力推进两岸旅游业间的合作,加快旅游智能化建设,搭建智慧旅游平台。一是要打造成熟的旅游通道。引导境内有实力的旅行社进驻,增加经营出境游外资旅行社数量,创新管理体制,支持创新对旅行社经营的事中事后监管模式,丰富国际、国内的旅游线路,基本上做到国内游线和国际主要线路的全覆盖;进一步培育海峡旅游主通道,建设完善海峡航运旅游集散中心,推动海峡旅游公共服务体系建设,打造以平潭为两岸旅游集散地的双向旅游精品线路;加大营销力度,积极在台湾各地宣传营销,在赴中国大陆各主要客源地实行点对点营销推介;支持自贸试验区内设立的外资合资旅行社经营中国大陆居民出国(境)(不包括赴中国台湾地区)的团队旅游业务;允许台资合资旅行社试点经营福建居民赴中国台湾地区团队旅游业务;放宽旅游从业人员限制,支持中国台湾地区合法导游、领队经有关旅游主管部门培训认证后,换发证件,在自贸试验区所在设区市(或试验区)执业;支持在自贸试验区内居住一年以上的中国台湾地区居民报考导游资格证,并按规定申领导游证后在大陆执业。二是要延伸旅游产业链。推行国际通行的旅游服务标准,加快旅游要素转型升级,实现景区建设、旅游产品开发、食宿多元便利、集散交通网拓展、旅游周边产业开拓等的和谐共生。促进整体开放带动旅游发展,推动人员流动及旅游便利化措施,探索实现区内区外联动,积极争取海关、交通、公安等管理部门进一步优化管理措施,实现自贸试验区口岸过境免签等更加便捷的签注措施,把邮轮、度假区、低空飞行等领域的企业纳入自贸试验区框架管理,打造海岛旅游装备业、海岛旅游商品制造业等。三是要强化两岸旅游业合作。引导本地旅游企业加强与台湾地区大型旅游企业对接合作，引进台湾地区主题酒店、特色民宿等新兴旅游业态项目落地平潭，参照台湾地区乡村旅游发展模式，助推平潭特色石屋旅游及民宿发展；引进台湾地区农家菜培训方式与"田妈妈"制度，邀请台湾地区美食专家制作平潭美食地图，促进乡村旅游餐饮业发展。